LA SANTÉ
un capital à préserver

Couverture
- Maquette:
  GAÉTAN FORCILLO

Maquette intérieure
- Conception graphique:
  JEAN-GUY FOURNIER

DISTRIBUTEURS EXCLUSIFS:

- Pour le Canada:
  AGENCE DE DISTRIBUTION POPULAIRE INC.*
  955, rue Amherst, Montréal H2L 3K4 (tél.: 514-523-1182)
  *Filiale de Sogides Ltée

- Pour la France et l'Afrique:
  INTER-FORUM
  13, rue de la Glacière, 75013 Paris (tél.: 570-1180)

- Pour la Belgique, la Suisse, le Portugal, les pays de l'Est:
  S.A. VANDER
  Avenue des Volontaires 321, 1150 Bruxelles (tél.: 02-762-0662)

Sous la direction de
E.-G. Peeters et L. Pec

LA SANTÉ
un capital à préserver

UN GUIDE DE MÉDECINE PRÉVENTIVE

SOCIÉTÉ BELGE
DE MÉDECINE PRÉVENTIVE asbl

BELGISCHE VERENIGING VOOR
PREVENTIEVE GENEESKUNDE vzw

Les Éditions de l'Homme*

CANADA: 955, rue Amherst, Montréal H2L 3K4

*Division de Sogides Ltée

Ce livre a été écrit sous l'égide de la Société belge de médecine préventive, 24 bis, rue des Fripiers, 1000 Bruxelles, Belgique. Ont participé à la rédaction, les docteurs:

Émile-Gaston Peeters, biologiste et cancérologue
Léon Pec, interniste-cardiologue
Hervé de la Boullaye, gynécologue
Michel Delune, dermatologue
Paul Limbos, professeur de pathologie tropicale
Jean-Pierre Walthery, pédiatre
Jersy Nawara, licencié en sciences dentaires
Michel Duque, stomatologue
Rémy Mannes, pneumologue
Jean Feltgen, oto-rhino-laryngologiste
Philippe Gonay, oto-rhino-laryngologiste
Oscar Kallay, ophtalmologue
Claude Nyström, neuro-psychiatre
Luc Callewaert, médecin vétérinaire

© 1984 LES ÉDITIONS DE L'HOMME,
DIVISION DE SOGIDES LTÉE

Bibliothèque nationale du Québec
Dépôt légal — 1er trimestre 1984

ISBN 2-7619-0307-2

C'est une précieuse chose que la santé et la seule qui mérite, à la vérité, qu'on emploie à sa poursuite non seulement la peine et les biens, mais encore la vie.

Montaigne.

La médecine préventive
ou
l'art de conserver la santé

Par les docteurs L. Pec et E.G. Peeters

Nous abritons tous, riches ou pauvres, un inestimable trésor en nous-mêmes, notre santé. Mais ce trésor est fragile et toujours menacé. Aussi, si nous ne voulons pas qu'il nous échappe, nous devons lutter pour le défendre.

Mais comment le défendre? — Que faire pour éviter les maladies, garder à notre corps vigueur et jeunesse — et atteindre en bonne forme un âge avancé? De nombreuses méthodes ont été proposées au cours des siècles. Mais ces méthodes, il faut bien le dire, étaient souvent fantaisistes et peu efficaces. On imaginait, mais on ne savait pas.

Il n'en est plus de même aujourd'hui. Nous connaissons ou soupçonnons les causes de nombreuses maladies qui nous guettent et nous avons souvent les moyens de nous en préserver.

Ceci explique l'intérêt que suscite la prévention dans les milieux médicaux et dans le grand public. Mais la notion de prévention n'est pas toujours claire ni bien comprise, d'autant plus que des controverses viennent encore l'obscurcir. Remède miracle pour les uns, la prévention n'est pour les autres qu'une simple mode. Il existe, ici comme ailleurs, des enthousiastes et des sceptiques.

Le moment est donc venu de faire le point, de dire exactement ce que la médecine préventive apporte, de dire ce qu'elle peut et ce qu'elle ne peut pas accomplir. C'est là le but de ce livre.

Avant tout, précisons les termes, car ils recouvrent des activités diverses et peuvent prêter à confusion.

La médecine préventive peut signifier "hygiène et santé publique". Il s'agit alors d'activités préventives exercées par des organismes d'État ou sous leur contrôle. Ces activités sont parfois de nature médicale, mais elles sont organisées de manière officielle, dans un réseau d'institutions: inspection médicale scolaire, protection maternelle et infantile par exemple.

Souvent aussi, ces activités ne sont pas médicales mais plutôt sanitaires et concernent l'urbanisme, l'adduction et l'écoulement des eaux, le contrôle de la nourriture et des pollutions, et d'autres problèmes du même ordre. Ces activités sont d'une importance primordiale; elles ont grandement contribué à la suppression de nombreuses maladies et elles mériteraient d'être mieux connues et appréciées. Qu'on nous permette ce coup de chapeau avant de les quitter, car notre livre n'en parlera plus guère, ce n'est pas son objet.

Ce que nous entendons ici par prévention ou médecine préventive est à la fois une activité et un état d'esprit. État d'esprit orienté davantage vers la conservation de la santé que vers le traitement des maladies. Activité intervenant très tôt, avant même l'éclosion des premiers symptômes.

Cette activité intéresse tous les médecins, quelle que soit leur spécialité, et d'autant plus qu'il n'y a pas toujours une limite nette entre prévention et traitement. Mais elle intéresse aussi le public et davantage encore les bien portants que les malades.

L'art de conserver la santé est l'affaire de tous, car c'est l'art de vivre le mieux et le plus longtemps possible, sans inconvénients majeurs. Ce livre se veut un panorama. Il envisage la prévention des maladies dans différents secteurs du domaine médical, chaque secteur étant présenté par un spécialiste. Nous avons voulu donner au lecteur qui se poserait des questions précises dans l'un ou l'autre secteur la possibilité d'y trouver rapidement une réponse.

Nous parlerons des maladies cardio-vasculaires, du cancer, des maladies de la femme, des maladies de la peau, des maladies infectieuses et tropicales, des maladies des enfants, des affections et déformations dentaires, des maladies pulmonaires, des maladies des oreilles, du nez et de la gorge, des maladies nerveuses et psychosomatiques, et enfin des maladies transmises à l'homme par les animaux.

Il va de soi que ce livre ne remplace pas le médecin. Mais il permet de mieux comprendre et de mieux appliquer certaines recommandations médicales. Il attire aussi l'attention du lecteur sur certains signes ou symptômes qui risquent, à tort, d'être méconnus ou négligés.

Par ailleurs, il est bien évident que chaque spécialité a sa propre vision de la médecine préventive, en fonction des maladies concernées. Ceci explique une approche parfois différente des sujets traités. Mais, fondamentalement, tous ces articles poursuivent le même but: indiquer la bonne voie, dénoncer les comportements dangereux et favoriser les comportements sains, rechercher et mettre en évidence les armes de la prévention.

Mais au fait, d'où vient l'idée de prévention? En quoi consiste exactement cette activité? Quels sont ses méthodes, ses moyens, ses résultats? C'est ce que nous allons découvrir maintenant.

Histoire de la médecine préventive

Le souci de préserver la santé ne date pas d'hier. L'hygiène, qui est un des aspects de la médecine préventive, est un art fort ancien. Qu'il s'agisse d'hygiène publique ou d'hygiène individuelle, elle se retrouve chez de nombreux peuples, mêlée souvent à des préoccupations d'ordre magique ou religieux. Les Égyptiens attachaient une grande importance à la propreté et aux ablutions purificatrices. Les Hébreux avaient de nombreuses règles d'hygiène individuelle et de salubrité publique (isolement des malades contagieux, destruction des habitations insalubres, etc.). Les Crétois (1700 avant J.C.) avaient dans leurs palais des systèmes d'adduction et d'écoulement des eaux d'une perfection remarquable.

Chez les Grecs, l'hygiène se confondait presque avec la médecine; elle eut même sa déesse, Hygie, qui représentait la santé. Mais c'est surtout avec l'école d'Hippocrate qu'apparaît une réflexion sérieuse sur les maladies, les moyens de les combattre et de les prévenir. La santé, pour Hippocrate, provient d'un bon équilibre entre l'alimentation et l'exercice. Cet équilibre n'est pas facile à réaliser et l'excès de l'un ou de l'autre entraîne la maladie. Hippocrate estime également que la maladie ne se dévoile brusquement qu'en apparence. De petites modifications s'accumulent, lentement et de manière invisible, et finissent par provoquer une rupture d'équilibre dans l'état de santé.

Ces deux principaux facteurs: exercice et gymnastique d'une part, alimentation et diététique de l'autre, avec leurs nombreuses variantes, joueront un rôle majeur dans la médecine grecque et se maintiendront dans la médecine romaine. Mais ce qui caractérise Rome, c'est l'hygiène publique et surtout l'hygiène urbaine. Rome était célèbre pour ses aqueducs, ses services de voirie, ses établissements de bains. Sous l'Empire, un citoyen romain disposait de 100 litres d'eau par jour. Les préoccupations d'hygiène ne se limitent d'ailleurs pas au monde médical. Ainsi l'architecte Vitruve fait une place importante aux problèmes sanitaires dans ses plans de construction de villes, et le savant Varron met en garde contre les dangers des marais et de leurs "petits animaux imperceptibles", prévenant ainsi des dangers possibles de malaria.

Le désir de maintenir une bonne santé se retrouve dans bien d'autres civilisations. En Inde, les textes sanscrits promettent la longévité à ceux qui observent une bonne hygiène. En Chine, à certaine époque, on ne payait son médecin que tant que l'on restait en bonne santé; dès que l'on devenait malade on ne payait plus rien, les soins étant gratuits. Enfin on connaît la célèbre phrase de l'empereur légendaire Huang-ti (2600 avant J.C.): "Celui qui attend, pour le combattre, que la maladie se déclare, est comparable à celui qui attend d'avoir soif pour creuser un puits."

Entre la fin de l'Empire romain et le Moyen Âge, l'hygiène et la médecine connaissent en Europe un recul certain. Aucun moyen sérieux pour préserver la santé n'est mis en oeuvre. C'est l'époque des recettes de longue vie, fontaines de jouvence, élixirs de santé et autres talismans. L'hygiène privée est rudimentaire; l'hygiène publique inexistante: la saleté des villes est incroyable, Paris et Londres sont de véritables porcheries.

L'art médical ne fait sa réapparition qu'au XIe siècle et surtout à Salerne en Italie. On publie alors de nombreux traités d'hygiène appelés "régimes de santé" et qui donnent des conseils pour éviter les maladies. Le plus célèbre de ces ouvrages est le "Régime de Santé de L'École de Salerne" (XIIe siècle). Ce régime recommande la modération en tout mais n'a rien de rébarbatif. Voici quelques conseils: "Air, repos et sommeil, plaisirs et nourriture — Tiennent l'homme en santé, goûtés avec mesure." "Sieds-toi, non sans amis, à table savoureuse — Bois du vin qui te plaît la coupe généreuse." Ce traité indique également: "L'art prévient mieux le mal qu'il ne sait le guérir." Ce livre eut un très grand succès et ce genre d'ouvrage resta fort à la mode jusqu'au XVIIIe siècle. Mais il faut bien dire que ces sages conseils, quelle que soit leur valeur, n'empêchaient pas les épidémies de se répandre: peste, lèpre, variole et paludisme sévissaient dans toute l'Europe. Le seul remède efficace contre la peste était celui-ci: "Partir tôt, s'enfuir loin, revenir tard."

Au XVIIe siècle l'hygiène publique s'améliore: les rues deviennent plus propres, on surveille la nourriture, on isole les contagieux, on essaye de lutter contre les épidémies par des cordons sanitaires, etc.

Vers la fin du XVIIIe siècle, Jenner, avec la vaccination antivariolique, ouvre la période moderne de l'hygiène et de la médecine préventive. Les progrès se poursuivent au XIXe siècle avec les remarquables découvertes de Pasteur sur le bacille du charbon et sur la rage. La bactériologie est née et avec elle les méthodes efficaces de vaccination. Le XXe siècle n'aura plus qu'à poursuivre dans ce domaine, donnant à la médecine préventive une efficacité jamais atteinte auparavant, puisque des maladies telles que la diphtérie, la poliomyélite, le tétanos ont pratiquement disparu dans nos pays.

Par ailleurs, l'hygiène publique connaît une amélioration sensible dès le XIXe siècle, en France, en Angleterre et dans toute l'Europe: des mesures énergiques sont adoptées concernant la distribution d'eau potable, la construction d'un réseau d'égouts, le contrôle des aliments, l'enlèvement des immondices, etc. Ces réalisations sanitaires, qui nous semblent aller de soi, n'ont pourtant été acquises que très lentement et non sans peine.

Au XXe siècle, la médecine préventive prend également un visage nouveau, grâce aux dépistages systématiques et aux examens de santé. Ces examens ont un grand succès notamment aux États-Unis, où, dès les années 1920-1930, des médecins suggèrent de faire un bilan médical complet (check-up) une fois l'an à la date anniversaire de chacun. Ces problèmes sont toujours d'actualité et les dépistages actuels sont surtout orientés vers les deux grandes maladies de notre époque: le cancer et les affections cardio-vasculaires. La médecine préventive devient également plus scientifique: des études épidémiologiques mettent en évidence des causes de maladies dans notre environnement et dans notre style de vie et suggèrent des moyens de prévention.

Ces progrès ont placé la prévention à l'avant-plan de la médecine. Tout le monde est bien d'accord avec l'adage: "Mieux vaut prévenir que guérir." Il faut cependant dire que cet accord reste souvent superficiel et ne débouche pas nécessairement sur des mesures pratiques. Il existe à cet égard des réticences qui sont difficiles à vaincre.

En fait, il en a toujours été ainsi. Trois cents ans avant J.C., Erasistrate, un célèbre médecin d'Alexandrie, se plaignait du manque d'intérêt de ses confrères pour la prévention de la maladie alors qu'ils portaient un intérêt excessif au traitement. Si cet Erasistrate revenait de nos jours, il se dirait sans doute qu'il n'y a rien de nouveau sous le soleil.

Les bases scientifiques de la médecine préventive

La médecine préventive au cours de l'histoire a souvent été guidée par la tradition, le bon sens ou l'observation de cas isolés. Actuellement elle repose sur des bases plus solides.

Diverses disciplines scientifiques ont contribué à raffermir ses fondations, mais il en est une en particulier dont nous voudrions parler: il s'agit de l'épidémiologie. Une étude épidémiologique se propose d'analyser la fréquence d'une maladie dans une population en fonction de certains facteurs la favorisant: ceux-ci peuvent être l'âge, le sexe, les conditions économiques, les habitudes alimentaires, le mode de vie, etc.

Le mot *épidémiologie* peut prêter à confusion. À l'origine, une épidémie est une maladie qui frappe massivement une population (= *demos*, en grec). Par la suite, ce terme a surtout désigné les maladies infectieuses et contagieuses, qui étaient les plus fréquentes et les plus meurtrières. Actuellement, on en revient au sens premier et le mot *épidémie* désigne de nos jours toute maladie fréquente dans une communauté. On parlera ainsi d'épidémiologie du cancer, des affections cardiaques, de la bronchite chronique, de la carie dentaire, et ainsi de suite.

Pour bien comprendre ce qu'est une étude épidémiologique, prenons un exemple simple, celui de la bronchite chronique. En étudiant cette maladie, nous verrons rapidement que celle-ci apparaît plus souvent chez les hommes après la cinquantaine, plus souvent aussi chez les fumeurs, chez les habitants des grandes villes, ou dans certaines professions, comme chez les mineurs. Ceci est une première source d'indication fort utile. Mais on peut aller plus loin. Pour mieux mettre en évidence l'influence de la cigarette sur la bronchite par exemple, on peut faire une étude prospective. On prendra ainsi 10 000 personnes en bonne santé, habitant une grande ville, en les choisissant de telle manière que 5 000 fument et 5 000 ne fument pas. On veillera à ce que les deux groupes se ressemblent à tous points de vue et on les suivra pendant 10 à 20 ans. Ensuite on les réexaminera et on notera le nombre de bronchitiques dans chaque groupe. Si le pourcentage de bronchites est nettement supérieur dans le groupe des fumeurs, l'influence de la cigarette deviendra alors évidente.

Il s'agit ici d'une étude prospective simple, car elle n'envisage qu'un seul facteur: la cigarette. Mais certaines études prospectives sont d'une ampleur et d'une complexité beaucoup plus grandes, et on peut citer ici la célèbre étude de Framingham, petite ville du Massachusetts aux États-Unis. Cette étude, entreprise en 1949, porte sur plus de 5 000 personnes. Les chercheurs se sont posé la question suivante: y a-t-il des facteurs qui favorisent les maladies cardiaques d'origine artérioscléreuse? Ils ont alors mesuré tout ce qui était mesurable chez ces personnes: habitudes de vie, profession, nourriture, tabac, tension artérielle, électrocardiogramme, analyses de laboratoire, etc. Ensuite, tous les deux ans les chercheurs ont réexaminé ces personnes et ont noté les maladies cardiaques qui sont apparues entretemps. Ils se sont efforcés alors de mettre en rapport ces maladies cardiaques avec certaines caractéristiques des personnes malades. Cette étude, qui est toujours en cours, a déjà livré des résultats extrêmement fructueux, et permet par exemple une appréciation globale du risque vasculaire. Ainsi, un homme aux États-Unis, âgé de 45 ans, qui est diabétique, qui fume, dont la tension artérielle est de 16,5 cm et dont le cholestérol sanguin est à 285 mg, aura 30 chances sur 100 de faire un infarctus dans les 8 années qui viennent. Le risque est élevé et justifie des mesures préventives.

Ce genre d'étude nécessite un instrument mathématique particulier: ce sont les statistiques. Les différences entre les groupes n'acquièrent en effet une valeur réelle que si les statistiques les confirment.

On critique parfois les statistiques et c'est là un sujet de plaisanterie facile. En fait, ce ne sont pas les statistiques qu'il faut critiquer, mais la manière dont on les applique à une situation donnée, ou dont on en tire des conclusions générales. Il faut donc les interpréter avec discernement. Ceci n'est pas une mince affaire; il suffit, pour s'en convaincre, de voir les divergences d'opinion qui existent entre médecins sur la signification réelle de certaines enquêtes épidémiologiques. Cette situation est évidemment fâcheuse, car des recommandations de bonne hygiène et des mesures préventives valables se trouvent ainsi contestées et amoindries. Le message, qui se doit d'être simple et clair, s'obscurcit et se dilue dans des controverses.

Comment résoudre ce problème? Il ne paraît difficile à résoudre que parce qu'il est mal posé. Il faut en effet savoir que les études épidémiologiques sont soumises, par leur nature même, à des manques et des imperfections inévitables. Car on ne manipule pas 5 000 personnes comme on manipule un liquide dans une éprouvette. L'étude la mieux conçue et la plus parfaitement exécutée ne peut tenir compte de tous les facteurs et de tous les impondérables. Souvent aussi, elle laisse échapper des faits, qui semblent mineurs à ce moment-là, mais qui se révèlent plus tard d'une grande importance. Elle ne peut donc livrer des résultats aussi certains qu'une évidence physique.

Cette observation est d'autant plus vraie que l'apparition d'une maladie ne dépend pas uniquement de circonstances ou de facteurs externes, mais aussi d'une prédisposition particulière de l'individu; celle-ci est d'origine héréditaire et génétique. La présence d'un ou de plusieurs gènes prépare le terrain et permet au facteur de risque d'agir et de développer ses effets. Et si le facteur de risque est indispensable en tant que révélateur, il reste souvent inopérant si le terrain n'est pas favorable.

L'inné et l'acquis agissent donc de concert, et leur rôle respectif varie selon les maladies. Or, s'il est relativement facile de découvrir des facteurs de risque dans l'environnement, il est beaucoup plus difficile de déchiffrer le code génétique: ceci explique, en partie, les résultats parfois divergents des études épidémiologiques.

Il faut donc bien connaître les limites de ces études si l'on veut en apprécier exactement l'intérêt. Ces études ne donnent que des "associations", des "corrélations" entre les facteurs de risque et les maladies. Cela suffit-il pour dire que ces facteurs de risque sont réellement la cause de la maladie? Certes non. Ce n'est qu'une première étape. La deuxième étape consiste à démontrer que ces associations sont autre chose que le simple fait du hasard. On y parvient par des études expérimentales et cliniques et des enquêtes épidémiologiques supplémentaires. Si toutes ces investigations vont dans le même sens, l'intérêt des facteurs de risque deviendra évident. Leur connaissance orientera tout naturellement la conduite pratique et débouchera sur des mesures d'hygiène et de bonne santé. Il n'est d'ailleurs pas nécessaire d'avoir une certitude absolue, car dans ce domaine les certitudes sont rares. On peut se satisfaire de probabilités, et l'action sanitaire se justifie dès que ces probabilités sont suffisamment convaincantes.

Les différents stades de la prévention

Des mesures préventives peuvent être prises à différents stades de la maladie: avant même son apparition, ou encore à son début, lorsqu'elle est déjà présente mais qu'on n'en voit pas encore les symptômes. Des mesures préventives peuvent également être prises à un stade plus avancé de la maladie, dans le but d'éviter des complications ultérieures. C'est ainsi qu'on parle de prévention primaire et de prévention secondaire, selon le stade de la maladie.

Une classification fort employée, et qui a été proposée par l'Organisation mondiale de la santé, présente trois stades ou niveaux de prévention: primaire, secondaire et tertiaire.

La *prévention primaire*, lorsqu'elle est possible, est évidemment la meilleure. Elle constitue une prévention absolue puisqu'elle empêche la maladie. Les vaccinations nous donnent un bon exemple de prévention primaire. Grâce aux vaccinations, plusieurs maladies ont pratiquement disparu dans nos pays. Il en est ainsi de la poliomyélite, de la diphtérie, du tétanos et de la variole. On peut citer également la prévention du rachitisme chez les enfants, par l'administration systématique de vitamine D (ou l'ancienne huile de foie de morue).

La prévention primaire ne nécessite pas toujours une action médicale. De simple mesures sanitaires s'avèrent parfois très efficaces pour éviter certaines maladies. Ainsi, une bonne hygiène du milieu en ce qui concerne l'adduction d'eau, le traitement des eaux usées et des déchets forme un barrage efficace contre certaines maladies infectieuses. La fièvre typhoïde par exemple est très rare dans les pays où le niveau d'hygiène est élevé.

Prévention secondaire. Si l'on ne dispose pas de mesures de prévention primaire efficaces, ou si ces mesures sont difficilement applicables ou ont été négligées, certaines maladies feront leur apparition chez des individus prédisposés. Le but de la prévention secondaire consiste à détecter ces maladies à leur début, au stade précoce de leur développement.

La prévention secondaire repose sur un acte indispensable: le dépistage. Ce dépistage peut se faire plus ou moins tôt, mais il est utile que ce soit avant l'apparition des premiers symptômes. On peut citer ici: le dépistage du cancer, le dépistage de l'artériosclérose et des maladies cardio-vasculaires, le dépistage de la tuberculose pulmonaire, le dépistage de certaines maladies à la naissance et chez le nouveau-né.

Si le dépistage est positif, c'est-à-dire s'il révèle certains signes prédisposant à la maladie ou indiquant déjà le début de la maladie, diverses mesures préventives seront proposées. Mais il faut bien comprendre qu'à ce stade, il n'est déjà plus possible d'exercer une prévention absolue. Il s'agit plutôt d'une prévention relative; cela signifie qu'on ne supprimera pas toutes ces maladies mais qu'on pourra diminuer leur fréquence ou retarder leur apparition.

Prévention tertiaire. À ce stade, la maladie s'est déjà manifestée et les mesures préventives ont pour but d'éviter ou de retarder les complications futures. La prévention tertiaire se confond donc avec la médecine curative. Si l'on parle néanmoins de prévention, c'est uniquement pour indiquer que beaucoup de mesures curatives ont également un effet préventif à long terme. Ainsi après un infarctus du myocarde, après l'apparition d'une tuberculose pulmonaire, ou d'un diabète sucré, une bonne prévention peut éviter, dans une certaine mesure, des complications liées à ces maladies.

Les méthodes de la médecine préventive

Nous venons de voir que la prévention nécessite souvent un dépistage. On confond parfois ces deux notions. En fait, elles sont indépendantes, mais elles sont évidemment liées entre elles par la logique et le bon sens. Faire du dépistage sans être en mesure d'offrir une prévention n'a que peu d'intérêt. Le dépistage n'est donc pas un but en lui-même, c'est une méthode, une étape intermédiaire qui débouche sur l'une ou l'autre forme de prévention.

Un dépistage est un examen de santé permettant de recueillir un certain nombre d'informations sur un individu. Cet examen de santé peut être plus ou moins complet, plus ou moins polyvalent selon le but recherché.

Il existe plusieurs manières d'envisager un dépistage:

— le dépistage de masse: on examine toute une population ou une grande partie de la population; ce type de dépistage est souvent orienté vers une seule maladie, ou vers les maladies d'un seul organe.
— le dépistage chez certains groupes de la population soumis aux mêmes risques. Ainsi, des ouvriers travaillant dans une usine subiront un examen dans le cadre de la médecine du travail; des femmes enceintes subiront un examen dans le cadre de la protection maternelle, etc.
— le dépistage individuel: il s'agit d'un bilan de santé (*check-up*), annuel. Ce bilan de santé peut être proposé à tous les individus, sans orientation particulière, ou encore être proposé uniquement à certains individus qui présentent des risques particuliers.

On peut préférer l'une ou l'autre forme de dépistage, selon les moyens dont on dispose ou selon des situations locales particulières. Quelle que soit la méthode choisie, ces examens de santé doivent être répétés périodiquement, tous les ans ou tous les deux ans par exemple. Faire un seul dépistage n'a que peu d'intérêt.

La notion même de dépistage repose sur une constatation évidente: on peut se sentir en bonne santé et être néanmoins porteur d'une maladie organique. Beaucoup de maladies sont semblables à un iceberg. On voit très bien la partie qui émerge, c'est-à-dire la maladie clinique qui se manifeste par des symptômes, mais on voit beaucoup moins bien la partie immergée. Celle-ci peut être importante et exister pendant de nombreuses années avant que l'iceberg ne finisse par sortir de l'eau. Il appartient précisément aux examens de santé et aux moyens modernes de diagnostic de faire apparaître cette partie immergée.

C'est ainsi que dans le domaine de la cancérologie, la croissance des tumeurs suit des règles strictes. La phase occulte des cancers correspond au temps qui s'écoule entre l'apparition des premières cellules cancéreuses et les premiers symptômes de la maladie: 7 années pour un cancer de la thyroïde, 9 années pour un cancer du sein. Par ailleurs le temps nécessaire pour qu'une tumeur double de volume est sensiblement constant pour un type de tumeur; il est en moyenne de 2 mois, moins pour les tumeurs secondaires. Une phase occulte ou latente existe ainsi pour de nombreuses maladies. Le diabète de l'adulte peut évoluer pendant de longues années sans engendrer le moindre symptôme, et seule une analyse sanguine peut le détecter. L'hypertension artérielle est parfaitement tolérée pendant longtemps et n'est mise en évidence que par une mesure au tensiomètre. Les premiers stades de la bronchite chronique passent inaperçus, mais il est déjà possible, à ce moment, de découvrir des anomalies de fonctionnement par des épreuves de spirométrie.

L'idée de dépistage, européenne à l'origine, a connu un essor important aux États-Unis, vers les années 1920-1930, grâce à l'initiative de compagnies d'assurances et de diverses sociétés médicales. La population était invitée à se faire examiner annuellement pour que soient détectées des maladies latentes. Les méthodes de diagnostic ont nettement progressé depuis lors et, actuellement, le dépistage est entré dans les moeurs et se pratique dans de nombreux pays.

Voici, à titre d'exemple, deux dépistages fréquemment effectués, celui du cancer et celui des maladies cardio-vasculaires. Un dépistage cardio-vasculaire comprend un interrogatoire approfondi (maladies antérieures, symptômes actuels, mode de vie, maladies des parents, etc.), un examen physique centré sur le coeur, les poumons et tous les vaisseaux, un électrocardiogramme avec souvent une épreuve d'effort, une radiographie du thorax, une étude des artères et un examen du fond de l'oeil. Cet examen est complété par diverses analyses sanguines, notamment du sucre et des graisses.

Quant au dépistage du cancer, il fait intervenir une option liée à sa "rentabilité". On peut choisir de réaliser en grand nombre et à moindres frais des examens limités au col utérin et à la glande mammaire chez la femme. Ils ne nécessitent pas de personnel spécialisé, prennent très peu de temps et leur coût est peu élevé. C'est le dépistage de masse. Ou encore, l'examen peut s'adresser aux deux sexes. Chez la femme, il consiste en un examen général approfondi, un questionnaire détaillé orienté vers la recherche des symptômes possibles du cancer, et l'examen des secrétions du col utérin (le *scrapping* du col). Chez l'homme il s'agit d'une évaluation de la prostate par le toucher rectal, d'une radiographie du thorax chez les fumeurs, d'une analyse biologique et, le cas échéant, de tout examen complémentaire nécessité par des symptômes révélés au cours du dépistage. Cet examen est plus long, plus coûteux pour la communauté, mais rentable à long terme puisqu'il prévient des traitements longs et dispendieux, des hospitalisations répétées et surtout un cortège de misères et de souffrances, sans compter l'impact social de cette maladie qui frappe volontiers à l'âge où l'insertion sociale est la plus efficace pour la collectivité.

Ces deux dépistages, celui des maladies du coeur et celui du cancer, peuvent être faits séparément, mais on peut très utilement les associer, pour des raisons de facilité. Une seule prise de sang, par exemple, permet de faire certaines analyses utiles pour le cardiologue et d'autres utiles pour le cancérologue.

Le dépistage est une méthode très utile, à condition qu'il soit bien fait. Cela peut paraître évident, mais il est nécessaire de le rappeler pour répondre à certaines critiques qu'on peut entendre ici et là. On a par exemple reproché au dépistage de créer une anxiété inutile chez des gens sains et d'aggraver parfois la cancérophobie de certaines personnes. Nous croyons que cette critique n'est pas fondée. Bien au contraire, un dépistage bien conduit peut souvent alléger une anxiété, en montrant à beaucoup de gens qu'ils sont en bonne santé. Si, par contre, l'examen met en évidence les signes précurseurs d'une maladie, il appartient au médecin de ne pas dramatiser ces découvertes, d'en indiquer la portée réelle et de faire comprendre qu'un contrôle régulier et certaines mesures préventives demeurent la meilleure méthode pour éviter des ennuis futurs.

Beaucoup de choses dépendent en fait de la personnalité du médecin dépisteur et de l'environnement dans lequel se déroule cet examen. Il paraît clair que des dépistages effectués par des médecins anonymes, sans cesse remplacés, oeuvrant dans des institutions impersonnelles, engendreront bien plus d'anxiété qu'un dépistage fait par le médecin habituel et qui a la confiance de celui qui le consulte. Lorsque ce médecin a une motivation suffisante, une expérience personnelle, et qu'il prend le temps d'écouter, le dépistage se révèle alors une rencontre utile et bénéfique.

Les moyens de la médecine préventive

Dès que le dépistage a mis en évidence soit des facteurs de risque, soit des clignotants d'alerte, soit encore les premiers symptômes d'une maladie, il faut proposer et mettre en oeuvre des mesures préventives. En quoi consistent-elles? La médecine préventive dispose en somme des mêmes armes que la médecine curative, puisque, nous l'avons déjà dit, ces deux aspects de la médecine sont intimement liés. Il s'agit de mesures d'hygiène, de mesures diététiques, de vaccinations, de médicaments et d'opérations éventuelles.

Les mesures d'hygiène et de diététique jouent évidemment un rôle important, car au premier stade de la maladie elles sont généralement suffisantes pour améliorer les choses. Le mot *diététique* ne doit pas induire en erreur. Il ne s'agit pas de jeûne et de privations. La diététique est l'art de bien manger en vue de conserver la santé. Elle n'exclut ni la variété ni même la gastronomie. Mais elle écarte le surabondant, l'inutile et le nocif.

Quant à l'hygiène, son sens habituel est trop restreint. L'hygiène vient d'un mot grec signifiant santé. Elle ne se limite donc pas à l'usage de la savonnette, son domaine est infiniment plus vaste. Il existe ainsi une hygiène physique, une hygiène mentale, une hygiène de l'environnement et une hygiène sociale. Par exemple, une des mesures hygiéniques les plus nécessaires à l'homme d'aujourd'hui, dans nos sociétés motorisées, est l'activité physique. On ne saurait trop insister sur ce point. Certes, cela n'est pas nouveau; Cicéron, 40 ans avant J.C., disait déjà: "Il faut lutter contre la vieillesse comme on lutte contre la maladie, en pratiquant des exercices modérés, en prenant juste assez de nourriture et de boisson pour refaire ses forces, sans les écraser." Mais cela signifie simplement qu'en médecine on redécouvre autant qu'on découvre. Et la redécouverte de la marche, si élémentaire qu'elle paraisse, aura des effets salutaires.

Proches de l'hygiène, dans son sens large, on peut également citer certaines méthodes dites "naturelles". Il s'agit de diverses techniques de relaxation, notamment le yoga, l'hydrothérapie et le thermalisme. Ces méthodes entraînent un rééquilibrage soit physique, soit psychologique, et améliorent souvent l'état général. Enfin, par leur impact psychosomatique, elles peuvent aider à modifier des comportements nocifs pour la santé, tels que l'accoutumance au tabac, à l'alcool, à l'excès de nourriture.

Pour ce qui est des vaccins, nous avons déjà mentionné leurs remarquables résultats sur les maladies infectieuses. Il faut cependant bien savoir que ces résultats ne se maintiendront que tant que l'on maintiendra les vaccinations. Un relâchement dans ce domaine peut être lourd de conséquences.

De nombreux médicaments sont prescrits dans un but préventif. Les voyageurs vers l'Afrique connaissent bien la prévention de la malaria par une prise quotidienne d'un médicament approprié. Les rechutes du rhumatisme articulaire aigu peuvent être évitées par une injection mensuelle de pénicilline. De tels exemples sont nombreux. Souvent, d'ailleurs, un médicament possède à la fois une valeur curative et une valeur préventive. L'insuline que reçoit un diabétique améliore son état actuel mais prévient aussi les futures complications oculaires; le traitement que reçoit un hypertendu prévient aussi les futures attaques cérébrales. Il est utile d'avoir toujours à l'esprit la valeur préventive de certains médicaments, souvent donnés à long terme; cela facilitera leur prise régulière, seule manière de couvrir réellement le risque.

Dans le cadre de la prévention, des opérations peuvent être conseillées lorsque celles-ci sont nécessaires et ont pour but de prolonger la vie. Un cancer du col de la matrice, détecté suffisamment tôt, conduira à l'ablation de la matrice, alors qu'il ne se manifeste encore par aucun symptôme. Cette intervention évite l'extension du cancer et ses complications fatales.

Enfin, si les moyens de la médecine préventive sont essentiellement les mêmes que ceux de la médecine curative, leur optique reste très différente. Dans la médecine curative, en effet, un malade présente des symptômes et demande au médecin un traitement. En médecine préventive, un individu se sent plus ou moins en bonne santé et c'est le médecin qui l'incite à suivre certaines règles d'hygiène ou de prévention. Dans cette optique, le médecin voit plus loin que le présent et par l'étude des facteurs de risque, suppute déjà les accidents futurs. Accidents qu'il convient d'éviter. Le médecin a donc en vue non pas la guérison d'une maladie mais la promotion de la santé.

L'information et l'éducation
pour la santé

Afin d'être efficace, la médecine préventive réclame une grande coopération de la part du patient ou de l'individu sain qui veut éviter les maladies. Cette coopération nécessite en premier lieu une bonne information, ce qui est évident. Mais l'information seule ne suffit pas. D'innombrables études et la simple observation de tous les jours montrent qu'une information même complète ne parvient pas pour autant à modifier des comportements. Certains avaient cru jadis, un peu naïvement, qu'il suffirait de donner au public une information claire et précise concernant la santé pour que cette information entraîne automatiquement un changement d'attitude, et pour que ce changement d'attitude entraîne automatiquement un changement de comportement. Cet espoir, faut-il le dire, n'a pas résisté à la démonstration des faits. L'exemple de la cigarette est tout à fait représentatif à cet égard. Les innombrables mises en garde relatives aux dangers de la cigarette n'ont eu que des résultats limités et n'ont pas réussi à faire réduire sa consommation d'une manière spectaculaire.

Il y a donc un fossé entre savoir une chose et être motivé pour agir. Ce fossé provient du fait que le comportement humain n'est pas simple et ne suit pas nécessairement une ligne rationnelle.

Il existe de nombreuses théories sur le comportement humain et il n'est pas possible d'entrer ici dans le détail, mais on peut dire que deux groupes de facteurs déterminent ce comportement: ceux liés à la personnalité même et ceux liés à l'environnement social. Ainsi certains facteurs liés à la personnalité ou à la société peuvent-ils s'opposer à l'action de l'information. Pour reprendre l'exemple de la cigarette, celle-ci représente pour certains un moyen d'apaiser leur anxiété ou de compenser certaines frustrations; d'autre part, si l'on fait partie d'un groupe où il est habituel de fumer, il sera difficile de s'opposer à l'attitude dominante de ce groupe. Il existe ainsi, dans notre environnement social, des pressions diffuses qui nous incitent à manger trop, à boire trop, à fumer trop, à conduire trop vite, à travailler trop et d'une manière trop sédentaire.

Ce fossé qui existe entre le fait de savoir une chose et la manière d'agir en conséquence peut-il être comblé? Il s'agit là d'un problème complexe auquel on n'a pas jusqu'ici trouvé de solution idéale. Mais les recherches ont néanmoins mis en évidence plusieurs points importants. L'information doit être simple, précise, et offrir des solutions pratiques et bien adaptées à l'environnement social. D'autre part certains moments sont plus favorables pour faire passer le message: ainsi l'information concernant une maladie aura beaucoup plus d'effet sur quelqu'un qui vient précisément d'avoir cette maladie ou encore sur quelqu'un qui aura observé cette maladie dans son entourage. L'âge également a son importance. L'éducation pour la santé devrait débuter à l'école; en effet il est souvent plus facile de créer de bonnes attitudes et un comportement sain dès le jeune âge plutôt que d'essayer de modifier des comportements par la suite. Il faut d'ailleurs noter que, dans beaucoup de pays, l'information sanitaire fait partie intégrante des programmes d'étude.

Un autre aspect important de cette éducation pour la santé est l'attitude de la personne qu'on veut informer ou influencer. Cette attitude peut être passive ou active. Elle est passive lorsque l'information se fait au moyen de brochures, des journaux, d'affiches, d'émissions de radio ou de télévision. L'attitude est plus active lorsque le receveur de l'information fait partie d'un groupe où chacun peut discuter et donner son avis, ou encore au cours d'entretiens individuels, entre le médecin et le patient par exemple. Il est évident que ces méthodes actives enregistrent de meilleurs résultats, et on peut donc envisager les méthodes passives comme un premier pas utile, mais insuffisant, qui devra être complété par une participation plus active de chacun.

La mission d'informer et d'éduquer n'appartient pas qu'aux médecins. Certes, le rôle du médecin est important, surtout s'il prend le temps nécessaire et s'il a la confiance du patient. Il pourra ainsi adapter le message en fonction de la personnalité de chacun. Il est également le mieux placé, en cas d'opinions divergentes, pour proposer une solution acceptable et tracer une ligne directrice.

Le personnel soignant, les pharmaciens et les dentistes ont également un rôle important à jouer.

En dehors des professionnels de la médecine, bien d'autres personnes peuvent remplir, d'une manière ou d'une autre, cette mission éducative. Il en est ainsi du personnel enseignant, des assistants sociaux, des diététiciens. D'autre part, il est évident que les médias (journaux, radio, télévision) se trouvent en première ligne pour tout ce qui concerne l'information. Encore faudrait-il que l'exactitude des informations médicales transmises soit garantie par les avis autorisés d'un journaliste ou d'une équipe de journalistes spécialisés dans le domaine scientifique.

Enfin, certains organismes publics ou privés jouent un rôle de soutien et de coordination non négligeable*.

En définitive, l'important est que chacun prenne conscience de la valeur inestimable de la santé et acquière un sens plus précis de sa propre responsabilité en cette matière. Car la maladie n'est pas nécessairement une chose inévitable et qui tombe du ciel. Elle est souvent favorisée par certains comportements et certaines habitudes. Il appartient alors à chacun d'en voir les conséquences et d'assumer sa propre santé.

Le coût de la médecine préventive

La médecine moderne coûte fort cher tandis que l'argent devient de plus en plus rare. On sait que les pouvoirs publics et les responsables de la santé sont fort préoccupés par cette escalade et essaient de la freiner le plus possible. Parmi les solutions avancées, on parle beaucoup d'une diminution des hospitalisations au profit des soins à domicile d'une part, et

---

* Voir adresses utiles: page 315.

d'autre part, d'un développement de la médecine préventive. La théorie de base est évidemment que si l'on évite une maladie, on évite en même temps tous les frais occasionnés par le traitement de cette maladie et par la réadaptation sociale du malade. Cette théorie de base est-elle confirmée par les faits? Il faut indiquer d'entrée de jeu qu'il est très difficile de faire des comparaisons financières en matière de santé. Cela vient notamment du fait que la maladie entraîne des désavantages matériels et des désavantages non matériels. Les désavantages matériels, qui sont par exemple l'incapacité de travail ou les journées d'hospitalisation, sont assez facilement chiffrables. Mais il est beaucoup plus difficile d'estimer financièrement les désavantages non matériels que constituent par exemple la souffrance, l'anxiété ou simplement le manque de bien-être. Quel est le prix de la douleur? Et quel est le prix de la mort?

On a néanmoins essayé par des études de "coûts-efficacité" et de "coûts-avantages" d'évaluer la rentabilité de certaines actions préventives. Lorsque l'action préventive est ponctuelle, il s'avère parfois possible d'arriver à certaines estimations précises. Ceci a été fait notamment dans le domaine des vaccinations; on peut alors comparer entre elles plusieurs formules de vaccinations de masse et choisir la moins coûteuse. La rentabilité économique est plus difficile à estimer dans le cas d'actions préventives globales. Les conclusions des économistes doivent souvent être acceptées avec une grande prudence.

Malgré ces incertitudes, il est évident que le médecin doit être soucieux de l'efficacité de son action et l'offrir au plus juste coût. Cela vaut d'ailleurs tout aussi bien pour les actions curatives que pour les actions préventives. Il est bon de réévaluer périodiquement les résultats, et, si nécessaire, de remplacer certaines méthodes par d'autres plus modernes et plus efficaces.

D'une façon générale on peut dire que les frais investis dans le dépistage et la prévention sont souvent inférieurs aux frais que nécessiterait le traitement des maladies. Cette constatation s'applique de toute évidence dans le cas des vaccinations, mais vaut également pour bien d'autres actions préventives. Pour ne prendre qu'un exemple, une étude a montré qu'une surveillance prénatale obligatoire et l'équipement des maternités en matériel de réanimation non seulement diminuaient le nombre des handicapés et des morts à la naissance, mais en outre étaient extrêmement "économiques".

Les résultats de la médecine préventive

Il existe au fond une grande différence entre la médecine préventive et la médecine curative quant aux résultats. Les résultats d'une action curative, lorsqu'ils sont réels, se voient assez rapidement. Les résultats d'une action préventive ne sont pas immédiatement sensibles. C'est à long terme, souvent de nombreuses années plus tard, que l'on découvre si l'action a été bénéfique ou non. Enfin, cette action n'est pas toujours efficace à 100 pour 100. La prévention absolue n'existe que dans le cas de prévention primaire vraie, c'est-à-dire lorsqu'on empêche définitivement la maladie de se produire. C'est le cas de certaines vaccinations qui protègent le vacciné contre la maladie pendant toute son existence, à condition de faire des rappels de vaccin à intervalles réguliers. Nous avons déjà cité le cas de la poliomyélite, de la diphtérie et du tétanos. Ces maladies, jadis fréquentes et très invalidantes, ont été pratiquement vaincues grâce à cette méthode préventive. Nous avons aussi cité le rachitisme, maladie extrêmement fréquente jadis, à tel point que vers 1900, 60 pour 100 de tous les enfants hospitalisés en présentaient des signes. Actuellement cette maladie est devenue très rare chez nous grâce à une prévention très simple: l'administration de vitamine D.

Dans le cas de prévention secondaire, l'action préventive, même si elle a été bénéfique, ne le sera jamais entièrement. Elle sera relative et s'exprimera en probabilités au niveau d'une population. Parfois, d'ailleurs, les résultats ne sautent pas immédiatement aux yeux et il faut des études épidémiologiques pour les mettre en évidence. Toutefois, ce fait n'empêche pas les résultats d'être souvent remarquables. On peut citer pour preuve la nette diminution de la tuberculose pulmonaire dans de nombreux pays et parfois même sa quasi-disparition (au Canada, par exemple, on a parlé du "miracle des lits vides", les sanatoriums n'ayant plus de malades).

La lutte contre la malaria a permis aux Européens de voyager en Afrique, sans être, comme jadis, victimes de cette maladie.

La prévention du rhumatisme articulaire aigu a fortement diminué les atteintes cardiaques liées à cette maladie, lesquelles étaient si fréquentes chez les adolescents au début du siècle. Une meilleure surveillance de la femme enceinte a fortement réduit la mortalité des nouveau-nés.

Enfin, depuis que se généralisent certaines mesures préventives, on constate aux États-Unis et dans certains pays d'Europe une diminution de la mortalité due à l'artériosclérose.

Ces résultats sont très encourageants et incitent à persister sans relâche dans cette voie préventive. Ils seront d'autant meilleurs que toutes les bonnes volontés convergeront vers les mêmes buts. Citons notamment:

— l'impulsion donnée par les médecins pour dépister, prévenir, conseiller et orienter. Cette action médicale dépend elle-même de la conviction des médecins et des moyens dont ils disposent;
— la motivation des patients ou futurs patients et leur désir réel de changer leurs habitudes en vue de conserver la santé;
— l'action des pouvoirs publics. Ceux-ci n'interviennent pas directement, mais ils peuvent le faire indirectement pour soutenir à la fois l'action des médecins et la motivation des citoyens. La mise en pratique de certaines mesures d'hygiène peut en effet être facilitée par une législation intelligente. Il en est ainsi des mesures antitabac, de la lutte contre la pollution atmosphérique, de la surveillance ali-

mentaire, de la réglementation en matière de circulation routière, des subsides alloués aux institutions sportives, etc. À l'échelon local également, d'heureuses initiatives sont parfois prises et l'on ne peut qu'encourager ces efforts.

La pratique de la médecine préventive

La médecine préventive est avant tout le résultat d'un état d'esprit, d'une orientation particulière vis-à-vis de la maladie. Mais elle est également une pratique, et parfois une pratique journalière, même si elle n'est pas exercée à plein temps. Pour que cette pratique soit pleinement efficace, il nous semble que plusieurs conditions doivent être réunies. Ainsi, nous croyons qu'il est utile, dès l'abord, d'éviter certains pièges ou risques, dont nous vous donnons ici trois exemples:

— le risque *absolutiste*, consiste à croire que la médecine préventive peut résoudre tous les problèmes et supprimer définitivement toutes les maladies. Il s'agit là d'une attitude extrémiste, dont l'aspect caricatural ne peut que susciter des railleries. Malgré tout le bien que nous pensons de l'exercice physique et d'une nourriture saine, nous savons parfaitement que le jogging à lui seul ne supprimera pas l'infarctus et que l'alimentation la mieux équilibrée ne rendra pas tout le monde centenaire. Il faut donc rester sérieux et ne pas dépasser les limites du possible;

— le risque *académique*, existe si l'on considère la médecine préventive comme une nouvelle spécialité médicale, indépendante des autres. On l'enfermerait alors dans un cadre rigide et qui n'aurait plus de rapport avec la pratique courante. Certes, les disciplines fondamentales sur lesquelles s'appuie la médecine préventive (épidémiologie, biostatistiques) forment des spécialités bien distinctes; mais il ne faut pas confondre bases sientifiques et pratique journalière. Cette dernière intéresse tous les médecins, quelle que soit leur spécialité.

— le risque *séparatiste*, quant à lui, consiste à tenir la médecine préventive comme étant nettement séparée de la médecine curative. Nous avons suffisamment montré l'erreur de cette attitude. Elle aurait pour conséquence d'engendrer un réseau parallèle d'institutions, qui viendraient se greffer sur les structures déjà existantes, ce qui s'avèrerait à la fois lourd, inutile et très coûteux. Ce risque séparatiste peut encore être aggravé par un risque bureaucratique, dans la mesure où ces institutions seraient gérées par les pouvoirs publics. En fait, un réseau d'institutions existe déjà pour certains groupes particuliers de la population soumis à des risques spécifiques: enfants en milieu scolaire, travailleurs dans les industries, etc.

Mais il ne nous paraît pas souhaitable que ce réseau soit encore étendu. Une médecine préventive faite en milieu isolé, cloisonné, par des médecins ou des paramédicaux, qui n'ont plus de contact réel avec la médecine, aurait de nombreux inconvénients. À cela s'ajouterait la pesanteur bureaucratique et son cortège habituel de désagréments. Il existe à cet égard des divergences d'opinion, nous en sommes bien conscients, mais nous devons dire ici ce qui nous paraît être la méthode la plus efficace et la plus logique.

Pour de multiples raisons, il est bon que la médecine préventive et la médecine curative soient exercées par les mêmes praticiens ou les mêmes institutions. Une seule condition à cela, mais indispensable: c'est l'intérêt porté à la médecine préventive par celui qui s'en occupe. Il peut s'agir d'un médecin généraliste ou d'un spécialiste, d'un médecin travaillant isolément ou de plusieurs médecins groupés dans un centre. Ces différentes formules sont également valables et sont souvent déterminées par des conditions locales. L'intérêt supplémentaire du centre médical est qu'il offre une unité de lieu, une facilité administrative, une rapidité et une efficacité de mise au point qui évitent l'éparpillement et les déplacements aux personnes examinées.

L'évolution et le futur

La médecine préventive n'est pas fixée une fois pour toutes. Elle évolue comme la médecine dans son ensemble. Les études cliniques, fondamentales et épidémiologiques se poursuivent activement. Ces recherches s'orientent dans plusieurs directions.

On prépare, par exemple,de nouveaux vaccins contre certaines maladies infectieuses, encore fréquentes. Ainsi, depuis quelque temps, nous disposons d'un vaccin contre une forme d'hépatite virale. Dans le domaine du cancer, l'avenir offre des perspectives intéressantes du côté de la recherche fondamentale et de la recherche des solutions thérapeutiques. En matière de recherche fondamentale, l'avenir devra confirmer le rôle des virus dans les cancers du col utérin et du sein. En ce qui concerne les solutions thérapeutiques, il est bien évident que, dans la multitude des composés chimiques qui doivent encore être synthétisés, il doit en exister dont l'efficacité sur les cellules cancéreuses dépassera la toxicité.

Évoquons aussi la récente découverte d'une action préventive de la vitamine A sur le développement des cancers du sein. Signalons enfin les tentatives de fixation des substances anticancéreuses sur de grosses molécules, qui les transportent et les mettent en contact avec la membrane cellulaire, là où existent des récepteurs se chargeant alors de les transférer à pied d'oeuvre pour qu'elles détruisent les cellules cancéreuses.

Dans le domaine des maladies cardio-vasculaires, les préventions primaire et secondaire pourraient bénéficier d'une voie d'approche très prometteuse, à savoir les recherches sur les plaquettes sanguines et sur les médicaments qui s'opposent à leur action néfaste.

Enfin, et de manière générale, une identification plus précise des sujets vulnérables ayant des prédispositions génétiques permettra de mieux adapter la prévention à chacun et de la faire davantage "sur mesure".

Il est probable que des notions actuellement admises

devront être revues et modifiées, et que des notions nouvelles verront le jour.

De cette évolution constante de la science médicale, il ne faut pas tirer argument pour ne rien faire. L'action préventive est indispensable, mais elle ne peut évidement se baser que sur la vérité actuelle. Il faut adopter dans ce domaine une attitude pratique et non pas académique. Cela signifie qu'il ne faut pas attendre d'avoir des certitudes pour agir, car on risquerait d'attendre longtemps. Or, la bataille contre la maladie ne peut attendre. On se basera donc sur les probabilités actuelles et on n'imitera pas ce général, qui n'était jamais satisfait de son plan de bataille, qui le modifiait sans cesse et qui, oubliant de combattre, se laissait surprendre par l'ennemi. De plus, il doit être bien clair que cette volonté d'action, ce pragmatisme n'empêche pas la réflexion, la révision périodique et l'ouverture sur l'avenir.

Nous restons très attentifs aux découvertes et nous nous proposons, dans des ouvrages ultérieurs, de tenir les lecteurs intéressés au courant de tout ce qui surgit dans ce vaste domaine, et qui peut contribuer au maintien de la santé.

La prévention des maladies cardio-vasculaires

Par le docteur L. Pec

La prévention joue un rôle très important dans le domaine des maladies du coeur et des vaisseaux. Si l'on ne peut supprimer ces maladies, il est souvent possible d'en retarder l'apparition et d'en réduire la fréquence. À vrai dire, l'efficacité de la prévention n'est pas la même pour toutes les formes de maladies cardiaques. Nous en envisagerons ici trois groupes: les maladies congénitales, les maladies infectieuses, et enfin et surtout les maladies dues à l'artériosclérose, qui sont les plus fréquentes et qui seront examinées plus en détail.

Maladies congénitales

Les maladies congénitales sont des malformations du coeur ou des vaisseaux, présentes dès la naissance. Elles consistent en communications anormales, en rapports ou rétrécissements anormaux.

Certains enfants par exemple, ont un mélange de sang artériel et veineux, ce qui donne à leur peau une coloration bleuâtre.

La gravité de ces malformations varie beaucoup: parfois elles sont très graves, et les enfants meurent dès les premiers mois de la vie; le plus souvent elles sont de gravité moyenne et les enfants peuvent être opérés. Certains enfants n'ont d'ailleurs qu'une anomalie légère qui ne les gêne pas et ne nécessite aucun traitement.

Dans l'ensemble, ces malformations ne sont pas très fréquentes, elles touchent environ 7 enfants sur 1000.

Les malformations congénitales ont beaucoup intéressé les cardiologues et les progrès dans ce domaine ont été considérables depuis trente ans. On diagnostique ces maladies facilement et très tôt, et la chirurgie dans la plupart des cas y remédie avec succès.

Par contre, la prévention n'a pas suivi ces progrès et son rôle reste minime. Cela vient du fait qu'on ignore la cause exacte de ces malformations. Bien sûr on soupçonne beaucoup de facteurs: des anomalies des chromosomes, des mutations génétiques, l'action de certains virus, de certains médicaments, l'alcoolisme chronique de la mère, et surtout l'association de plusieurs de ces facteurs entre eux. La plus connue des influences nocives est la rubéole, maladie virale qui produit des malformations chez l'enfant lorsqu'elle atteint la mère durant les premiers mois de la grossesse. Pour les autres causes, il n'y a pas de certitude absolue à l'heure actuelle.

Le rôle de la prévention s'avère donc ici assez limité: il est recommandé de vacciner les adolescentes contre la rubéole afin qu'elles soient immunisées contre cette maladie durant leurs futures grossesses. D'autre part, les femmes enceintes devront éviter le plus possible les médicaments et la surconsommation d'alcool, surtout durant les premiers mois de la grossesse.

Maladies infectieuses

La *médecine préventive* est beaucoup plus efficace dans le domaine des maladies cardiaques d'origine infectieuse. Celles-ci sont d'ailleurs en nette régression dans nos pays, ce qui est bien la meilleure preuve de son efficacité.

Les deux maladies dont nous parlons ici sont la fièvre rhumastismale et l'endocardite bactérienne.

La fièvre rhumatismale (appelée aussi rhumatisme articulaire aigu) survient surtout chez des enfants de 5 à 15 ans et fait suite à une angine ou à une pharyngite causée par un microbe, le streptocoque. Ce "rhumatisme" assez particulier touche non seulement les articulations mais il peut également toucher le coeur. Il se porte alors sur les valvules et les déforme, provoquant soit un rétrécissement soit une dilatation. Le mauvais fonctionnement de ces valvules déformées conduit progressivement à une insuffisance cardiaque globale et peut alors nécessiter une intervention chirurgicale.

La fièvre rhumatismale est encore répandue dans de nombreux pays. Pays tropicaux, pays d'Extrême-Orient, et en général pays sous-développés du Tiers-Monde. Mais en Europe et aux États-Unis, cette maladie est devenue beaucoup plus rare. Il n'en était pas ainsi au début de ce siècle, alors que les maladies cardiaques rhumatismales prédominaient. Deux causes peuvent expliquer la régression de ces maladies dans nos pays. D'une part, l'amélioration des conditions de vie et d'hygiène ont réduit le nombre d'infections par streptocoques, et d'autre part l'emploi des antibiotiques dans ces infections a permis de prévenir la fièvre rhumatismale. Les antibiotiques préviennent non seulement la maladie mais également sa récidive chez les enfants qui en ont déjà été atteints. Ils constituent une mesure préventive très importante: ces enfants reçoivent des antibiotiques régulièrement et pendant plusieurs années, contrainte bien légère lorsqu'on la compare aux maladies cardiaques graves qui pourront ainsi être évitées.

L'autre maladie qui nous intéresse est l'endocardite bactérienne. Elle est due à un microbe qui pénètre dans le sang et se fixe sur le coeur. En fait, beaucoup de microbes peuvent envahir le sang à l'occasion d'une blessure, d'une opération ou de manipulations dentaires. En général ces microbes sont tués, mais lorsque le coeur présente déjà une lésion, soit congénitale soit rhumatismale, le microbe s'y fixe plus facilement. Il entraîne alors une maladie grave, laquelle était d'ailleurs mortelle avant l'ère des antibiotiques.

Ceci ne veut pas dire qu'un sujet présentant une lésion cardiaque fera nécessairement une endocardite après une extraction dentaire. Souvent il ne se passera rien. Toutefois, même si ces cas ne sont pas fréquents, l'endocardite est une maladie si grave qu'elle justifie une prévention dans tous les cas où elle est susceptible de se produire.

Cette prévention est d'ailleurs simple: elle consiste à donner, à tous ceux qui sont atteints de lésions ou d'anomalies cardiaques, des antibiotiques juste avant et durant les deux jours suivant n'importe quelle intervention chirurgicale ou manipulation dentaire. Ces antibiotiques tuent les microbes qui pénètrent dans le sang et les empêchent de se fixer sur le coeur.

Maladies causées par l'artériosclérose

Le changement de tableau qui s'est produit dans le domaine des maladies infectieuses s'est également produit dans celui des maladies dues à l'artériosclérose. Mais en sens inverse. Rares au début de ce siècle, elles occupent maintenant le devant de la scène. Elles sont même si nombreuses qu'on a pu parler d'un véritable "fléau épidémique". Elles tuent deux fois plus que le cancer et constituent de loin la première cause de mortalité dans nos pays. Près de la moitié de tous les décès sont dus à l'artériosclérose et à ses complications.

Mais qu'est-ce exactement que l'artériosclérose? Disons tout d'abord que les médecins préfèrent actuellement le terme plus précis d'athérosclérose (athéro = masse graisseuse et sclérose = durcissement), mais les deux mots sont très voisins et, par commodité, nous les emploierons dans le même sens.

L'artériosclérose est une maladie des artères. Cette maladie débute fort tôt dans la vie et progresse d'une manière très lente; elle est réversible dans ses premiers stades mais l'est de moins en moins à mesure que les lésions s'étendent. En fait, ce qui se passe exactement dans l'artère est encore mal connu, extrêmement complexe, et fait l'objet de nombreuses études. D'une manière très simplifiée, on peut dire ceci: de nombreux facteurs agressifs, agissant sans arrêt, lèsent la paroi interne de l'artère. Parmi ces facteurs on connaît l'hypertension, le tabac, l'excès d'adrénaline, les plaquettes sanguines, et on en soupçonne beaucoup d'autres. La paroi interne devient alors perméable et laisse passer certaines substances du sang et notamment des molécules de graisse contenant du cholestérol. Les dépôts de graisse ainsi formés ne sont pas définitifs et peuvent être éliminés si les mécanismes de protection jouent. Mais ces graisses, surtout si elles sont en excès, ont une fâcheuse tendance à s'accumuler de nouveau et finissent par déborder la capacité des mécanismes d'épuration. Peu à peu se forme alors une "plaque" épaisse, dure, boursouflée, composée de graisses et de tissu fibreux, et qui rétrécit le calibre de l'artère. Cette plaque va évoluer, devenir de plus en plus envahissante; elle va se charger de calcium et sa surface pourra même se crevasser.

À ce stade la plaque athéroscléreuse devient néfaste. Non seulement elle réduit fortement le calibre de l'artère et gêne le passage du sang, mais encore, à son contact il peut se former un caillot qui bouche l'artère presque totalement. Celui-ci peut aussi se fragmenter et de petits morceaux sont alors propulsés dans le courant sanguin et vont obstruer d'autres artères, plus petites, situées en aval.

En fait la production de caillots sanguins (la coagulation ou, médicalement parlant, la "thrombose") accompagne l'athérosclérose dès le début et tout au long de son cheminement. Celui-ci est lent. Il se déroule sur des dizaines d'années, mais le résultat est prévisible: les artères obstruées font de plus en plus obstacle au passage du sang, les organes ou parties d'organes irrigués par ces artères ne reçoivent plus leur oxygène, fonctionnent de plus en plus mal et finissent par mourir.

Toutes les artères de gros et de moyen calibre peuvent être atteintes mais les artères les plus touchées, celles qui entraînent les complications les plus graves, se trouvent dans le cerveau, le coeur et les membres inférieurs.

L'artériosclérose des artères du cerveau entraîne les "attaques", l'apoplexie et les paralysies. Ces maladies sont très fréquentes après un certain âge et elles sont à juste titre redoutées car même lorsqu'elles ne tuent pas le patient, elles entraînent une invalidité qui peut être importante, allant jusqu'à transformer un homme valide en grabataire.

L'artériosclérose des artères nourricières du coeur, appelées artères coronaires, provoque des manifestations diverses selon la gravité de la maladie. Dans un premier stade, le malade ressent, lorsqu'il marche, une vive douleur dans la poitrine. C'est "l'angine de poitrine". Mais cette douleur est de courte durée. Dans un stade ultérieur, la douleur survient même au repos et dure plus longtemps. Enfin, lorsqu'une artère coronaire se bouche complètement, le sang ne circule plus dans une partie du muscle cardiaque et cette région meurt. C'est ce qu'on appelle l'infarctus du myocarde, qui se manifeste par une forte douleur dans la poitrine, de durée prolongée, et par d'autres symptômes très pénibles.

L'infarctus du myocarde est une maladie grave car elle peut entraîner des complications mortelles. Elle est d'autant plus redoutée qu'elle atteint souvent des adultes jeunes, dans la force de l'âge.

L'artériosclérose des artères des membres inférieurs entraîne l'artérite, c'est-à-dire des douleurs dans les mollets et le refroidissement des membres. Cette maladie est moins grave que les précédentes, mais dans certains cas, elle peut conduire à la gangrène et à l'amputation.

Voilà, dira-t-on, de sombres perspectives. Mais ne peut-on rien faire pour empêcher les conséquences de l'athérosclérose? Ne peut-on combattre cet ennemi invisible et d'autant plus dangereux qu'il ronge les artères en silence?

Pour trouver réponse à ces questions, tournons-nous vers les études épidémiologiques, et notamment vers la plus connue, celle de Framingham, aux États-Unis.

Ces études ont démontré que l'infarctus n'atteint pas de manière égale tous les pays, les plus touchés étant les États-Unis, la Finlande et le Canada, les moins touchés les pays du sud de l'Europe (Espagne, Grèce, etc.) le Japon, et, dans une situation intermédiaire, la Belgique et les Pays-Bas. Entre les pays favorisés et les pays défavorisés, la différence est énorme: elle va de 1 à 10.

D'autre part, lorsque des émigrants passent d'un pays favorisé à un pays défavorisé, par exemple lorsque des Japonais émigrent aux États-Unis, la mortalité par infarctus chez ces mêmes Japonais augmente et se rapproche de la mortalité observée chez les Américains.

Ces constatations et beaucoup d'autres du même ordre ont convaincu la plupart des cardiologues que l'infarctus du myocarde était une "maladie de la civilisation". Cette maladie est surtout fréquente dans les pays où règnent un certain environnement et un certain mode de vie qui caractérisent, en gros, la civilisation occidentale.

Mais ce mode de vie, en quoi consiste-t-il exactement? Et surtout quels sont les facteurs qui rendent ces maladies si fréquentes dans nos pays? Ici encore, les études épidémiologiques nous donnent des indications. Elles montrent statistiquement que les personnes qui fument, qui ont trop de cholestérol, qui sont diabétiques et hypertendues, et qui font trop peu d'exercice ont nettement plus d'infarctus que les autres. Ces différents facteurs sont appelés *facteurs de risque*. Lorsqu'ils sont présents, ils augmentent le risque d'avoir un infarctus du myocarde ou une autre complication de l'artériosclérose dans le futur.

Bien entendu, toutes les personnes qui présentent ces facteurs de risque ne feront pas nécessairement un infarctus. Il faut tenir compte des prédispositions génétiques, qui sont variables d'une personne à l'autre. Mais ces facteurs de risque sont importants car ils jouent le rôle de révélateurs et d'agents favorisants.

Nous allons maintenant les examiner en détail, afin de voir ensuite s'il est possible de les modifier.

Le cholestérol

Le cholestérol est une graisse qui se trouve dans beaucoup d'organes et qui circule dans le sang. Son origine est double: elle est fabriquée en partie par le corps, surtout par le foie, et elle vient en partie de l'alimentation. Le cholestérol est indispensable à la vie, c'est uniquement son excès dans le sang qui peut être nocif.

Historiquement, le cholestérol fut le premier facteur de risque mis en évidence, vers 1910, lorsqu'on s'est rendu compte que cette graisse se déposait sur la paroi interne des artères. Aussi n'est-il pas surprenant que le cholestérol ait fait l'objet d'innombrables études et expériences, notamment sur des animaux. On peut, par exemple, provoquer très facilement des lésions d'athérosclérose chez certains animaux en les nourrissant avec des régimes riches en graisses et en cholestérol. Un des exemples les plus curieux à cet égard est celui d'un singe à qui l'on fait ingurgiter la nourriture des restaurants universitaires américains. Le résultat est révélateur.

Mais plus importantes encore que ces expériences sur des animaux sont les découvertes des études épidémiologiques. On a remarqué que plus le cholestérol sanguin est élevé, plus grand est le risque d'avoir un infarctus plus tard. Ainsi, on peut calculer qu'un homme de 45 ans dont le cholestérol sanguin est de 310 mg a environ trois fois plus de chances de faire un infarctus dans les huit ans qui viennent que son voisin du même âge dont le cholestérol sanguin serait de 185 mg. On a également montré, et toutes les études s'accordent sur ce point, que les pays où le cholestérol sanguin est bas chez la plupart des gens sont précisément ceux où l'infarctus est rare. Ainsi le cholestérol sanguin des Finlandais et des Américains est en moyenne élevé; il en est de même de la fréquence des infarctus. À l'opposé, les Japonais et les Grecs ont en général un cholestérol bas, et de même l'infarotus est rare dans ces pays.

On s'est également rendu compte que ce taux de cholestérol dans le sang était fortement lié au type de nourriture. Les Américains mangent beaucoup de graisses, principalement des graisses d'un type chimique particulier, dites "saturées" et qui se trouvent dans les produits laitiers (lait, crème, beurre, fromages) et dans certaines viandes (boeuf, porc, mouton, saucisses, charcuterie). À l'inverse, les Japonais, jusqu'à tout récemment, ne consommaient guère ces produits. Ils préféraient le riz, les légumes, les poissons et absorbaient donc moins de graisses. Par ailleurs, ces graisses sont chimiquement différentes et dites "insaturées".

Bien entendu, le corps fabrique lui-même du cholestérol et l'apport alimentaire n'est pas tout. Ainsi, deux personnes mangeant à peu près la même chose peuvent avoir un taux de cholestérol sanguin différent, de même que deux personnes mangeant la même quantité de nourriture n'ont pas nécessairement le même poids. Il existe à cet égard de fortes différences individuelles.

On sait également, et c'est là une notion nouvelle, qu'il existe plusieurs types de cholestérol, ou du moins que le rôle de celui-ci varie selon son transporteur. Le cholestérol, en effet, ne circule pas librement dans le sang; il est lié à des protéines et voyage dans des molécules complexes appelées lipoprotéines. Ces lipoprotéines sont classées, selon leur densité, en légères ou lourdes. On a remarqué que le cholestérol lié aux lipoprotéines légères (le "mauvais cholestérol") se dépose sur la paroi des artères. Par contre, le cholestérol lié aux lipoprotéines lourdes (le "bon cholestérol") ne se dépose pas et possède même un pouvoir protecteur.

Ces notions nouvelles sont importantes car elles permettent une détermination plus précise des personnes à risque. Les modifications de régime peuvent donc être conseillées à bon escient aux seules personnes dont le "mauvais cholestérol" est élevé.

Ajoutons que le cholestérol est surtout un facteur de risque avant 60 ans. Son importance diminue chez les personnes âgées et chez les patients qui ont déjà fait un infarctus. Si l'on veut modifier son régime dans le bon sens, il est donc utile de commencer très tôt.

Controverses concernant le cholestérol

Les faits que nous venons d'exposer sont admis par la plupart des cardiologues. Il existe cependant des opinions divergentes. Certains minimisent l'action du cholestérol dans le développement de l'athérosclérose et, mettent en doute le rôle de l'alimentation dans l'apparition des maladies cardiaques.

Il n'est pas possible d'entrer ici dans le détail des nombreuses controverses que cette question a suscitées. Nous nous limiterons à quelques remarques afin d'éclairer le sujet.

— Le cholestérol est un facteur de risque certain lorsqu'on envisage une population dans son

49

ensemble. Mais au niveau individuel, son rôle est moins net. Tout dépend de la présence d'autres facteurs de risque. Il est très probable aussi que certains ont une prédisposition génétique qui rend leurs artères plus vulnérables à l'excès de cholestérol sanguin.

— *Cette prédisposition n'est pas suffisante pour provoquer l'athérosclérose. Si le taux de cholestérol sanguin est très bas, inférieur par exemple à 150 mg par 100 mL, les artères resteront saines.*

— *Le taux de cholestérol est dit "normal" dans nos pays, lorsqu'il se situe entre 150 et 250 mg. Ce taux n'est pas vraiment normal, en ce sens qu'il ne permet pas d'éviter l'athérosclérose. Le cholestérol des Européens, aux siècles précédents, se situait probablement entre 150 et 180 mg, car la plupart des gens consommaient beaucoup de céréales, des légumes, peu de viande et peu de graisses et de sucre. C'est le régime actuel des habitants du Tiers-Monde: leur cholestérol est bas et l'athérosclérose rare.*

— *Il serait donc très utile d'abaisser le cholestérol sanguin, dans nos pays, à ce niveau-là. Mais cette réduction est utopique, car le régime alimentaire qui prévaut actuellement ne permet pas d'atteindre un tel chiffre. Nous nous contentons donc de modifier les habitudes alimentaires dans des limites acceptables, nous estimant souvent satisfait lorsque le cholestérol sanguin ne dépasse pas 220 à 240 mg.*

— *Cette diminution est une demi-mesure. Elle sera efficace pour certains, insuffisante pour d'autres. Elle peut même être inutile pour quelques-uns qui semblent génétiquement résistants et qui échappent à tous les dangers.*

— *Comme nous ignorons tout de ces prédispositions particulières, nous sommes amenés à proposer la même prévention à tout le monde. Et c'est là certainement une sage précaution. Le jour où l'on pourra déterminer, avec plus de*

*précision encore, les personnes à risque, la pré-
vention sera plus personnelle et véritablement
taillée sur mesure.*

L'hypertension artérielle

On appelle tension artérielle la pression qui existe à l'intérieur des artères. Elle se mesure en centimètres de mercure, et avoir une tension à 14 signifie avoir une pression de
14 cm de mercure (ou de 140 mm, ce qui revient au même). En
fait la pression n'est pas constante, elle varie selon le moment
du cycle cardiaque. Quand le coeur expulse le sang dans les
artères la pression est haute, c'est la pression *systolique* ou
maxima. Quand le coeur se relâche, la pression est basse, c'est
la pression *diastolique* ou minima. Une pression s'exprime
donc toujours par deux chiffres.

Il est clair qu'une certaine pression est nécessaire dans les
artères, sans quoi le sang ne circulerait pas. Mais il n'est pas
bon que cette pression s'élève trop. On sait depuis longtemps
que l'hypertension artérielle entraîne à la longue des complications fâcheuses. Elle force le coeur à augmenter son travail
jusqu'au moment où il se fatigue et décompense; elle agit sur
les artères du cerveau et est responsable des hémorragies
cérébrales; elle abîme aussi le rein et peut conduire à l'insuffisance rénale.

Ce qui a été découvert récemment et qui ressort de toutes
les études épidémiologiques depuis vingt ans, c'est la nette
influence de l'hypertension sur le développement de l'artériosclérose. Un excès de pression dans les artères endom-
mage la paroi interne et favorise les dépôts de graisse. On a pu
montrer, de façon très claire, que plus la tension s'élève plus
le risque est grand d'avoir une complication de l'artériosclérose, infarctus ou apoplexie. Que l'élévation porte sur la
pression systolique ou sur la pression diastolique, le risque
augmente également. L'hypertension reste un facteur de
risque tout au long de la vie; elle peut débuter dans le jeune
âge et elle reste un facteur de risque même chez les personnes
âgées, dont elle abrège d'ailleurs souvent l'existence.

Quelle est la pression normale, la bonne pression? On admet qu'elle doit être inférieure à 14/9 chez l'homme d'âge moyen; plus elle augmente, plus le risque s'accroît.

On demande souvent d'où vient l'hypertension. En fait, nous ne le savons pas exactement. À côté d'une petite minorité dont les causes sont décelables (rénales, endocriniennes), l'immense majorité des hypertensions n'ont pas de cause bien définie. On pense actuellement que l'hypertension est due à des facteurs héréditaires et à des facteurs d'environnement, les uns et les autres agissant de concert. Dans cet environnement on incrimine surtout l'excès de sel alimentaire, l'obésité, surtout chez les jeunes, et un dérèglement du système nerveux végétatif.

L'hypertension provoque-t-elle des symptômes? En général non. On ne sent rien. C'est ce qui fait précisément le danger de cette maladie. Elle est silencieuse et exerce son travail de sape dans l'ombre. La seule manière de la détecter est de faire prendre sa tension. C'est ce qui explique d'ailleurs que beaucoup d'hypertendus ignorent tout à fait leur état. On entend parfois l'objection de certains: "Mais c'est une tension nerveuse." Cette objection est rarement valable: si la tension artérielle prise au cabinet du médecin, après 10 minutes de repos, et à deux reprises différentes, est trop élevée, elle le sera aussi dans la vie de tous les jours. Et ce qui compte en définitive, c'est l'action sur les artères de la pression moyenne d'une journée entière.

L'hypertension est non seulement une maladie dangereuse pour le futur, mais c'est aussi une maladie très fréquente. Si l'on tient compte de tous les hypertendus, même légers, dont la pression est supérieure à 14/9, elle touche presque un tiers de la population. Si l'on ne considère que des hypertensions supérieures à 16/9,5 sa fréquence atteint encore 10 à 12 pour 100 de la population. On comprend donc l'ampleur du problème.

Le tabac

La cigarette est le troisième grand facteur de risque des maladies cardio-vasculaires. Toutes les études épidémiologiques ont montré sa nocivité. Les chiffres sont bien connus, mais il vaut la peine d'en rappeler quelques-uns. La mortalité augmente avec le nombre de cigarettes fumées: 5 fois plus importante chez le grand fumeur. Un grand fumeur voit son espérance de vie réduite de 6 à 8 ans (ce qui explique en partie la surmortalité des hommes par rapport aux femmes). Le tabac est responsable de 25 pour 100 des maladies cardio-vasculaires. Les décès dus aux maladies cardio-vasculaires sont 2 à 3 fois plus fréquents chez les fumeurs que chez les non-fumeurs. La mort subite est 5 fois plus fréquente chez les grands fumeurs. Les femmes avant la ménopause fumant plus de 35 cigarettes par jour ont 20 fois plus de chances de faire un infarctus que les non-fumeuses. Arrêtons là cette énumération, car on en aurait pour trop longtemps à vouloir poursuivre.

Quelle est en fait l'action de la cigarette sur les artères? On en discute encore, car le tabac contient de nombreux produits toxiques. Deux surtout ont retenu l'attention des chercheurs: la nicotine et l'oxyde de carbone. La nicotine, en excitant le système nerveux sympathique et par une décharge d'adrénaline, fait battre le coeur plus vite et élève la pression artérielle. L'oxyde de carbone est un gaz, c'est un produit de la combustion du tabac. Il se lie très facilement à l'hémoglobine des globules rouges, avec laquelle il forme un complexe appelé "carboxyhémoglobine". Or, le rôle de l'hémoglobine est de transporter l'oxygène dans les différents organes. Plus il y aura de carboxyhémoglobine dans le sang (et le taux peut atteindre 10 à 15 pour 100 chez un grand fumeur), moins il y aura d'hémoglobine disponible pour transporter l'oxygène. L'action combinée de ces deux produits est donc néfaste pour le coeur et les artères. Néfaste d'ailleurs à un double point de vue: à long terme, en favorisant et en accélérant l'athérosclérose, et à court terme, en précipitant l'accident cardiaque, qu'il s'agisse d'angine de poitrine ou de mort subite.

Il faut ajouter que cette action est d'autant plus néfaste que le fumeur inhale profondément. On a montré en effet que pour un même nombre de cigarettes, les fumeurs qui inhalent profondément (et qui ont donc davantage de carboxyhémoglobine) ont nettement plus de maladies cardiaques que les fumeurs qui n'inhalent pas. Ceci explique également pourquoi les fumeurs de cigares ou de pipe, qui généralement inhalent peu la fumée, sont relativement peu atteints.

Lorsqu'un fumeur arrête de fumer, le risque cardiovasculaire diminue. Il diminue progressivement d'année en année et, environ 8 ans après l'arrêt, le risque chez l'ex-fumeur n'est pas plus grand que chez le non-fumeur. Ceci peut être un encouragement et un soutien pour le fumeur qui décide d'arrêter de fumer.

Le diabète

Parmi les nombreuses complications du diabète sucré, les complications vasculaires se classent au premier rang. Il en existe en fait deux types bien distincts. Le diabète peut endommager de petites artères de l'oeil, du rein et des nerfs. Ces dommages conduisent à des troubles nerveux, à de l'insuffisance rénale, à la rétinite et parfois à la cécité. Ces lésions sont caractéristiques du diabète, elles n'existeraient pas sans lui.

En plus, le diabète joue un rôle dans l'artériosclérose. Il ne s'agit plus ici d'un rôle unique et exclusif puisque l'artériosclérose existe également chez les non-diabétiques. Mais il s'agit d'un rôle favorisant, car la fréquence de l'artériosclérose est nettement plus grande chez les diabétiques. Les enquêtes épidémiologiques ne laissent aucun doute à ce sujet. Ainsi, l'infarctus du myocarde est plus fréquent chez les diabétiques; il apparaît aussi plus tôt dans la vie et beaucoup de jeunes et de femmes avant la ménopause qui font un infarctus sont diabétiques. L'artériosclérose des artères des jambes est également plus fréquente chez le diabétique et son évolution est nettement plus défavorable chez lui.

Les relations entre le diabète et l'artériosclérose ne sont pas encore tout à fait éclaircies. On sait que le diabétique présente non seulement une augmentation du sucre sanguin, mais également, et souvent, une augmentation des graisses: triglycérides et cholestérol. Le diabète peut aussi favoriser certains troubles de la coagulation. Enfin, l'insuline (c'est-à-dire l'hormone naturelle qui contrôle le sucre sanguin) pourrait agir sur les artères. Il reste encore beaucoup à découvrir dans ce domaine, fort étudié actuellement.

En même temps que le diabète, on peut mentionner deux facteurs de risque qui ont, avec lui, des liens assez étroits: il s'agit des triglycérides et de l'obésité.

Les triglycérides. Il existe dans le sang plusieurs graisses ou lipides. Nous avons déjà parlé du cholestérol. Les triglycérides sont un autre type de graisses. Contrairement au cholestérol, les triglycérides ne sont pas influencées par les graisses de l'alimentation, mais bien par le sucre et l'alcool sous toutes ses formes. Que des sucres puissent se transformer en graisses n'a rien d'étonnant: le corps est une usine biochimique où les transformations des substances sont courantes. Outre le régime qui en influence le taux, certaines maladies s'accompagnent souvent d'une élévation des triglycérides, et c'est notamment le cas du diabète. Jadis on attachait une grande importance aux triglycérides dans le développement de l'artériosclérose. Il semble bien que cette place était exagérée. Les études les plus récentes ne leur attribuent plus qu'un rôle assez modeste, et certainement moins important que celui du cholestérol.

L'obésité. Des statistiques bien connues et déjà anciennes, établies par des compagnies d'assurances aux États-Unis, ont démontré que l'obésité raccourcissait l'espérance de vie. Cependant, l'obésité n'intervient pas d'une manière directe dans l'artériosclérose, mais elle a des influences indirectes qui sont indéniables. Elle joue un rôle important dans le déclenchement du diabète, en particulier du diabète de l'adulte. Elle joue aussi un rôle dans l'apparition de l'hypertension artérielle. Par conséquent, l'obésité est un facteur de risque indirect et la réduction du poids a alors un effet global favorable sur la santé.

Facteurs sociaux et psychologiques

Depuis le début des investigations dans ce domaine, plusieurs chercheurs ont tenté de mettre en rapport la maladie cardiaque avec certaines caractéristiques sociales. C'est ainsi que l'on parlait jadis de la "maladie des managers". On s'est vite rendu compte que l'infarctus frappait également toutes les classes de la société. Un garçon de courses n'a donc aucun avantage sur un directeur général, même pas sur le plan de la santé. En dehors de la profession, on a examiné d'autres caractéristiques: la mobilité sociale vers le haut ou vers le bas, le niveau d'éducation, l'état civil, le changement fréquent de métier ou d'habitation, l'isolement ou la fréquence des contacts sociaux. Les résultats de toutes ces études sont assez contradictoires et il n'est pas possible d'en tirer des conclusions évidentes et certaines.

Les facteurs psychologiques jouent probablement un rôle plus important que les facteurs sociaux dans l'apparition des maladies cardiaques. C'est là d'ailleurs une croyance très répandue. En fait, si l'on veut être clair, il faut distinguer dès l'abord deux effets possibles: un effet immédiat et un effet à longue échéance.

L'effet immédiat est facile à saisir: à la suite d'une émotion violente, un homme s'écroule et meurt. Tout le monde connaît de tels cas et il en existe de célèbres dans les archives médicales. Il faut dire, toutefois, que ces cas ne sont pas très fréquents et qu'il n'y a pas toujours une relation entre l'intensité de l'émotion et l'intensité de la réponse. Néanmoins, ces cas sont spectaculaires et frappent l'imagination. On sait actuellement que beaucoup de ces morts subites sont dues à des troubles du rythme cardiaque et à l'apparition de rythmes très rapides, irréguliers et inefficaces (fibrillation ventriculaire), dont l'issue est fatale. Plusieurs travaux ont montré que des tensions psychologiques pouvaient favoriser ces troubles du rythme.

L'effet à longue échéance, c'est-à-dire sur le développement de l'athérosclérose, est beaucoup plus difficile à démontrer. C'est que les facteurs psychologiques sont complexes, malaisés à étudier et ne se prêtent pas à des mesures précises. Ce fait explique la diversité des opinions médicales. Néanmoins, si l'on examine l'ensemble des études faites à ce sujet, on peut en tirer les conclusions suivantes:

1. Certains états comme l'anxiété, la dépression, les troubles du sommeil, les problèmes conflictuels, les frustrations et les insatisfactions semblent favoriser l'apparition de l'angine de poitrine.

2. Le stress joue un rôle dans l'athérosclérose, rôle variable selon les individus. Le mot "stress" est ambigu; il est employé dans des sens divers. En médecine, il signifie une réaction du corps à une agression extérieure ou à toute situation perçue comme dangereuse ou menaçante. Le stress constitue donc une réaction d'alarme et se manifeste notamment par une élévation de la tension artérielle, une accélération de la fréquence cardiaque et une augmentation du tonus musculaire. Ces modifications et encore bien d'autres se produisent par l'intermédiaire du système nerveux et par une décharge accrue de diverses hormones, notamment l'adrénaline et le cortisol. Cette réaction préparait l'homme primitif au combat ou à la fuite. Fort utile donc jadis, elle devient superflue lorsque les conflits ne peuvent plus se régler de cette manière, ce qui est le cas de la plupart des conflits actuels. Il faut encore ajouter que ce qui importe, ce n'est pas tant le danger réel de la situation que la manière dont cette situation est perçue. Ainsi, des situations fort banales pour les uns peuvent être vécues par d'autres, et d'une manière symbolique, comme étant très stressantes. Finalement ce qui est nocif, ce n'est pas l'agression extérieure, ce n'est pas non plus la réaction de stress, mais bien le fait que cette réaction n'arrive pas à se résoudre d'une manière naturelle. Beaucoup de médecins estiment que cet état de tension émotionnelle permanente favorise l'athérosclérose, soit directement, soit indirectement par son action sur divers facteurs de risque.

3. On s'est souvent demandé s'il n'existait pas un type de personnalité ou de comportement prédisposé aux infarctus. Plusieurs chercheurs ont tenté de dessiner un profil psychologique. La plus connue de ces tentatives est celle d'une école américaine, dont les chercheurs ont observé chez beaucoup de patients ayant fait un infarctus du myocarde un type de comportement particulier. Ce type, appelé "type A", se caractérise par les traits suivants: ambition, esprit de compétition, agressivité, impatience, hostilité cachée, sens très aigu de l'urgence du temps, acharnement au travail ("les drogués du travail"), incapacité de se détendre. Dans sa forme extrême, ce comportement prédispose effectivement à l'infarctus. Mais l'influence du milieu social doit jouer un rôle car la fréquence du type A semble plus grande aux États-Unis qu'en Europe. Il existe aussi des formes modérées et intermédiaires de ce comportement, dont le diagnostic est difficile et dont l'action sur les artères est plus douteuse.

D'une manière générale, on peut dire que certaines caractéristiques psychologiques représentent un facteur de risque réel des maladies cardio-vasculaires, mais qu'il est difficile de préciser ce risque avec exactitude. Son importance varie probablement d'une personne à l'autre.

L'activité physique

Une des caractéristiques de la civilisation moderne est la sédentarité. La plupart des travaux n'exigent plus une activité musculaire importante et les moyens de transport rendent la marche inutile. Ce fait a naturellement frappé les chercheurs, qui ont comparé la fréquence des maladies cardiaques chez les hommes actifs, par exemple des dockers ou des facteurs, et chez les hommes moins actifs, par exemple des employés de bureau. Les premières études montraient un effet favorable du travail physique sur le coeur, mais d'autres études n'ont pas confirmé cette première impression.

On s'est alors tourné vers l'activité des loisirs et on a comparé des sportifs et des sédentaires complets. Les résultats sont parfois divergents, mais dans l'ensemble la plupart des études ont pu confirmer que les maladies cardio-vasculaires étaient plus fréquentes chez les sédentaires que chez les actifs. L'exercice physique peut agir favorablement par différents mécanismes: il ralentit le rythme cardiaque, diminue parfois la tension artérielle, joue un rôle certain dans le maintien d'un poids normal et agit également sur le cholestérol sanguin et sur des facteurs de coagulation. Des études récentes ont pu montrer que l'activité sportive augmentait de préférence le "bon cholestérol". Enfin, l'activité physique constitue un des moyens de lutter contre le stress et son effet sur le psychisme est évident: la bonne humeur et la sensation de bien-être qui accompagnent et suivent l'exercice physique sont connues depuis longtemps.

Si l'exercice est favorable, il ne faudrait pas cependant en faire un mythe. Il y a eu, notamment aux États-Unis, un engouement exagéré pour certains sports, en particulier le marathon. Certains cardiologues avaient même prétendu qu'un marathonien ne pouvait avoir de maladie cardiaque. On sait actuellement qu'un sportif, marathonien ou non, peut mourir d'un infarctus, et même parfois durant son activité sportive.

Le sport n'est donc pas une panacée, mais c'est un moyen, parmi beaucoup d'autres, de diminuer la fréquence des maladies cardio-vasculaires.

Facteurs non modifiables

Les facteurs de risque que nous avons examinés jusqu'à présent sont susceptibles d'être modifiés. Les trois facteurs dont il sera question ici ne sont pas modifiables, mais il est utile de les signaler, pour la bonne compréhension de l'athérosclérose.

L'âge

L'athérosclérose débute fort tôt et les premières manifestations cliniques peuvent se voir chez le jeune adulte. Par ailleurs, il est bien certain que plus on avance en âge, plus les facteurs de risque auront eu le temps d'agir et plus l'athérosclérose aura eu le temps de se développer. Il n'est donc pas surprenant que la plus grande fréquence des infarctus et des attaques cérébrales se situe entre 60 et 80 ans. Ce facteur de l'âge est évidemment inexorable.

Le sexe

Il est bien connu que les femmes sont relativement protégées jusqu'à la ménopause et qu'elle font rarement des infarctus avant l'âge de 45 ans. (Le sexe masculin est donc en lui-même un facteur de risque.) Mais cette protection n'agit pas également sur toutes les femmes. Ainsi, les femmes noires aux États-Unis semblent moins protégées que les femmes blanches. Du reste, cette protection est loin d'être absolue et on constate depuis quelques années une augmentation des maladies cardiaques chez des femmes jeunes, surtout chez celles qui à la fois prennent la pilule et fument la cigarette.

L'hérédité

Plusieurs observations indiquent que l'hérédité joue un certain rôle dans l'artériosclérose. On connaît ainsi des familles où les infarctus surviennent avec une fréquence excessive. Mais l'influence exacte de l'hérédité est difficile à préciser, car si les familles partagent les mêmes gènes, elles partagent aussi les mêmes habitudes, notamment alimentaires, et il est malaisé de dire ce qui appartient à l'hérédité et ce qui appartient à l'environnement.

On a pu démontrer l'influence de l'hérédité par des études faites sur des jumeaux vrais ("monozygotes", c'est-à-dire provenant du même ovule). Ces études ont montré que si l'un des jumeaux avait un infarctus, les chances de l'autre d'en avoir un également étaient nettement plus grandes. Il existe donc chez ces jumeaux une certaine concordance des maladies cardiaques.

Du point de vue pratique, on admet que si l'un des parents a eu un infarctus ou une autre manifestation de l'artériosclérose avant l'âge de 60 ans, le risque chez les enfants est accru. Ce risque évidemment ne peut être modifié. Il doit rendre encore plus attentif à la présence d'autres facteurs qui sont, eux, modifiables.

Facteurs divers

En dehors des facteurs de risque classiques, on a parfois accusé certaines substances de jouer un rôle dans le développement des maladies cardiaques. Ceci, il faut le dire, sans beaucoup de preuves et parfois avec légèreté. Nous n'en citerons que trois: le café, l'alcool et l'eau douce.

Le café: certains auteurs avaient attribué un rôle nocif au café. Ils visaient surtout les grands buveurs: 5 tasses et plus par jour. Des études plus récentes, et mieux conduites, n'ont pas pu prouver cette nocivité. Ce qui est vrai, c'est que la cigarette qui accompagne souvent la tasse de café est un facteur de risque certain.

L'alcool: à fortes doses, celui-ci devient nocif à tous points de vue. Cela va sans dire. Cependant, à doses modérées il ne favorise pas le développement de l'athérosclérose. Certaines études ont même montré que l'alcool pouvait protéger l'individu contre l'infarctus du myocarde. Cet effet s'exercerait notamment grâce à une élévation du "bon cholestérol".

L'effet protecteur vaut aussi bien pour les femmes que pour les hommes et ne dépend pas du type de boisson; l'important est la dose d'alcool consommée, que ce soit sous forme de vin, de bière ou de spiritueux. Les dernières études sur le sujet fixent la bonne dose entre 15 et 37 grammes d'alcool par jour, soit entre 1 et 3 bouteilles de bière ou autres boissons équivalentes. Au-delà de ces quantités, les inconvénients dépassent largement les avantages. Ceci réjouira sans doute ceux qui aiment boire leur verre de cognac ou de whisky quotidien.

L'eau douce: elle s'est vue accusée par certains de favoriser l'athérosclérose. L'eau "douce" est l'eau de boisson, appauvrie en calcium, en magnésium et en d'autres sels minéraux. Après beaucoup de controverses et de comparaisons entre l'eau "douce" et l'eau "dure" dans divers pays, aucune certitude n'a pu se dégager. L'opinion actuelle de nombreux spécialistes consiste à dire que si l'eau "douce" a un effet négatif, celui-ci est probablement très léger.

Estimation globale du risque

Nous venons ainsi de passer en revue les principaux facteurs, actuellement connus, qui favorisent et accélèrent le développement de l'athérosclérose. Parmi ceux-ci, les plus importants sont l'hypertension artérielle, le tabac, l'excès de cholestérol sanguin et le diabète. À un niveau inférieur, on peut placer l'hérédité, les facteurs psychologiques et l'inactivité physique. Il ne faut jamais perdre de vue que la maladie athéroscléreuse est multifactorielle. Cela veut dire que plusieurs facteurs agissent en même temps, de concert, se multiplient et se renforcent les uns les autres. Lorsque plusieurs facteurs de risque sont présents, même s'ils sont de moindre importance, la combinaison de ces facteurs entre eux multiplie nettement le risque global.

On a pu, à partir de ces facteurs de risque, établir un "profil", c'est-à-dire estimer le risque, pour un homme sain, de développer dans le futur des lésions d'athérosclérose. Il existe ainsi des tables, dont les plus connues viennent des États-Unis. Ces tables concernent surtout les Américains, mais elles ont pour nous une valeur indicative. Prenons un exemple: voici un homme de 45 ans, il ne souffre pas du diabète, il ne fume pas, sa tension artérielle systolique est à 12, et son cholestérol sanguin est à 210 mg. Cet homme à 3 pour 100 de chances d'avoir une maladie cardio-vasculaire dans les 8 années qui viennent. On dit que cet homme a un "risque faible". Son voisin, également âgé de 45 ans, est diabétique, il fume, a une tension artérielle à 16,5 et son cholestérol sanguin est à 285 mg. Cet homme a 30 pour 100 de chances d'avoir une maladie cardio-vasculaire dans les 8 années qui viennent. Il s'agit donc d'un risque élevé.

Il faut bien comprendre que ce risque est un risque *statistique*. Voilà une notion qui n'est pas toujours bien comprise. Dire d'un homme qu'il a 30 chances sur 100 de faire un infarctus dans les 8 années qui viennent ne veut nullement dire qu'il fera nécessairement cet infarctus. Il a en effet 70 chances sur 100 de ne pas le faire, et c'est heureux pour lui. Mais si l'on compare cet homme à son voisin qui n'a lui, que 3 chances sur 100 de faire un infarctus, il est évident que la situation du premier est nettement moins favorable, le risque étant multiplié par 10. Mais cela reste bien sûr un risque statistique.

Il serait très utile de pouvoir préciser davantage le risque individuel, pour chacun d'entre nous. Mais nous nous butons là à des difficultés qui rendent le pronostic incertain. D'abord, nous ne connaissons pas tous les facteurs de risque. Nous ne sommes pas très bien renseignés non plus sur les mécanismes de la coagulation, qui agissent à chaque stade de l'athérosclérose et qui entraînent des complications majeures. Enfin, il existe très probablement une vulnérabilité de la paroi artérielle, variable selon les individus, déterminée par des facteurs génétiques mal connus, et que nous ne pouvons que soupçonner.

Tout ceci explique certaines discordances et certains faits surprenants: un homme peut faire un infarctus sans avoir apparemment de facteurs de risque; un autre peut résister à ces facteurs pendant longtemps.

La seule manière d'avoir une vue plus précise sur le risque individuel consiste à faire un examen cardio-vasculaire approfondi, ou, pour employer un terme actuel, un dépistage.

Le dépistage cardio-vasculaire

Ce dépistage poursuit un double but: 1) mettre en évidence des signes actuels, même légers, d'une maladie du coeur ou des artères (activité de diagnostic) et 2) détecter certains signes ou facteurs de risque qui constituent un danger pour le futur (activité de prévision). Un dépistage comporte un certain nombre d'étapes.

1. **L'interrogatoire:** histoire médicale de celui qui consulte, portant sur les symptômes actuels ou passés, les habitudes de vie, le cadre social, mais aussi sur les maladies des parents et collatéraux. Certains utilisent un questionnaire que le patient remplit avant la consultation. C'est là une méthode facultative et qui ne dispense aucunement d'un dialogue réel.

2. **L'examen physique:** examen complet, comportant un examen particulier du coeur, des vaisseaux et de la tension artérielle.

3. **L'électrocardiogramme:** enregistrement de l'activité électrique du coeur. L'électrocardiogramme sera pris d'abord au repos puis après un effort, ce qui apporte des renseignements complémentaires très utiles.

4. Il est important de connaître la forme et les dimensions du coeur de même que l'état général des poumons. Ceci peut se faire à l'aide d'une *radiographie* du thorax, ou d'une radioscopie, qui montre en outre les mouvements du coeur et des vaisseaux.

5. Il peut être utile, dans certains cas, d'enregistrer les bruits du coeur (*phonocardiogramme*) et d'enregistrer également certaines pulsations artérielles, comme celles de l'artère carotide. Ceci permet une analyse intéressante du fonctionnement du muscle cardiaque.

6. L'étude des artères, à divers niveaux, par l'une ou l'autre méthode spécialisée (*oscillographie* par exemple), s'avère indispensable, puisqu'elle permet de mettre en évidence des signes encore légers d'artériosclérose. Signalons aussi l'intérêt de l'examen du fond de l'oeil, à l'aide d'un instrument très simple. La rétine est d'ailleurs le seul endroit du corps où les vaisseaux sont directement visibles. On peut y détecter certaines complications de l'athérosclérose, de l'hypertension et du diabète.

7. Une prise de sang pour *analyses de laboratoire* fait également partie du dépistage cardio-vasculaire. Parmi les analyses utiles, notons celles des lipides sanguins (cholestérol et ses variétés, triglycérides), du sucre, de la fonction rénale et de l'acide urique.

La somme de toutes ces données permet une bonne évaluation de l'état cardio-vasculaire actuel et une prévision satisfaisante pour un futur à moyen terme.

Il faut encore insister sur ce point: un dépistage n'est vraiment utile que s'il est répété régulièrement, tous les ans ou tous les deux ans par exemple. Ceci est d'autant plus vrai que la découverte d'une anomalie ne peut souvent être interprétée correctement que si on la compare avec l'état antérieur du patient. Or, cet état antérieur ne peut être connu que par les dépistages précédents.

Prévention primaire de l'athérosclérose

Dès que l'on a détecté, chez un homme apparemment sain, un ou plusieurs facteurs de risque, il faut proposer des mesures préventives. On distingue prévention primaire et prévention secondaire. La prévention secondaire s'adresse à des malades, c'est-à-dire à des hommes ou des femmes qui sont déjà atteints d'une maladie athéroscléreuse. Cette prévention a pour but d'éviter les complications futures de la maladie. La prévention primaire,par contre, s'adresse en principe à des individus sains, avant l'apparition de la maladie. Pour être efficace, la prévention primaire doit être à la fois multifactorielle et précoce. Multifactorielle, car il faut combattre tous les facteurs de risque présents, et précoce, car plus longtemps on laisse agir ces facteurs, moins on a de chances d'obtenir des résultats.

Nous allons voir maintenant comment on peut modifier ces facteurs de risque.

Le cholestérol

Le médecin dispose de deux moyens pour diminuer un cholestérol sanguin trop élevé: le régime et les médicaments. Dans tous les cas le régime doit être essayé d'abord; dans beaucoup de cas il est suffisant. Ce régime est basé sur deux principes généraux: diminuer la quantité totale de graisses dans l'alimentation et diminuer la proportion des graisses saturées en faveur des graisses insaturées. Vous trouverez un exemple de régime dans le tableau ci-dessous.

La sévérité de ce régime varie évidemment selon le taux de cholestérol sanguin, le type de cholestérol, l'âge du patient, l'état de ses artères, et la présence ou non d'autres facteurs de risque.

Ce tableau appelle une série de commentaires:

— il est classique de supprimer les jaunes d'oeufs, ceux-ci contenant beaucoup de cholestérol. Certains chercheurs estiment cependant que le cholestérol des aliments ne joue qu'un rôle limité, car le corps en fabrique lui-même. On pourrait donc être assez large au sujet des oeufs: 2 à 4 par semaine, selon le cas. Il en va de même pour les crabes, huîtres, homards; de toute façon, dans ces cas les prix freineront eux-mêmes la consommation.

— les "graisses visibles" seront évidemment supprimées. Les huiles préférées seront l'huile de soja, de maïs ou de tournesol, du moins pour les préparations froides. Pour les fritures, sauces et préparations chaudes ces huiles sont moins intéressantes car elles s'oxydent et se détériorent à la chaleur, et on préférera donc l'huile d'arachide ou l'huile d'olive;

— la controverse beurre-margarine a fait couler beaucoup d'encre, d'autant plus que d'importants intérêts financiers sont en jeu. Soyons clair. Disons d'abord qu'une margarine ordinaire, même "végétale", n'a aucun avantage sur le beurre. Les seules margarines utiles sont celles qui contiennent un maximum d'acides gras polyinsaturés: il en existe plusieurs sur le marché qui en contiennent entre 60 et 65 pour 100 (à titre de comparaison, le beurre en a moins de 5 pour 100). Il ne faut cependant pas être obnubilé par cette question; remplacer le beurre par une margarine sans modifier le régime dans son ensemble n'a qu'un effet limité. Il n'est d'ailleurs pas indispensable de chercher sa ration d'acides gras polyinsaturés dans une graisse que l'on peut tartiner; une huile fait tout aussi bien l'affaire;

— à côté des graisses "visibles", il existe des graisses "invisibles". Ces graisses se cachent dans beaucoup de viandes: porc, mouton, boeuf, sans parler de la charcuterie, des boudins, du pâté, etc. On les remplacera utilement par des viandes maigres, contenant peu de graisses saturées (veau, cheval), ou de la volaille ou encore du gibier;

— le poisson est un animal méconnu et mal aimé. Bien à tort. Aussi riche en protéines que la viande, parfaitement digestible, il a l'avantage, en ce qui nous concerne, d'être en général moins gras que la viande, et même lorsqu'il est gras, une bonne partie des graisses sont insaturées. On en fera donc une ample consommation;

— ne pas oublier que chocolat, bonbons, pralines, pâtisseries contiennent beaucoup de graisses saturées en plus des sucres. Ce sont là des calories parfaitement inutiles;

— certains ont remarqué l'effet favorable des fibres alimentaires. Comme celles-ci ont également une influence favorable dans le traitement du diabète, on peut faire d'une pierre deux coups. Ces fibres se trouvent surtout dans les céréales complètes, le pain complet, les légumes et les fruits.

Si un régime bien suivi pendant plusieurs mois n'a pas apporté de résultats sensibles et si le cholestérol sanguin reste élevé, le médecin décidera éventuellement d'ajouter des médicaments.

Type de régime pour abaisser le cholestérol sanguin

	Aliments à éviter ou à limiter	Aliments recommandés
LAIT ET PRODUITS LAITIERS	Lait entier, concentré, en poudre. Crème, milk-shake, cacao, crème glacée, pudding.	Lait écrémé, battu; yoghourt maigre. Aliments préparés avec du lait écrémé.
GRAISSES ET HUILES	Graisse de boeuf; saindoux. Sauces et mayonnaises ordinaires, ou vendues préparées. Beurre et préparations avec beurre, margarines ordinaires.	Huile de soja, maïs, tournesol. Margarines spéciales, riches en acides gras polyinsaturés.
OEUFS	Jaune d'oeuf et préparations.	Blanc d'oeuf.
PAIN ET CÉRÉALES	Pains spéciaux, brioches, croissants. Gaufres, crêpes, beignets. Pâtisserie ordinaire (beurre, oeufs). Flan.	Pain blanc, gris ou complet. Biscottes. Biscuits secs (limiter). Riz et pâtes. Céréales. Pâtisserie "maison" (ingrédients permis).
SUCRERIES	Chocolat, pralines, bonbons.	Confiture, miel (modérément).

VIANDES	Viandes maigres (boeuf, veau et agneau maigres, cheval). Viandes froides, rosbif, langue, jambon maigre. Gibier et volaille (enlever gras et peau).	Viandes grasses (porc, mouton); conserves de viande. Charcuterie grasse, saucisses, boudin, lard, pâté, salami, haché. Abats: rognons, cervelle. Foie (limiter).
POISSONS	Tous les poissons: plusieurs repas par semaine; en conserve, vider l'huile.	Conserves de poisson en sauce, salades de poisson; bisques et quenelles.
POTAGES	Bouillon maigre (dégraissé); potages aux légumes.	Bouillons gras; potages en sachets ou en boîtes.
POMMES DE TERRE	Cuites à l'eau; purée; frites avec huiles permises (limiter).	Cuites ou frites dans huiles ordinaires. Chips.
FROMAGES	Blanc maigre; de régime; fondu maigre.	La plupart des fromages, sauf:
DIVERS	Tous les fruits et tous les légumes. Haricots, lentilles. Herbes, épices, condiments.	Tous les plats préparés d'avance. Mollusques et crustacés (limiter).

L'hypertension artérielle

Il existe deux méthodes pour traiter une hypertension artérielle: les mesures d'hygiène et de diététique et les médicaments.

Les mesures d'hygiène et de diététique peuvent s'appliquer à tous et elles auront un effet préventif chez certaines personnes. Leur efficacité se trouve limitée lorsque l'hypertension est déjà installée. Il est fortement recommandé de diminuer le sel alimentaire et de maigrir si l'on est obèse. La perte de poids fera baisser la tension, surtout chez les jeunes adultes. Quant au sel, s'il est difficile de suivre longtemps un régime sans sel strict, il est parfaitement possible de réduire la quantité habituelle de sel de 10 à 15 g par jour à moins de 5 g. Cette réduction sera bénéfique chez certains et facilitera l'effet des médicaments. On recommande également l'exercice physique, et pour les personnes très anxieuses, certaines techniques de relaxation peuvent être utiles.

Cependant, si ces petits moyens ne sont pas suffisants, il faudra passer aux médicaments, sans tergiversations. L'hypertension est un facteur de risque majeur et doit être traitée énergiquement. Jadis les médicaments étaient peu nombreux et mal tolérés. Ils sont actuellement nombreux, efficaces et souvent très bien tolérés. L'industrie pharmaceutique a fait dans ce domaine un remarquable travail. Mais il faut être clair: les médicaments ne sont pas curatifs, ce qui veut dire que la tension n'est normalisée que tant qu'on les prend. Quand on arrête de les prendre, la tension remonte, tôt ou tard. Il faudra donc les prendre longtemps, et peut-être indéfiniment. Cela implique une surveillance régulière par le médecin (au moins trimestrielle si la tension est parfaitement stabilisée, au moins mensuelle dans les autres cas). Cette nécessité de prendre des médicaments régulièrement pour une maladie qui ne montre pas de symptômes est parfois difficile à faire comprendre et à faire admettre. Mais il faut savoir que la normalisation de la tension artérielle a pour but d'éviter dans le futur de nombreuses complications vasculaires. On prend en quelque sorte une assurance sur la vie;

celle-ci n'est pas absolue, mais elle diminue fortement le risque. Prendre un médicament constitue par conséquent une contrainte bien légère quand on connaît les maladies graves qui seront évitées plus tard.

Les résultats favorables qu'entraîne une normalisation de la tension ont été démontrés par plusieurs études épidémiologiques. Récemment, une étude américaine, portant sur plus de 10 000 personnes, a encore une fois confirmé ce fait, même lorsqu'il s'agit d'hypertension légère.

Le tabac

L'action contre le tabac peut se concevoir sur deux plans: sur un plan général, public, et sur un plan individuel.

Sur le plan public, le gouvernement peut agir de diverses manières: il peut interdire le tabac dans certains endroits publics; il peut limiter la publicité des compagnies de cigarettes; il peut subventionner une contre-publicité à la télévision et dans les journaux; enfin, il peut augmenter les taxes sur le tabac. L'impôt sur le tabac est déjà fort ancien, mais il a été fortement augmenté ces dernières années. Augmentation logique, car dès l'instant où l'État prend à sa charge les frais des maladies causées par le tabac, il est naturel qu'il demande, à l'avance, au fumeur de s'acquitter d'une certaine part de ces frais.

Néanmoins, quelles que soient les réglementations prises par les pouvoirs publics, ces mesures ont leur limite et l'action individuelle reste primordiale.

L'idéal, bien entendu, est de ne jamais commencer à fumer. L'éducation scolaire et les campagnes antitabac s'efforcent de persuader les adolescents de ce fait, avec peu de succès il faut bien le dire. La pression sociale, la valorisation de la cigarette par la publicité, le peu d'intérêt porté aux maladies futures et, surtout, l'incitation des groupes d'amis, tout cela s'oppose aux conseils de prévention. Les campagnes antitabac ont eu plus de succès chez les adultes, surtout chez les hommes.

Il faut dire aussi que la difficulté d'arrêter est très variable selon les individus. Certains arrêtent assez facilement d'eux-mêmes, aidés par leur seule volonté, alors que d'autres, malgré tous leurs efforts, échouent. La cigarette, en effet, semble jouer pour certaines personnes un rôle psychologique important: elle semble leur permettre de mieux s'adapter à la vie de tous les jours et surtout à des situations stressantes. Elle semble leur donner un sentiment de sécurité et un moyen de lutter contre leur angoisse. Les méthodes psychologiques de traitement tiennent d'ailleurs compte de ce rôle et s'efforcent d'en diminuer l'importance.

Divers moyens ont été proposés pour aider le fumeur qui a pris la ferme résolution d'arrêter. Cette résolution est d'ailleurs l'ingrédient principal de toutes les méthodes de désaccoutumance.

Examinons rapidement ces méthodes.

1. **Petits moyens:** il s'agit essentiellement de mesures d'hygiène et de diététique. On conseille aux fumeurs qui désirent cesser de fumer de choisir un moment favorable: par exemple après une maladie ou durant les vacances. On recommande d'augmenter les activités sportives et de respirer profondément plusieurs fois par jour. Il est bon d'éviter le café, le thé, l'alcool et les mets épicés. Il est recommandé de boire beaucoup d'eau, ou des jus de fruits ou des infusions, et de manger des légumes et des fruits, notamment des oranges et des citrons. Certains conseillent des suppléments de vitamines B et d'autres recommandent l'hydrothérapie (douches, frictions).

2. **Médicaments:** il n'existe actuellement aucun médicament efficace.

3. **Hypnose:** elle donne de bons résultats chez certains, mais peu durables.

4. **Acupuncture:** de bons résultats ont pu être observés, surtout à court et moyen termes. Le résultat dépend de la volonté du sujet. Le caractère inoffensif de cette méthode permet en tout cas de la recommander.

5. **Substitution:** c'est-à-dire passage à la pipe et au cigare. Ceci est valable, mais uniquement si la fumée n'est

pas inhalée. On a remarqué que certains fumeurs qui inhalaient la fumée de la cigarette inhalent également la fumée du cigare; l'avantage pour eux est donc minime. Par ailleurs, d'autres formes de tabac, telles que le tabac à chiquer et le tabac à priser, font leur réapparition en Angleterre et aux États-Unis. Ceci évite bien sûr les inconvénients de l'inhalation. Certains médecins recommandent cet usage, d'autres sont plus prudents et mettent en garde contre les inconvénients propres à ces formes de tabac. Il s'agit là peut-être d'un moindre mal.

6. **Cigarettes moins nocives:** depuis longtemps, les marchands de tabac, soucieux de leur image de marque, sont à la recherche d'une cigarette moins toxique. Ces efforts ont connu des résultats certains. Il existe actuellement des cigarettes dont les taux de goudron et de nicotine ont été réduits de moitié. Réduire l'oxyde de carbone semble une tâche plus difficile, c'est pourquoi l'effet moins nocif de ces cigarettes sur le coeur n'a pas encore été clairement démontré. Néanmoins, cette diminution des produits toxiques semble avoir eu un effet favorable sur d'autres maladies, et on peut dire globalement qu'il est préférable de fumer une cigarette "mini-dosée" plutôt qu'une cigarette ordinaire.

7. **Méthodes psychologiques:** il en existe de nombreuses variétés, soit individuelles, soit pour des groupes. Certaines méthodes, basées sur les modifications du comportement, ont eu un certain succès aux États-Unis. Dans un premier temps par exemple, on engendre un dégoût de la cigarette en obligeant le fumeur à fumer très rapidement l'une après l'autre un grand nombre de cigarettes. Dans un second temps, on essaye de consolider ce résultat par des méthodes de motivation et de contrôle de soi. Les résultats semblent assez bons, surtout à moyen terme. Le Plan de 5 jours constitue une autre méthode. Un groupe de personnes se réunissent pendant 2 heures, 5 jours consécutifs. Diverses méthodes d'éducation et de motivation sont employées. Ces thérapies de groupe ont un avantage certain grâce à l'entraide mutuelle qu'elles suscitent. Les résultats sont bons et semblent meilleurs que dans les autres méthodes.

Le diabète

Le traitement du diabète est basé sur le régime, les médicaments et les injections d'insuline, selon le type et la gravité de la maladie. Le mot traitement est d'ailleurs inexact, puisqu'il n'existe pas de guérison vraie. Il s'agit plutôt d'un bon "contrôle" du diabète, c'est-à-dire qu'on s'efforce de ramener le sucre sanguin à un taux voisin de la normale. Un bon contrôle diminue les risques des diverses complications du diabète et réduit notamment l'atteinte des petits vaisseaux, qui est caractéristique de la maladie. Pour ce qui est de l'artériosclérose, il n'est pas certain que le contrôle du diabète y modifie grand-chose. Ceci veut dire qu'en présence d'un diabète, il faudra être d'autant plus attentif aux autres facteurs de risque, et tenter énergiquement de les réduire.

Le régime, notamment, mérite une attention particulière: la réduction des aliments sucrés ne doit pas inciter le malade à augmenter les graisses. Ce serait remplacer un inconvénient par un autre.

L'obésité

Le traitement de l'obésité se base en grande partie sur le régime. Les médicaments ne jouent qu'un rôle d'appoint et seulement pendant un temps limité. Le grand nombre de régimes différents et parfois contradictoires qui sont proposés constitue bien la meilleure preuve qu'il n'existe pas de régime idéal et qu'il n'est pas très facile de maigrir. Il faut pour cela une volonté soutenue et souvent une aide psychologique, soit individuelle, soit sous forme de thérapie de groupe.

S'il n'est pas facile de maigrir, il vaut donc mieux prévenir l'obésité et prendre les mesures qui s'imposent dès qu'apparaissent les premiers kilos superflus.

Facteurs psychologiques

S'il est impossible de supprimer les agressions de la vie courante, il est possible cependant d'en diminuer les répercussions sur le système cardio-vasculaire. On peut, dans une certaine mesure, déconnecter le coeur et le protéger des excitations ambiantes. Plusieurs types de médicaments agissent dans ce sens. En premier lieu, les tranquillisants: ils freinent l'excitation du système nerveux et diminuent les sensations excessives d'anxiété et de peur. Les tranquillisants modernes sont des médicaments généralement bien tolérés. Lorsqu'ils sont employés à bon escient, à bonne dose et en temps opportun, ils n'ont pas d'effet nocif. Une autre classe de médicaments s'oppose à l'effet de l'adrénaline. Ces médicaments n'ont aucun effet sédatif, mais ils ralentissent le coeur, ils en diminuent l'activité excessive et le font travailler plus économiquement. Par surcroît, ils ont un effet favorable sur l'hypertension artérielle.

À part les médicaments, il existe diverses méthodes psychologiques et psychothérapeutiques dont le but consiste à réduire l'effet nocif des stress répétés, à renforcer la confiance en soi et à permettre une meilleure adaptation aux exigences de la vie moderne. En Europe, on a recours à diverses techniques de relaxation. Aux États-Unis, on emploie volontiers des méthodes d'origine orientale telles que la méditation transcendantale ou le yoga. Toutes ces méthodes agissent par un rééquilibrage du système neuro-végétatif.

Enfin, il ne faut pas oublier que l'exercice physique reste une manière très simple de neutraliser les stress.

Activité physique

La pratique d'un sport est certainement recommandable. Tous les sports, à condition qu'ils soient dynamiques, sont également efficaces et l'amateur pourra choisir parmi un vaste éventail: marche, course, cyclisme, natation, tennis, ski de fond. L'important est de doser l'effort selon son âge et ses capacités physiques, et de n'augmenter les performances que progressivement. On demande souvent s'il est nécessaire de subir un examen médical avant de commencer la pratique d'un sport. En principe, chez un homme sain, ce n'est pas indispensable. Mais comme il est difficile de savoir si l'on est tout à fait sain, un examen médical, notamment un électro-cardiogramme avec effort, est recommandé à partir de 40 ans. Entre autres avantages, il rassurera le futur sportif.

Si l'on veut tirer un réel bénéfice du sport, il faut le pratiquer régulièrement, en toutes saisons, au rythme moyen de trois fois par semaine, une demi-heure à une heure chaque fois. Il est utile et commode de faire alterner des périodes d'exercice intense et des périodes d'exercice léger: par exemple, marche normale/course/marche normale, et ainsi de suite. On peut également faire du sport à l'intérieur, sur un vélo fixe par exemple. L'effet est le même, mais la méthode est si monotone que plusieurs l'abandonneront rapidement. Il est préférable de mettre de la variété dans les exercices et de les pratiquer dans un environnement agréable.

Résultats de la prévention primaire

L'expérience a montré qu'il était possible d'agir sur les facteurs de risque. On peut cesser de fumer, on peut diminuer le cholestérol sanguin, on peut abaisser la tension artérielle, on peut faire de l'exercice physique et on peut combattre le stress. Ces modifications sont non seulement faisables, mais elles sont utiles. Plusieurs études ont montré l'impact de ces modifications sur les maladies cardio-vasculaires. Un exemple fourni par les États-Unis est instructif à cet égard. À la suite de grandes études épidémiologiques qui y ont été entreprises, les médecins ont beaucoup insisté sur les facteurs de risque. Beaucoup d'hommes et de femmes ont donc essayé de modifier ces facteurs. Or, on constate depuis une dizaine d'années une nette diminution de la mortalité par maladies cardio-vasculaires. La mortalité par infarctus, par exemple, a diminué chez les Américains mâles de 22 pour 100 entre 1969 et 1977. Cette tendance vers la baisse s'observe également dans d'autres pays, notamment en Finlande et en Belgique.

La prévention secondaire

Si l'infarctus survient malgré tout, la prévention a-t-elle encore un rôle à jouer? Oui, incontestablement, mais elle doit s'adapter à la situation nouvelle. Il s'agit ici de prévention secondaire et son but sera d'éviter, dans la mesure du possible, les complications et les récidives.

Les mesures de prévention primaire restent valables, avec certaines modifications. Ainsi, le rôle du cholestérol devient moins important à ce stade de la maladie, et les modifications du régime n'ont plus qu'un effet limité. La suppression de la cigarette, par contre, garde toute son importance, de même que la normalisation de la tension artérielle, si celle-ci est trop élevée. Les émotions violentes et les stress répétés restent nocifs et la recherche d'un mode de vie plus équilibré s'avère par conséquent indispensable. Dans certains cas, assez rares toutefois, un changement de profession peut même être souhaitable. L'exercice physique garde également toute sa valeur et on le recommande même immédiatement après un infarctus, contrairement à ce qu'on préconisait jadis. Il est évident qu'une mise au point cardiologique devient essentielle si l'on veut donner des conseils sur le genre et l'intensité de l'activité sportive. D'une manière générale, on peut dire que la marche et la bicyclette présentent beaucoup d'avantages; d'autres sports tels que le tennis ne pourront être pratiqués qu'avec l'accord du médecin.

La prévention secondaire fait également usage des médicaments et de la chirurgie. Elle se distingue donc assez peu du traitement proprement dit et le rôle du médecin devient ici primordial. Il faut en effet choisir parmi des médicaments nombreux et dont les actions sont diverses. Les uns ont pour but de diminuer les troubles du rythme, les autres s'opposent à l'action de l'adrénaline, d'autres encore luttent contre la production de caillots sanguins. Certaines cellules sanguines, appelées plaquettes, jouent un rôle important dans la formation de ces caillots et les spécialistes sont fort intéressés actuellement par des médicaments qui en freinent l'action.

Enfin, dans certains cas bien particuliers, la chirurgie des artères coronaires peut prolonger la vie du patient et, en ce sens, on peut donc la considérer comme une mesure préventive.

Regard vers l'avenir

L'état actuel de la prévention est bien décrit dans un rapport de l'Association américaine du coeur, publié en mai 1980: "La prévention s'appuie sur des fondements solides. Les changements du mode de vie que l'on recommande sont sans danger et d'une excellente hygiène. Les médecins doivent poursuivre et amplifier leurs efforts pour dépister les facteurs de risque chez leurs patients et appliquer les mesures préventives qui s'imposent. Les médecins devraient en cela donner l'exemple. Ils auront à coeur de ne pas fumer, de manger sainement, de garder un poids normal et de faire du sport régulièrement." On ne peut mieux dire. Mais la prévention des maladies cardiaques n'est pas fixée une fois pour toutes. Il se peut que des découvertes ultérieures modifient certaines conceptions actuelles. L'étude des facteurs de risque n'est pas terminée et la manière dont ils réagissent entre eux est peut-être plus complexe qu'il n'apparaît de prime abord. La vulnérabilité ou la résistance artérielle, qui semblent variables d'un individu à l'autre, restent encore en grande partie un mystère. En revanche, l'étude de la coagulation est plus avancée et l'on peut espérer que des découvertes thérapeutiques surviendront à moyen et à long termes. D'autre part, diverses études actuellement en cours s'efforcent de mieux définir la prévention secondaire, et le choix entre les divers médicaments possibles deviendra plus clair dans quelques années. Certains vont même plus loin et imaginent la prévention, dans le futur, sous forme d'une pilule qu'il suffira d'avaler une fois par jour. Ceci semble utopique. Mais on peut fort bien imaginer une double stratégie: d'une part une modification de l'environnement et du comportement individuel, d'autre part certains médicaments agissant sur la coagulation ou renforçant les défenses de la paroi artérielle.

L'action combinée de ces deux méthodes pourrait apporter, vers la fin du siècle, une solution au problème de l'artériosclérose.

La prévention et le dépistage des cancers

Par le docteur E.-G. Peeters

1. Position du problème

Les cancers sont apparus alors même que se multipliaient les premières cellules nées elles-mêmes de l'assemblage des premières molécules douées du pouvoir de se reproduire.

Les cancers constituent donc un phénomène qui accompagne la vie, toutes les fois que la cellule cesse de se conformer à l'équilibre naturel. Faute de traitement adéquat et précoce, ils mènent inexorablement à la mort.

À l'heure actuelle, les cancers occupent la deuxième place parmi les causes mondiales de mortalité (de 20 à 25 pour 100 des décès), après les affections cardio-vasculaires (40 à 45 pour 100 environ).

Or, il ne faut plus douter qu'une prévention à tous les niveaux, associée à un dépistage précoce et systématique sérieux, permettrait de reléguer les cancers beaucoup plus loin dans la liste des causes de mortalité.

Des chiffres

Nous ignorons tout de la fluctuation des cancers au cours des âges mais il paraît logique de supposer que le taux s'en trouva peu modifié durant des centaines de siècles, comme fut stable la démographie humaine. L'usage des statistiques n'est que relativement récent et ce n'est donc que depuis quelques dizaines d'années qu'une précision satisfaisante permet d'y attacher une valeur significative. Voici donc quelques chiffres.

Il ressort des statistiques regroupées par l'Organisation mondiale de la santé (O.M.S., Genève) que le nombre de décès par cancers s'est élevé, dans le monde, de 2 200 000 en 1950 à 2 700 000 en 1960, pour passer, en 1970, à environ 3 500 000 cas (fourchette variant entre 3 et 4 millions de cas). L'augmentation probable qui, pour la décennie 1950-1960 est donc de l'ordre de 22 pour 100, monte à quelque 30 pour 100 pour la décennie 1960-1970.

Durant la même période, la population passait de 2486 millions en 1950 à 2982 en 1960 (+ 20 pour 100) et à 3632 en 1970 (+ 21 pour 100). Ce qui signifie que si l'augmentation de la mortalité mondiale par cancers n'est pas significative pour la décennie 1950-1960, elle le devient grandement pour 1960-1970, d'autant plus que le chiffre de 3 500 000 décès par cancers est un chiffre moyen et non la limite supérieure de la fourchette.

On peut estimer, avec un risque d'erreur connu important, que la morbidité cancéreuse (nombre total de cancéreux) dans le monde est de l'ordre de 4 400 000 cas; autrement dit, il est probable que le globe comptait vers 1970 quelque 4,4 millions de cancéreux (fourchette: 3,8 à 5 millions de cas).

Pour les pays de la Communauté économique européenne (C.E.E.), dont la population totale était en 1970 d'un peu plus de 250 millions d'habitants, la morbidité cancéreuse se situait aux environs de 758 000 cas alors que la mortalité de même origine se situait, cette année-là, autour de 540 000 décès.

Ce qui revient à dire, en se référant aux chiffres de 1970 et en simplifiant à l'extrême, qu'un individu sur quatre meurt du cancer, qu'il y a en Europe un décès par cancer toutes les 58 secondes et, à travers le monde, un décès de cancéreux toutes les 9 secondes. Ajoutons à cela que le cancer frappe, dans les pays développés, un foyer sur trois. Le problème réside donc dans cette opposition qui semble se manifester entre la relative stabilité du cancer au cours des âges et sa progression au cours du XXe siècle. En fait, il s'agit d'une progression globale résultant de l'accroissement de certains types de cancers alors que d'autres sont plutôt en régression.

Il est évident que la plupart des maladies infectieuses ont été vaincues grâce à la découverte des antibiotiques. La tuberculose, malgré une recrudescence récente, s'est révélée curable dans bon nombre de cas à l'aide des médicaments tuberculostatiques. L'anémie pernicieuse a disparu depuis la découverte de la vitamine B_{12}. La peste, le choléra, la lèpre et les autres grands fléaux qui décimèrent le Moyen Âge ont cessé aujourd'hui d'être un problème aigu.

En conséquence, la longévité moyenne a doublé en un siècle dans les pays occidentaux. Seulement, d'autres maladies ont épousé cette évolution et nous avons assisté à l'accroissement des décès par affections virales, par maladies cardio-vasculaires et par cancers.

Donc, vieillissement des populations, longévité moyenne allongée, voilà une première source d'erreur apparente dans l'établissement de statistiques sur le cancer. Autre facteur, l'amélioration des techniques de dépistage et des moyens diagnostiques du cancer. Nouvel élément encore, l'introduction, dans les statistiques, de cas nouveaux, ignorés jadis. Ces paramètres sont des correctifs qu'il convient d'apporter aux chiffres de progression des cancers. Toutefois, ils ne peuvent intervenir pour modifier les chiffres se rapportant à des années récentes, à partir de 1960 en particulier. Or, nous venons de le voir, il y a dans le monde, entre 1960 et 1970, une progression des cancers d'au moins 30 pour 100 alors que l'accroissement de population n'est pour la même période que de 21 pour 100.

Ce problème est du reste aisément résolu lorsqu'on rapporte les chiffres de mortalité par 100 000 habitants (Tableau 1 p. 86-87). Or ici également, l'augmentation est bien réelle et constante depuis le début du XXe siècle.

Ajoutons à cela que ce sont les cancers bronchiques qui, au cours des dernières décennies, ont connu l'augmentation la plus inquiétante; à titre d'exemple, les décès par cancers broncho-pulmonaires ont, en Belgique, plus que doublé entre 1955 et 1971. Par ailleurs, l'âge moyen d'apparition des cancers baisse et ce, sans égard à la fluctuation de la moyenne d'âge des décès.

	M	**T**	**F**
Afrique			
Maurice (Île)	42,6	42,4	42,2
Amérique			
Argentine	171,7	148,7	125,6
Canada	174,9	154,8	135,5
Chili	100,3	99,2	98,1
Colombie	48,8 (75)	52,5 (75)	56,1 (75)
Costa Rica	74,9	68,3	61,5
Cuba	122,3	104,4	85,8
Dominicaine (Rép.)	22,4	22,2	21,9
El Savador	14,4 (74)	18,9 (74)	23,3 (74)
Équateur	32,4 (74)	35,4 (74)	38,3 (74)
États-Unis	199,9	178,7	158,6
Guatemala	21,8 (76)	25,8 (76)	30,0 (76)
Honduras	9,8 (76)	13,5 (76)	17,1 (76)
Mexique	30,1 (74)	36,0 (74)	42,0 (74)
Nicaragua	11,7	17,1	22,2
Paraguay	60,0	66,5	72,8
Pérou	31,8 (73)	35,6 (73)	39,4 (73)
Uruguay	243,5 (76)	207,7 (76)	172,3 (76)
Venezuela	50,1	53,1	56,1
Asie			
Israël	132,2	125,1	118,0
Israël (pop. juive)	143,9 (76)	138,3 (76)	132,8 (76)
Japon	148,7	128,4	108,8
Koweït	35,2 (72)	29,4 (72)	22,0 (72)
Philippines	32,1 (76)	30,1 (76)	28,2 (76)
Rép. Arabe			
syrienne	7,1 (78)	6,4 (78)	5,7 (78)
Singapour	119,1	99,0	78,2
Thaïlande	18,9	17,0	15,1
Europe			
Allemagne (Rép. Dém.)	237,3 (76)	221,2 (76)	207,2 (76)
Allemagne (Rép. Féd.)	263,2	249,6	237,2
Autriche	267,3	253,2	240,6
Belgique	294,5 (76)	251,8 (76)	210,9 (76)
Bulgarie	169,1	141,4	113,7
Danemark	258,8	245,6	232,8
Espagne	172,8 (76)	148,5 (76)	125,3 (76)
Finlande	211,0 (76)	180,8 (76)	152,5 (76)
France	270,7 (76)	225,4 (76)	182,0 (76)
Grèce	204,4	166,3	129,8
Hongrie	273,4	243,7	215,7
Irlande	205,7	188,0	170,1
Islande	156,3	151,0	145,6

		M	T	F
	Italie	228,6 (75)	194,0 (75)	160,9 (75)
	Luxembourg	298,6 (78)	253,2 (78)	209,5 (78)
	Malte	139,9	122,7	106,6
	Norvège	221,6	204,6	187,8
	Pays-Bas	242,0	205,5	169,4
	Pologne	175,9	156,2	137,6
R	Portugal	146,1 (75)	129,6 (75)	115,0 (75)
o	Roumanie	142,6	127,3	112,5
y U	Angleterre/			
a n	Pays de Galles	280,8	254,9	230,4
u i	Écosse	276,0	253,8	233,3
m	Irlande du Nord	211,2	201,6	192,2
e	Suède	261,5	240,6	220,1
	Suisse	249,2	216,1	184,6
	Tchécoslovaquie	269,0 (75)	227,0 (75)	187,2 (75)
	Yougoslavie	134,1	116,9	100,1
	Océanie			
	Australie	170,3	151,8	133,2
	Nouvelle-Zélande	184,3	170,0	155,6

Tableau 1 Répartition des taux de mortalité par cancers par 100 000 habitants en 1977 (sources: Annuaires de statistiques sanitaires mondiales et Banque de données de l'O.M.S., Genève, 1980). M = sexe masculin; F = sexe féminin; T = moyenne pour les deux sexes.

Localisation des cancers

En comparant les mouvements relatifs de certains types de cancers, on observe pour l'estomac et le col utérin une nette diminution; pour la trachée, les bronches et les poumons de même que le sein, la prostate et les leucémies une progession manifeste.

En ce qui concerne les cancers de l'intestin, la mortalité s'est accrue en particulier chez les hommes, dans de nombreux pays, alors qu'une légère régression s'amorçait pour quelques autres cancers. La mortalité globale par cancers de l'oesophage, de l'estomac, de l'intestin et du rectum représente environ 30 pour 100 de la mortalité cancéreuse, la proportion étant en moyenne plus élevée chez les hommes. Les cancers de l'intestin, de la thyroïde et, naturellement, du sein, prédominent chez les femmes.

Ce qui peut être considéré comme établi

Les cancers ne sont pas la première cause de mortalité, mais ils demeurent la maladie tabou, celle que l'on redoute, celle qui impressionne le plus, en raison de la réputation qu'elle conserve de tuer inexorablement et d'entraîner tout un cortège de misères et de déchéances.

Qui n'a vu mourir un proche de cancer? Quelle famille n'a été touchée, plusieurs fois même? Forcément d'ailleurs, puisque 20 à 25 pour 100 des décès sont imputables aux cancers.

Tâchons dès lors d'éclaircir quelque peu les notions en expliquant les faits qui paraissent établis, les faits encore controversés et quelques conceptions personnelles.

Voici ce qui peut être considéré comme établi:

1. À ce jour, la cause unique des cancers — si elle existe — n'est pas connue.

2. Il n'y a donc aujourd'hui aucun traitement causal des cancers.

3. Il existe en revanche de nombreux facteurs connus, susceptibles, dans certaines conditions, d'entraîner l'apparition de cancers; l'environnement serait ainsi responsable d'un pourcentage important de cancers (80 à 90 pour 100 selon certains auteurs).

4. Des cancers peuvent être produits expérimentalement par de nombreuses méthodes; les cellules cancéreuses sont porteuses d'antigènes[1] spécifiques du virus[2] dans les cancers produits par des virus, spéci-

---

1. Antigènes: substances protéiques réactionnelles.
2. Virus: micro-organismes infectants pour les cellules vivantes, plus petits que les microbes, invisibles au microscope optique mais visibles au microscope électronique.

fiques de la tumeur[3] dans les cancers produits par des cancérogènes[4] chimiques.

5. Aucun test ne permet avec certitude un diagnostic précoce des cancers.

6. Il existe des différences fondamentales entre la cellule normale et la cellule cancéreuse.

7. *Le caractère le plus constant de la cellule cancéreuse est sa propension à une multiplication incontrôlée et anarchique.*

8. Les cellules cancéreuses se comportent comme des cellules mal ou non structurées, c'est-à-dire dédifférenciées[5].

9. Les cancers peuvent naître aux dépens de tous les tissus de l'organisme.

10. Laissé à lui-même, un cancer envahit localement et donne habituellement naissance à des métastases[6] à distance.

11. Le dépistage systématique améliore les chances de guérison des cancers en permettant leur détection à un stade non seulement précoce mais *très précoce.*

12. Entrepris à un stade très précoce, les cancers guérissent dans une proportion importante de cas à l'aide des traitements traditionnels (chirurgie, radiothérapie[7], chimiothérapie[8], hormonothérapie[9], immunothérapie[10]).

13. Habituellement, les traitements traditionnels allongent la survie des malades atteints de cancers incurables et en améliorent le confort.

---

3. Tumeur: voir p. 94.
4. Cancérogènes: se dit de substances capables de produire un cancer.
5. Dédifférenciées: ayant perdu leurs caractères de structure.
6. Métastases: tumeurs filles reproduisant à distance les caractères de la tumeur primitive.
7. Radiothérapie: traitement par les rayons.
8. Chimiothérapie: traitement par des substances chimiques anticancéreuses.
9. Hormonothérapie: traitement par des produits à action hormonale.
10. Immunothérapie: traitement basé sur la stimulation des réactions de défense de l'organisme.

Ce qui est controversé (entre autres)

1. Les cancers sont dus à l'action d'un virus (théorie virale).
2. Les cancers résultent d'une mutation[11] cellulaire (théorie mutationniste).
3. Les cancers s'accompagnent d'immunodépression[12] et celle-ci est directement responsable du développement des cancers.
4. Le cancer est une maladie de l'organisme tout entier.
5. La propension au cancer dépend essentiellement de facteurs génétiques[13].
6. Les cancers, entre autres affections, constituent le prix de la tendance évolutive de l'espèce.
7. La cancérisation résulte d'une altération primitive de la membrane cellulaire[14], provoquée par les agents cancérogènes (conception membranaire).

Quelques conceptions personnelles

1. Il est intentionnellement question de "cancers" (au pluriel) et non de cancer (au singulier). Les maladies rangées sous l'étiquette de cancers sont, en fait, des affections multiples et polymorphes, possédant certes des caractères communs (multiplications cellulaires incontrôlées, pouvoir métastatique et évolution spontanément mortelle) mais aussi des différences importantes.
2. Les facteurs génétiques sont fondamentaux dans la sensibilité cellulaire aux injures cancérogènes du milieu.

---

11. Mutation: acquisition d'un caractère héréditaire nouveau transmissible.
12. Immunodépression: diminution des réactions de défense de l'organisme.
13. Génétiques: liés aux gènes et donc en relation avec le patrimoine héréditaire.
14. Membrane cellulaire: toute cellule vivante est entourée d'une membrane de structure différente de celle de son contenu.

Premières conclusions

Nous venons de voir, simplement en évoquant et en posant le problème des cancers, à quelle complexité de mécanismes se trouve confronté celui qui entreprend de pénétrer quelque peu le sujet.

Il est naturel qu'ayant modifié l'équilibre biologique de la planète en supprimant les grands fléaux de jadis, l'homme doive compter désormais avec un rééquilibrage qu'il n'est pas en mesure de contrôler. Et de fait, la mortalité et la morbidité cancéreuses sont en progression constante depuis le début du XXe siècle, et cette augmentation concerne essentiellement certaines de ses formes.

Lorsqu'un cancer atteint le stade clinique, c'est-à-dire quand la maladie s'est manifestée par un symptôme dont l'apparition a poussé le malade à s'adresser à un médecin, le pourcentage global de guérison ne dépasse guère 45 pour 100 et dépend essentiellement des caractéristiques propres de la tumeur et de la coordination des traitements institués. En revanche, lorsqu'un cancer est décelé à un stade *très* précoce, le pourcentage de guérisons est largement supérieur. Un tel diagnostic n'est habituellement possible qu'à l'occasion d'un examen préventif. Nous excluons naturellement les cancers de la peau pour lesquels le pourcentage de guérisons est proche de 100 pour 100, pour la simple raison qu'on les voit naître et qu'il est heureusement devenu rare qu'on attende le stade irréversible.

Encore qu'il soit, en ces matières, extrêmement difficile d'avancer des chiffres, nous estimons de 60 à 80 pour 100 les taux de guérisons possibles lorsque des cancers sont traités correctement à des stades très précoces. Quant à la proportion des cas de cancers décelables à l'occasion des examens préventifs, celle-ci dépend du caractère plus ou moins complet du bilan effectué lors de ces examens: elle peut atteindre 95 pour 100.

2. Le cancer un phénomène universel

Il existe des *cancers des plantes*, dont l'agent responsable est un microbe, qui affectent la tomate, le tabac et le géranium, et qui se manifestent par le développement d'excroissances. En s'étendant, les tumeurs peuvent essaimer[15] à distance.

Les *cancers des animaux* ont suivi, depuis les espèces fossiles, le cours de l'évolution animale. C'est ainsi que l'on a découvert dans le Wyoming, aux États-Unis, un fragment de la queue d'un dinosaure, vieux de plusieurs millions d'années, atteint de cancer osseux; ce serait là le plus ancien spécimen de maladie conservé dans un musée d'anatomopathologie. Il est d'ailleurs normal que les plus anciennes preuves de maladie se trouvent pétrifiées dans des fragments d'os, ceux-ci demeurant les seuls vestiges d'animaux qui aient pu nous parvenir de cette période.

Le plus ancien spécimen de maladie d'*anthropoïde* a été trouvé dans un fémur de notre ancêtre préhumain, le pithécantrope, qui présente à son extrémité supérieure un bourgeonnement qu'il faut interpréter, semble-t-il, non comme un cal de fracture, mais comme une tumeur osseuse véritable.

Toutes les périodes historiques nous livrent des témoignages de cancers, qu'il s'agisse de la période égyptienne (par les papyrus et la radiographie osseuse des momies), du monde grec avec Démocédès et surtout Hippocrate, de Rome qui donne Galien, de l'Empire musulman avec Avicenne et Avenzoar, de la Renaissance avec Ambroise Paré, du XVIIe siècle qui voit naître la microscopie, du XVIIIe siècle lorsque l'Anglais Percival Pott établit le premier une relation de cause à effet entre la profession de ramoneur, le contact avec la suie des cheminées et le cancer des bourses scrotales, du XIXe siècle qui voit l'essor de la radiologie avec Roentgen et Pierre et Marie Curie, sans oublier la bactério-

15. Essaimer: donner des métastases.

92

logie avec Louis Pasteur; et enfin du XXe siècle qui restera le siècle de l'explosion scientifique mais, en cancérologie, celui de l'expérimentation avec Yamagiwa et Itchikawa qui, les premiers en 1915, provoquent des cancers de la peau chez le lapin par badigeonnage au goudron.

Une mise en commun par les nations des moyens destinés à la recherche cancérologique s'est concrétisée par la fondation, à Lyon, du C.I.R.C., le Centre international de recherches sur le cancer. Cette institution centralise les programmes de la recherche cancérologique fondamentale et oriente depuis quelques années ses efforts vers l'épidémiologie des cancers. De son côté, l'I.N.E.C., l'Institut européen d'écologie et de cancérologie, s'est fait le promoteur de la recherche géocancérologique[16]. Une vaste prise de conscience s'est affirmée, au sein des populations, concernant les risques issus de leur environnement. Cette prise de conscience aidera à préserver le devenir de l'espèce par la volonté d'éviter les mécanismes irréversibles dans les processus de pollutions diverses.

Des actions sociales ont été élaborées pour prévenir les effets et pallier les conséquences des pollutions dont certaines retombées sont cancérogènes.

3. Essai de définition du cancer

Les cancers se caractérisent par une multiplication incontrôlée, anarchique, des cellules, qui ne répond à aucun besoin de réparation. La plupart d'entre eux prolifèrent d'abord sur place, ensuite envahissent localement et régionalement, puis métastasent à distance. Certains cancers, en revanche, se comportent dès le début comme des affections généralisées. Examinons à présent les termes de cet essai de définition.

---

16. Géocancérologie: discipline qui étudie l'ensemble des relations et des points de rencontre existant entre la géographie au sens le plus large, l'écologie humaine, les facteurs d'environnement, la cancérologie et toutes les sciences qui s'y rapportent.

Tuméfaction et tumeurs

Suivant une idée généralement répandue, le cancer serait "une tumeur" dont l'évolution mènerait invariablement à la mort. Cette opinion pèche par deux inexactitudes. D'abord, si le cancer passe habituellement par un stade tumoral, celui-ci n'est généralement que l'aboutissement d'une longue évolution, et d'ailleurs certains cancers, comme les leucémies, ne donnent pas fréquemment lieu à l'apparition de tumeurs. Ensuite, l'évolution d'une tumeur n'entraîne inévitablement la mort du porteur que si aucun traitement efficace et précoce n'est appliqué. Il ressort en effet des études statistiques que 30 à 45 pour 100 des cancers révélés à un stade clinique sont curables dans l'état actuel de la thérapeutique. Ce préalable fixé, qu'est-ce qu'une "tumeur" aux yeux de la médecine? Dans l'Antiquité et même jusqu'à il y a un siècle environ, les écrits scientifiques considéraient que le terme *tumeur* définissait toute enflure d'un organe, qu'elle fût transitoire comme dans les tumeurs inflammatoires, ou définitive, comme dans les cancers.

Pour différencier ces modifications de volume d'organes selon leur origine, on estime à l'heure actuelle que le concept de tumeur doit être réservé à un mécanisme de "néoformation", c'est-à-dire à la production de tissus nouveaux ayant une tendance à persister et à s'accroître.

Par contre on désignera par le terme *tuméfaction* toute augmentation transitoire du volume d'un organe, comme c'est le cas dans les processus allergiques[17] ou inflammatoires (oedème[18] et abcédation[19] notamment), ainsi que dans les hernies. La tuméfaction désigne dès lors un phénomène banal, pathologique certes mais dont la cause n'a rien à voir avec le cancer. La tumeur se rapporte à un phénomène de néoformation qui peut être bénin, c'est-à-dire non cancéreux (tumeurs bénignes), ou malin, c'est-à-dire cancéreux (tumeurs malignes).

17. Allergiques: réactions pathologiques à une substance quelconque (allergène) après sensibilisation de l'organisme.
18. Oedème: gonflement d'un organe dû à l'infiltration par des liquides.
19. Abcédation: formation d'un abcès.

La cellule, unité vitale

Les tissus vivants sont constitués de particules élémentaires, les *cellules*, qui sont en fait les unités vitales de la matière vivante. À l'exception des cellules sanguines et de certains éléments du système réticulo-endothélial, les cellules entretiennent entre elles des rapports de réciprocité. Elles constituent une société organisée, elles s'assemblent en tissus, lesquels sont donc constitués d'éléments cellulaires de même origine et de même fonction. On parlera de tissus vasculaire, musculaire, nerveux, osseux. À leur tour, différents tissus associés en vue d'une fonction déterminée constituent un organe. La taille des cellules se mesure en microns ou millièmes de millimètres; elles sont limitées dans l'espace par une *membrane* qui les isole partiellement de la cellule voisine, et un suc cellulaire, le *protoplasme*, qui se répartit en une matière gélatineuse, le *cytoplasme*, et un élément très important, le *noyau*.

Il ne faudrait pas croire cependant qu'environnée de sa membrane, la cellule constitue un monde clos. Au contraire, cette *membrane cellulaire* est perméable à certains corps chimiques et le passage de ces substances engendre le mécanisme par lequel la cellule reçoit son apport nutritif, élimine ses déchets, communique avec les cellules voisines, ainsi que le mécanisme par lequel elle reçoit les impulsions venues des organes directeurs, comme le cerveau, notamment par l'intermédiaire des nerfs, et comme les glandes endocrines, par l'action des hormones qu'elles sécrètent directement dans le sang.

Le cancer, maladie cellulaire

Quel est en fait le phénomène qui va transformer une cellule saine en une cellule cancéreuse? Quel est le processus qui entraîne la multiplication anarchique de ces cellules? Car c'est bien là le phénomène apparent de la formation d'un cancer, cette multiplication désordonnée et inutile d'un type cellulaire. En effet, pour obvier au vieillissement ou à la mort d'une cellule ou, dans d'autres cas, pour assurer une fonction, les cellules doivent pourvoir à leur remplacement. Elles le font en se divisant, en créant de la sorte deux cellules identiques à potentiel génétique semblable, à partir d'un seul élément cellulaire. Or, il existe dans tout organisme vivant normal un équilibre dynamique parfait entre la formation et la destruction des cellules, équilibre passant par la naissance et par la sénescence. Prenons l'exemple d'une blessure survenue à la peau et se manifestant par une entaille dans la pulpe d'un doigt. L'hémorragie occasionnée par la section des vaisseaux lésés s'arrête au moment où s'est constitué un caillot qui maintient accolées les deux lèvres de la plaie. Dès cet instant commencent les processus de réparation qui vont aboutir, après quelques jours, à la cicatrisation. Sitôt celle-ci atteinte, les phénomènes prolifératifs qui ont présidé à la réparation vont s'arrêter. L'équilibre entre l'élaboration et la destruction est ainsi respecté. Quelquefois, cet équilibre est rompu en faveur de la prolifération anarchique. Au lieu de cesser, les phénomènes prolifératifs peuvent persister et s'accroître, si bien qu'un tissu anormal et inutile va naître de cette élaboration cellulaire. C'est la naissance de la tumeur.

Le point de départ de cette prolifération cellulaire incontrôlée, anarchique, qui ne répond à aucun besoin de réparation, est habituellement unique: il consiste en divisions cellulaires accélérées, par divisions anormales, qui confèrent à ce tissu néoformé une structure anarchique d'où toute régularité de disposition et de rapports réciproques a disparu.

Le cancer, maladie moléculaire[20]

La biologie moléculaire a déjà révolutionné nos conceptions de la cancérogenèse[21].

La première approche importante du sujet est liée à la découverte de la structure et des mécanismes d'action de l'acide désoxyribonucléique (ADN). L'on crut avoir résolu

---

20. Moléculaire: se rapportant à la constitution chimique élémentaire des substances.
21. Cancérogenèse: ensemble des mécanismes qui mènent à la formation d'un cancer.

bien des problèmes lorsqu'il apparut que cette volumineuse molécule s'identifiait en réalité aux gènes et détenait dès lors le secret de l'information génétique. Il s'avéra bien vite que la complexité des mécanismes était beaucoup plus grande et qu'il fallait aussi compter avec l'acide ribonucléique (ARN).

Ces deux molécules non seulement détenaient la clé des échanges vitaux, mais définissaient, notamment, les deux classes de virus: ceux qui à l'intérieur de leur capsule protéique contiennent une molécule d'ADN, ceux qui par contre comportent une molécule d'ARN.

L'une des principales fonctions de l'acide désoxyribonucléique des gènes est de diriger la synthèse des protéines[22]; dans les cellules cancéreuses, l'altération des différents constituants cellulaires entraîne naturellement des modifications de l'équilibre biochimique, en particulier de la synthèse protéique.

La croissance tumorale

La croissance des tumeurs suit des règles strictes que vingt années de recherche ont permis de dévoiler progressivement.

La phase occulte des cancers correspond au temps qui s'écoule entre l'apparition des premières cellules cancéreuses et les manifestations cliniquement perceptibles de la tumeur. C'est ainsi qu'on a pu évaluer à 7 années la durée de la phase occulte d'un cancer de la thyroïde et à 9 années celle d'un cancer du sein; le temps nécessaire pour qu'une tumeur double de volume est sensiblement constant; il est en moyenne de 2 mois.

Le cancer, maladie tissulaire

Le tissu cancéreux, une fois constitué, évoluera sans que rien, apparemment, puisse l'arrêter, sauf un acte thérapeu-

---

22. Protéines: volumineuses molécules azotées qui entrent pour une part importante dans la constitution de la matière vivante.

tique intervenant à temps. En effet, le cancer se développe d'abord sur place, prolifère à la surface de l'organe concerné ou au sein de celui-ci, l'envahit en profondeur ou s'ulcère, avant d'entamer les tissus voisins. À ce stade, le cancer demeure curable et l'on peut y apporter près de 100 pour 100 de guérisons effectives.

Mais ensuite, certaines cellules vont se détacher de la masse tumorale primitive, suivre le trajet des vaisseaux lymphatiques (voie de *perméation lymphatique*) ou faire irruption dans les vaisseaux sanguins où le flux circulatoire les charriera pour en fixer de véritables greffes au premier organe rencontré, qu'il s'agisse du foie, du poumon, du cerveau, du système osseux, etc. (*voie hématogène*). Une fois implantés dans un ou plusieurs organes, ces fragments s'y développeront et constitueront de nouvelles tumeurs, des tumeurs secondaires appelées *métastases*, dont la structure anarchique reproduit celle de la tumeur primitive.

C'est ainsi que l'on verra naître et se développer au sein du tissu cérébral, par exemple, une tumeur métastatique reproduisant tous les caractères d'une tumeur primitive du poumon. Cette identité de structure peut du reste permettre de localiser, a posteriori, l'origine d'un cancer lorsqu'on l'ignore ou que l'on n'en connaît l'existence que par l'observation de ses métastases périphériques.

Cette faculté que possèdent les cellules cancéreuses de se développer n'importe où dans l'organisme explique la modification de l'équilibre biologique chez l'individu cancéreux. En effet, un tissu cancéreux ne s'implante pas dans n'importe quelles circonstances. Il faut que le terrain le permette.

Et les états précancéreux?

Il s'agit d'une appellation naguère en vogue, aujourd'hui quelque peu tombée en désuétude car elle concerne un état bien malaisé à circonscrire. Néanmoins il s'agit d'une notion précieuse, la lésion précancéreuse possédant une forte probabilité d'aboutir à un cancer constitué. Le diagnostic en est le plus souvent à la fois microscopique[23] et clinique, la définition du type de lésion identifiant le type d'évolution clinique supposée. Un aspect microscopique particulier peut du reste préciser le diagnostic et attirer l'attention sur un risque plus grand de cancérisation.

4. Les facteurs cancérogènes

Ces facteurs peuvent provenir de l'organisme lui-même et ce sont alors les facteurs raciaux héréditaires, l'âge, le sexe ou les facteurs d'environnement interne qui concernent l'imprégnation hormonale, les facteurs neuropsychiques et l'immunité. À leur égard, nous sommes en général assez démunis.

Mais la prévention des cancers commence par la connaissance des facteurs cancérogènes qui exercent leur action dans l'environnement externe, ceux précisément qui, une fois découverts, peuvent alors être évités. Ici, nous abordons l'énorme amalgame de facteurs qui, dans la vie quotidienne, constituent l'environnement externe de l'individu, avec l'influence des diverses pollutions du milieu ambiant.

Parmi les applications prophylactiques de la connaissance de ces facteurs, on retrouve la prévention de l'exposition des travailleurs à certains agents cancérogènes (les leucémies dans l'industrie du caoutchouc par exemple), l'adaptation d'un type d'alimentation en fonction d'un taux particulièrement élevé ou bas de cancer de l'estomac (au Japon et aux États-Unis par exemple) ou bien le fait que la limitation des fumeurs sauverait à l'heure actuelle plus de vies humaines que toute autre forme de prévention des cancers. Ajoutons cette notion de base, valable pour tous les agents cancérogènes, de l'effet cumulatif des expositions aux cancérogènes même de très faibles doses et de facteurs très différents comme le tabac, l'alcool, la radioactivité médicale, les risques professionnels, chacun d'entre eux focalisant du reste le cancer dans un organe déterminé.

---

23. Microscopique: diagnostic fait au microscope sur le prélèvement d'un fragment d'organe ou biopsie.

Parmi les facteurs d'environnement externe, nous distinguerons rapidement des facteurs météorologiques, géologiques et géophysiques, chimiques et technologiques, physiques, biologiques et humains.

1. Facteurs météorologiques

L'exposition au soleil peut être une facteur cancérogène lorsqu'il y a irradiation répétée et prolongée de la peau. La peau du visage et des mains chez un vieux marin, chez un paysan âgé, chez un montagnard, présente des zones de pigmentation et d'autres sans pigmentation, des surfaces épaissies alternant avec des régions où la peau est amincie, des verrucosités, des cornifications, bref un ensemble de lésions précancéreuses. En effet, dans les cas où l'irradiation persiste, des cancers vont naître, lesquels constituent de véritables cancers professionnels.

Évidemment, la sensibilité cutanée aux ultraviolets varie selon les individus. Les blonds à peau blanche sont naturellement beaucoup plus sensibles aux brûlures que les sujets dont la peau est basanée et ceux-ci plus que les habitants à peau noire des régions tropicales. Quant à l'altitude, à la température et au régime des pluies, ils peuvent créer certains stress météorologiques comparables à des stress psychosomatiques et qui pourraient avoir un effet cancérogène.

2. Facteurs géologiques et géophysiques

A) Composition des sols

Il ne fait pas de doute que la composition du sol intervient dans l'équilibre écologique, tant par son contenu en matières *organiques*[24] (déchets végétaux et animaux, engrais) qu'*inorganiques*[25] (calcium, phosphore, soufre et oligoéléments[26] tels cuivre, fer, iode, magnésium, etc.).

---

24. Organiques: se dit, en chimie, de substances contenant du carbone.
25. Inorganiques: se dit de substances ne contenant pas de carbone.
26. Oligo-éléments: composés minéraux présents en très petites quantités.

Certains composés complexes, comme l'amiante ou asbeste, possèdent une texture fibreuse naturelle et provoquent l'apparition de cancers du poumon, de la plèvre[27] et du péritoine[28].

En Suisse, en Autriche et en Hongrie, la situation continentale et donc l'éloignement de la mer entretient des goîtres, à l'état endémique[29], par pauvreté alimentaire en iode.

La composition du sol n'agit pas sur l'individu seulement de manière directe, mais aussi indirectement à travers les végétaux et les animaux qui servent à sa subsistance. L'importance des échanges internationaux en matière de céréales et de viandes surgelées, par exemple, produit naturellement une dispersion d'effets autrefois limités aux seules régions de production.

B) Composition des eaux de consommation

Les eaux douces naturelles varient selon leur origine.

Les eaux de pluie et les eaux de surface — sources, rivières, fleuves et lacs — sont peu minéralisées; les eaux souterraines voient leur composition varier essentiellement en fonction des terrains et des roches traversées, mais ce sont en tout cas des eaux à teneur minérale plus élevée.

Quant aux eaux de distribution, leur composition varie selon le lieu d'approvisionnement, le moyen d'adduction, l'éventuel stockage et les procédés d'épuration utilisés. Leur pureté chimique est donc variable.

Les risques cancérogènes "naturels" peuvent être multiples. À titre d'exemple, citons la pollution par des fibres d'amiante (qui peuvent au surplus se libérer par évaporation) et par l'acide silicique[30] (cancers du rein).

---

27. Plèvre: membrane enveloppant les poumons.
28. Péritoine: membrane enveloppant les viscères abdominaux.
29. Endémique: se dit d'une affection qui sévit de manière permanente dans une région.
30. Acide silicique: acide dérivé du silicium, corps simple très répandu dans la nature.

3. Facteurs chimiques et technologiques

Aucune molécule, si simple soit-elle, n'est a priori dé-
pourvue de toxicité. La conséquence en est que les bénéfices
économiques et sociaux escomptés de son utilisation sont obli-
gatoirement assortis de risques liés à sa toxicité propre, mais
également à l'importance de sa diffusion. Ce qui suppose
une attitude de vigilance tant de la part du corps médical que
de celle des responsables ministériels.

Composés minéraux • Amiante • Arsenic et dérivés • Béryllium et dérivés • Cadmium et dérivés • Chrome et dérivés (trioxyde de chrome, bichromates, etc.) • Nickel et dérivés • Plomb et dérivés(?)	**Solvants** • Benzène • Chloroforme • Dioxane • Tétrachlorure de carbone • Trichloréthylène
Composés organiques divers • Chlorure de vinyle (mono-mère) • Hydrocarbures polycycliques (benzo (a) pyrène, etc.) • Nitrosamines et nitrosamides (diméthylnitrosamine, etc.)	**Produits à activité biologique** • Oestradiol, Oestrone, etc. • Distilbène • Etc.
Réactifs organiques • Acétamide et thioacétamide • Benzidine et dérivés • Bischlorométhyl éther • Diazométhane • Méthane sulfonate de méthyle • Méthane sulfonate d'éthyle • Méthylnitrosourée • Naphtylamine-1 • Naphtylamine-2 • Sulfate de diméthyle • Tanin et dérivés • o-Toluidine • Hydrazine et dérivés	**Cancérogènes alimentaires** • Aflatoxines B_1 et G_1, etc. **Insecticides** • DDT, lindane, HCH, etc. **Médicaments** • Surdosage prolongé de certains médicaments (?): daunomycine, isoniazide, phénobarbital, thiouracile, etc.

Tableau 2 : Liste provisoire de quelques cancérogènes chimiques pour
l'homme.

4. Facteurs physiques

Il s'agit essentiellement des facteurs irritatifs et des radiations. Parmi les facteurs irritatifs, des *brûlures* répétées, résultant de pratiques liées au climat peuvent entraîner des cancers. Tel le cancer du Kangri, fréquent chez les habitants des hauts plateaux de l'Himalaya et du Cachemire. Pour pallier les effets du froid intense, les paysans de ces régions se réchauffent le ventre à l'aide d'un petit foyer en terre cuite, le Kangri, dont le contact brûlant finit par entraîner des cancers de la peau du ventre et des cuisses. Au Japon, le foyer porte le nom de Kairo et l'on parle de Kairo-Cancer.

Quant aux *radiations*, nous avons déjà dit un mot de l'action cancérogène des ultraviolets B des irradiations solaires. Il s'agit bien entendu d'une *source naturelle* d'irradiations tout comme les rayons cosmiques[31] qui traversent les espaces interstellaires, les rayons gamma[32] émis à la surface du sol et les radioéléments inhalés, normalement incorporés à l'organisme.

Quant aux *sources artificielles* de radiations, il s'agit essentiellement de sources médicales (radiodiagnostic et radiothérapie), d'irradiations professionnelles et de l'effet des retombées radioactives. Quant à la radiocarcinogenèse, de nombreux facteurs influencent l'induction de cancers par les radiations ionisantes, notamment le type d'irradiation bien sûr, mais aussi l'étalement des doses, l'âge de l'organisme irradié, son génome, les volumes irradiés, les facteurs nutritionnels, le statut immunitaire.

Quant aux mécanismes cellulaires et même moléculaires de la radiocarcinogenèse, on en est encore réduit actuellement aux hypothèses expérimentales.

Des radiocancers[33] sont connus: radiocancers de la peau chez les radiologues des débuts de l'ère radiologique, radio-

---

31. Rayons cosmiques: rayons de grande énergie provenant des étoiles.
32. Rayons gamma: rayons très pénétrants de même nature que les rayons X.
33. Radiocancers: cancers dus aux radiations.

cancers broncho-pulmonaires des travailleurs en contact avec des minerais radioactifs, radiocancers thyroïdiens et radio-leucémies apparus chez les victimes de la bombe atomique d'Hiroshima.

5. Facteurs biologiques

A) Parasites cancérogènes

Les bilharzioses sont des causes fréquentes de cancers en Égypte, en Iraq et en Afrique tropicale. Le petit ver pénètre à travers la peau des jambes immergées dans l'eau infectée et se fixe dans la paroi de la vessie où, devenu adulte, il pond ses oeufs.

L'irritation chronique ainsi causée entraîne le développement de nombreux cancers de la vessie.

B) Virus cancérogènes

Quant aux virus cancérogènes, si nombre d'entre eux sont connus et décrits chez l'animal, on ne possède que peu d'indications de leur présence dans l'espèce humaine.

Chez l'homme, il n'existe du reste pas, à l'heure actuelle, de démonstration définitive du rôle joué par les virus dans la carcinogénèse mais de nombreuses données s'accumulent sur le rôle de virus dans le développement de certains cancers humains. Le rôle de deux virus du groupe de l'herpès, le virus d'Epstein-Barr dans différents lymphomes[34] et le virus Simplex II dans la genèse du cancer du col utérin, est de mieux en mieux établi; l'action du virus B de l'hépatite dans le cancer du foie paraît de plus en plus probable.

6. Facteurs humains

A) L'alimentation

Il s'agit essentiellement de la *cuisson* des aliments: degré de cuisson trop poussé ou répétition des cuissons pour un

---

34. Lymphomes: tumeurs du tissu lymphoïde, dans lequel se forment un des types de globules blancs, les lymphocytes.

même aliment. De telles pratiques peuvent naturellement aboutir à la décomposition chimique de certaines molécules et à la synthèse de substances cancérogènes du groupe des hydrocarbures[35].

En fait, toutes les fois que l'on chauffe des substances organiques à une température supérieure à 450°C dans certaines conditions d'hydrogénation, il se forme des hydrocarbures. Le processus est le même lors de la répétition des cuissons, plus particulièrement dans celle des corps gras, avec ce facteur d'aggravation selon lequel chaque nouvelle cuisson apporte sa part de substances cancérogènes. Il se produit de la sorte dans les matières grasses ainsi recuites, un enrichissement progressif en éléments cancérogènes.

Par ailleurs, certaines *carences* alimentaires peuvent être des facteurs cancérogènes, particulièrement pour le foie. Citons la fréquence particulièrement élevée de cancers du foie dans les régions — dont l'Afrique centrale, l'Inde, le Japon — où les facteurs vitaminiques et hépatoprotecteurs[36] font défaut durant une grande partie de l'année.

Dans notre société, les *additifs technologiques* et certains traitements industriels constituent des risques importants.

Quant à la consommation alcoolique, elle est un facteur cancérogène sérieux; au point que l'on peut parler de cancers alcoolo-dépendants: cancers de l'oesophage en Bretagne (calvados et cidre artisanal et domestique); cancers hépatiques développés sur cirrhose[37] alcoolique.

B) Les religions et préceptes de morale laïque

En donnant des conseils de tempérance ponctuelle ou générale, les préceptes religieux ou moraux sont de nature à entraîner une diminution de la fréquence de certains cancers.

---

35. Hydrocarbure: substance chimique composée exclusivement de carbone et d'hydrogène.

36. Hépatoprotecteurs: se dit de substances dont l'action est protectrice pour le foie.

37. Cirrhose: remplacement des cellules hépatiques par du tissu fibreux, entraînant une insuffisance de fonctionnement du foie.

C) Hygiène et coutumes sexuelles

Les cancers du pénis et du col utérin sont élevés dans les régions où l'hygiène sexuelle laisse le plus à désirer. La circoncision pratiquée dans le jeune âge prémunit contre ces cancers.

Par ailleurs, le cancer du col utérin est plus fréquent chez les femmes qui entretiennent des rapports sexuels réguliers avant l'âge de 20 ans; cette fréquence s'aggrave avec la multiplication des partenaires et une augmentation de la fréquence des rapports.

D) Facteurs professionnels

Il s'agit là d'un vaste chapitre, à peine entrevu, de la pathologie professionnelle au sujet de laquelle de nombreuses études ont été entreprises.

Historiquement, c'est le cancer de la vessie des fellahs de l'Égypte pharaonique qui peut être considéré comme le premier cancer professionnel. Puis vient le cancer des bourses scrotales occasionné par le métier de ramoneur et connu depuis sa description par Percival Pott en 1775.

Depuis le début de l'ère industrielle, chaque chapitre du progrès technique compte des victimes du cancer, qu'il s'agisse des cancers des radiologues et des techniciens en radiologie, des cancers du scrotum chez les ouvriers des fonderies de cuivre, des cancers de la peau dus à l'arsenic chez les jardiniers, des cancers pulmonaires des ouvriers de l'industrie du chrome, du béryllium et du nickel. Il y a des cancers de la peau chez les ouvriers goudronneurs et asphalteurs, chez les ouvriers des fours à coke, des briqueteries, des usines à gaz, des manufactures d'imprégnation du bois. Citons encore les cancers des ouvriers des raffineries de pétrole, des paraffineurs, des ouvriers des industries textiles qui s'imbibent d'huile minérale, les cancers de la vessie des ouvriers des usines de colorants et dérivés d'aniline, les cancers pulmonaires des ouvriers des mines de houille, de fer et de terres radioactives, les cancers des ouvriers de l'industrie du caoutchouc, les cancers de la plèvre et du poumon des ouvriers des usines qui traitent l'amiante ainsi que les cancers hépatiques des travailleurs de l'industrie des matières plastiques utilisant le chlorure de vinyle.

Certains cancers peuvent se développer sur les blessures répétées occasionnées par l'usage d'un outil; et des cancers de la peau se rencontrent chez les marins et les agriculteurs qui subissent de longues périodes d'exposition au soleil.

E) Facteurs socio-économiques

Des statistiques comparatives pour 1930-32 et 1950 montrent en Grande-Bretagne et dans le pays de Galles que le taux de cancer du sein est d'autant plus bas et celui du cancer du col utérin d'autant plus élevé que le niveau socio-économique est plus bas et vice-versa. La même relation est observée pour de nombreux cancers mais, selon les pays, avec des résultats apparemment contradictoires.

En Belgique, les cancers du poumon sont plus fréquents lorsque le niveau socio-économique est bas; en Iran c'est l'inverse, puisque son taux est trois fois plus élevé chez l'homme de classe aisée que chez l'homme de classe modeste.

En Iran, le cancer de la peau est deux fois plus fréquent chez l'homme de classe modeste que chez l'homme de classe aisée. Pour le sexe féminin se vérifie la relation décrite en Grande-Bretagne: le cancer du col utérin est plus fréquent et le cancer du sein moins fréquent dans les classes aisées que dans les classes modestes.

5. Le dépistage des cancers

1. Le dépistage, pourquoi?

Le dépistage du cancer consiste en un ensemble de techniques qui permettent, en parant au plus pressé, de découvrir des cancers asymptomatiques[38] à un stade précoce et donc curable, au moins dans un pourcentage important de cas.

---

38. Asymptomatique: qui ne s'est révélé par aucun symptôme.

Parer au plus pressé, c'est-à-dire mettre au point une méthode de travail de nature à réduire notablement la morbidité et la mortalité cancéreuses à un moment où l'état de nos connaissances fondamentales, d'une part, et l'absence d'une prévention réellement efficace, d'autre part, n'autorisent pas encore à agir spécifiquement sur les causes biologiques, industrielles, sociales mais aussi génétiques des cancers. Le dépistage est donc une démarche qui consiste à détecter une lésion sans expression clinique ou, au moins, sans caractères extériorisés, précis, évidents. Et cela, par opposition au diagnostic, qui au contraire consiste à définir exactement la nature d'une lésion évidente (M. Dargent).

Il apparaît immédiatement que la distinction entre dépistage et diagnostic, en principe clairement établie, n'est pas aussi évidente dans la pratique des cas. Une symptomatologie vague, allant de la simple cancérophobie[39] du patient à l'existence d'une lésion qu'il ne peut interpréter, déclenche assez souvent une demande d'examen de dépistage, de telle sorte que dans bien des cas le dépistage devient diagnostic. Ainsi s'exprime la préoccupation du dépistage selon laquelle le médecin dépisteur recherche systématiquement une lésion par tous les moyens d'investigation dont il dispose.

Du reste, le taux élevé de découvertes cancéreuses permet de croire au caractère de sélection qu'opèrent les patients cancérophobes, ce taux étant notablement plus élevé que le pourcentage moyen de cancers découverts dans des échantillonnages de population. Il ne faut donc jamais prendre un cancérophobe à la légère, mais l'examiner complètement et le suivre régulièrement. Rien ne prouve qu'il n'a pas de pressentiments.

2. Le dépistage, quand?

Il n'y a pas d'âge minimum pour l'apparition des cancers, puisque des enfants en bas âge peuvent mourir de cancers très malins.

---

39. Cancérophobie: peur maladive du cancer.

Un examen de dépistage systématique n'aurait toutefois pas de sens chez un enfant de cinq ans. Il faut, pour qu'il se justifie, que le risque de cancer devienne statistiquement suffisant. Nous estimons que c'est à vingt-cinq ans, chez la femme, et à trente ans, chez l'homme, qu'un examen systématique de ce genre devient nécessaire. Plus tôt chez la femme que chez l'homme, eu égard à la possibilité du développement parfois très précoce chez elle de cancers gynécologiques, de tumeurs bénignes ou malignes des seins. Le dépistage gynécologique semestriel devient par ailleurs nécessaire dès que la jeune fille prend régulièrement des anticonceptionnels oraux (pilule).

Bien que l'on considère généralement qu'un examen annuel est suffisant, nous sommes persuadés que la périodicité idéale est de six mois. Disons dès lors qu'un examen de dépistage du cancer doit être répété chez les sujets apparemment sains tous les 18 mois avant 40 ans, annuellement de 40 à 50 ans et tous les 8 à 12 mois au-delà de 50 ans. Ces intervalles seront plus courts chez les patients handicapés par l'une ou l'autre déficience de constitution et, naturellement, toutes les fois qu'un symptôme nécessite une surveillance ou une mise au point particulières.

3. Dépistage individuel et dépistage de masse

Deux formules de dépistage du cancer sont appliquées à l'heure actuelle: le dépistage individuel et le dépistage de masse.

A) Le dépistage individuel

Lorsque le médecin examinateur n'est pas limité par des considérations financières, tant particulières que sociales, l'examen de dépistage idéal comporte un certain nombre d'étapes.

Le questionnaire

Remis au patient avant l'examen afin qu'il le complète, le questionnaire n'est qu'un document d'orientation pour l'interrogatoire ultérieur. Il est parfois fort complet. Son emploi est facultatif.

L'interrogatoire

Extrêmement détaillé et précis, il portera sur le cadre de vie, s'attachant autant aux facteurs d'environnement quotidien qu'aux habitudes, et surtout aux symptômes possibles de la maladie cancéreuse. C'est cette étape que nous tenons pour le point de départ de tout dépistage valable et, en définitive, pour l'élément le plus important de ce dépistage. C'est aussi le plus long, le plus fastidieux, le plus difficile et celui où l'expérience et le doigté du médecin s'exerceront avec le plus d'efficacité.

Il concerne d'abord l'anamnèse[40] familiale, puis l'anamnèse personnelle qui doit être précise et insister sur une énumération de maladies dont certaines sont quelquefois oubliées du sujet. Quelle est la situation familiale, le nombre d'enfants? Pour une femme, y a-t-il eu des fausses couches? Suivies ou non de curetage? Des médicaments ont-ils été consommés récemment et, le cas échéant, lesquels? Des analyses, des examens radiologiques ont-ils été effectués il y a peu de temps et, dans l'affirmative, quels en ont été les résultats?

Pour ce qui est de l'environnement quotidien, de ce que l'on peut appeler aussi le cadre social, il peut être utile de connaître les conditions de logement, notamment de l'étage occupé par rapport aux cheminées de chauffage; de connaître également les moyens de chauffage, la proximité éventuelle de l'habitat de sources de pollution comme usine, canal, déversoir d'égout; l'origine de l'eau de consommation; l'exposition antérieure possible à des sources de radioactivité; les séjours en pays tropical; les parasitoses intestinales; la consommation de tabac et d'alcool; les risques professionnels. Y

---

40. Anamnèse: passé pathologique.

a-t-il eu précédemment des conditions de logement défavorables?

Cette étape se termine enfin par l'interrogatoire sur la symptomatologie actuelle, en particulier sur l'existence possible d'un cancer. Ces signes possibles sont fort nombreux mais, le plus souvent, ils constituent des symptômes d'affections banales ou qui, en tout cas, ne sont pas des cancers.

L'examen clinique

L'examen objectif effectué par le médecin dépisteur doit, pour avoir quelque chance de succès, être complet et très soigné.

Chez l'homme, le toucher rectal permet d'évaluer le canal anal et la portion terminale du rectum ainsi que le volume et la consistance de la prostate et leurs anomalies éventuelles.

Chez la femme, l'examen des seins sera très attentif, y compris celui des zones ganglionnaires satellites (creux axillaires, zones sus et sous-claviculaires); y compris également la pression des cartilages sterno-costaux, pour tester la sensibilité de la chaîne ganglionnaire mammaire interne; y compris encore la percussion de la colonne vertébrale. D'autre part, l'examen gynécologique sera systématique et l'on pratiquera à cette occasion un scrapping[41] du col utérin. Les méthodes d'aspiration des sécrétions vaginales peuvent être utiles.

L'examen clinique doit aussi tendre à la recherche d'éventuels symptômes paranéoplasiques. Ce sont des manifestations symptomatologiques extrêmement variées, qui peuvent apparaître au cours de l'évolution d'un cancer, à l'exclusion des troubles résultant des localisations métastatiques éventuelles. Ces symptômes sont principalement des altérations de la sensibilité des extrémités, présentes dans 1 pour 100 des cas de cancers bronchiques; des troubles neuro-musculaires divers, qu'on retrouverait dans 5 pour 100 des cas

---

41. Scrapping: grattage pratiqué à l'aide d'une spatule et destiné à prélever des matières cervicales qui sont alors étalées sur une lame de verre, colorées et examinées au microscope pour la recherche d'éventuelles cellules cancéreuses.

de cancers mammaires et bronchiques; des atteintes de la peau, de la formule sanguine, etc.

Ces symptômes paranéoplasiques doivent être réversibles, c'est-à-dire qu'ils doivent disparaître après l'exérèse[42] de la tumeur responsable de leur présence.

Les analyses systématiques

Ce sont les examens qui présentent une totale innocuité et doivent être pratiqués au cours de tout examen de dépistage valable.

- *Analyses sanguines*

Les analyses sanguines sont indispensables et aucun examen de dépistage n'est concevable sans un bilan biologique sérieux. Celui-ci est le mieux approprié pour attirer l'attention sur l'un ou l'autre secteur susceptible de révéler un cancer latent. Il y a lieu de distinguer entre les tests généraux, les tests sélectifs et les tests dits spécifiques qui, selon la symptomatologie existante, définiront différents programmes d'examen.

Tests généraux

Ce sont les tests qui, offrant un aperçu de l'état général, permettent d'effectuer, par élimination, un premier triage des paramètres[43] éventuellement suspects ou pathologiques.

Tests sélectifs

Il s'agit ici de tests qui orientent la recherche, selon la symptomatologie, vers les altérations des différents métabolismes[44] d'organes.

Tests dits spécifiques

Ces tests, réputés significatifs de la présence d'un cancer, sont pour la plupart exécutés à l'aide de techniques radio-immunologiques. Aucun de ces tests n'est cependant fiable à 100 pour 100 ni totalement spécifique d'un type de cancer déter-

---

42. Exérèse: ablation chirurgicale.
43. Paramètres: différents types d'analyses pratiquées.
44. Métabolisme: ensemble des réactions chimiques et biologiques qui s'effectuent dans un organe ou dans l'organisme.

miné (alpha-foetoprotéine, antigène carcino-embryonnaire ou CEA, etc.).

• *Analyses cytologiques*

Il s'agit habituellement de l'examen au microscope de produits biologiques susceptibles de receler des cellules cancéreuses, étalés sur lame de verre et colorés pour en différencier les éléments.

Le scrapping du col utérin est un examen systématique chez la femme dès l'âge de 25 ans. Il devient également nécessaire tous les 6 mois chez les jeunes filles et les femmes utilisant un contraceptif oral.

L'imprégnation des lames à l'acridine orange permet de différencier aisément par fluorescence, grâce à l'irradiation ultraviolette, les cellules cancéreuses (colorées en rouge ou orange vif) des cellules normales (de teinte verte, brune ou rouge brunâtre). Il s'agit là, au fond, d'un test de première sélection des cas, pouvant être effectué par un personnel peu spécialisé. Cette méthode peut s'appliquer à tous les types d'examens cytologiques comme le frottis d'expectorations, de liquide d'ascite[45], ou de liquide pleural[46].

Il faut également citer les examens de cytodiagnostic praticables par filtration des liquides d'épanchement ou de lavage d'organes — comme les lavages bronchiques, gastriques, vaginaux. Les filtres qui retiennent les cellules néoplasiques permettent alors d'appliquer les techniques de coloration habituelles. En revanche, les lames colorées par des méthodes différentielles qui, toutes, dérivent de la technique de Papanicolaou, ne peuvent être examinées valablement que par des spécialistes ayant une grande expérience du cytodiagnostic. Ce sont aussi celles qui donnent les résultats les plus fiables.

Il existe enfin des appareils reliés à des ordinateurs qui détectent la présence de cellules néoplasiques, non seulement dans des produits biologiques où leur présence est fréquente (col utérin, expectorations, etc.) mais aussi dans le sang lorsqu'y circulent des cellules cancéreuses.

---

45. Ascite: liquide formé dans la cavité péritonéale.
46. Pleural: dans la cavité qui sépare la plèvre du poumon.

• *La thermographie mammaire*

C'est un examen parfaitement inoffensif qui enregistre à l'aide d'un détecteur à rayons infrarouges la chaleur relative des seins.

Certaines tumeurs débutantes ou masquées par des noyaux mastopathiques bénins peuvent passer inaperçues lors de la palpation même soignée des seins. Une thermographie suspecte décidera, le cas échéant, de l'application de moyens diagnostiques plus poussés, sénographie[47] et échographie[48] notamment.

• *La radiographie thoracique*

Chez tout patient à risque sérieux de maladie pulmonaire comme le citadin de grande ville, le fumeur de cigarettes, le chauffeur de taxi, l'ouvrier d'une industrie présentant des dangers broncho-pulmonaires, une radiographie du thorax est indispensable au moins une fois par an. Celle-ci sera donc prise si le dernier contrôle radiographique date de plus de six mois. Le risque lié à l'irradiation est très faible s'il n'y a pas d'autres risques de radioactivité: de 0,04 à 0,2 r[49] pour une radiographie thoracique.

Les investigations complémentaires

Lorsqu'un examen de dépistage n'est pas totalement négatif, cet ensemble est alors complété par tout examen destiné à pousser plus loin les investigations.

• *Les analyses sanguines*

Lorsque le bilan biologique révèle des anomalies, les analyses sanguines peuvent alors porter sur d'autres paramètres. Par ailleurs, une symptomatologie organique particulière peut nécessiter des explorations fonctionnelles d'organes.

---

47. Sénographie: radiographie des seins (mammographie) à l'aide d'un sénographe.

48. Échographie: mesure de la densité d'une formation à l'aide d'ultrasons.

49. r: unité d'intensité de rayonnement par cm³ d'air; 1 r correspond à une valeur d'efficacité biologique relative de 1 rem produite dans un gramme de tissu vivant.

• *Les analyses anatomopathologiques*

Il s'agit de toutes les techniques biopsiques. Disons à ce propos que toutes les fois qu'une biopsie est faite dans le but d'étudier une lésion d'une certaine ampleur, une radiothérapie préalable constitue une mesure de sécurité dont l'usage devrait être généralisé; elle permet, en effet, d'éviter un éventuel essaimage métastatique au cas où la lésion serait réellement cancéreuse. L'examen anatomopathologique est obligatoire chaque fois qu'il est possible techniquement.

• *La cytologie hormonale*

Le taux hormonal chez la femme est toujours important à connaître, mais il l'est davantage en cas de tuméfaction des seins, dont l'apparition et le développement sont le plus souvent conditionnés par l'équilibre hormonal. Les méthodes les plus efficaces pour cette mise au point sont l'épreuve hormonale de frottis vaginaux et les dosages hormonaux dans le sang et les urines.

C'est ainsi qu'on peut détecter des insuffisances ou des hypersécrétions, soit de folliculine[50], soit de progestérone[51] et, le cas échéant, les corriger à l'aide des médicaments adéquats.

• *L'échographie mammaire*

Il s'agit de l'enregistrement, au moyen des ultrasons, des échos des différents milieux réfringents[52].

L'échographie mammaire est utilisée pour l'évaluation de la consistance de tuméfactions profondes des seins et permet ainsi de différencier les kystes des tumeurs bénignes et malignes.

---

50. Folliculine: hormone ovarienne secrétée au cours de la première moitié du cycle.

51. Progestérone: hormone ovarienne secrétée par le "corps jaune" dont la fonction est de préparer la muqueuse utérine à recevoir un éventuel oeuf fécondé, mais dont la chute en fin de cycle cause l'apparition des menstruations.

52. Réfringents: qui produisent la réfraction.

• *Radiodiagnostic d'organes à haut risque*

En cas de situation clinique douteuse à la hauteur des seins, la thermographie mammaire peut être complétée par la sénographie. Les troubles digestifs sont justiciables d'investigations radiologiques gastro-intestinales. Il en va de même, selon les cas, pour les radiographies du crâne, les tomographies pulmonaires et les bronchographies[53], les radiographies des reins et des voies urinaires (urographies), de la vésicule biliaire (cholécystographies), de la cavité utérine (hystérographies), les bilans osseux, etc.

• *Diagnostic à l'aide des scanners*

Dans les scanners, les coupes tomographiques cérébrales et corporelles offrent, grâce à l'ordinateur, une image fine d'organes malaisément accessibles par d'autres procédés, comme le cerveau, le pancréas, la rate, les surrénales notamment.

• *Endoscopies*

Il s'agit de l'examen de l'intérieur des cavités du corps à l'aide d'appareils spécialisés.

Les techniques endoscopiques les plus simples sont l'examen de la muqueuse buccale à l'aide d'un simple abaisse-langue, l'exploration du pharynx et du larynx qui nécessite un miroir et, surtout, la colposcopie qui permet une évaluation fine des lésions du col utérin. Des méthodes plus élaborées visent les bronches (bronchoscopie), l'oesophage (oesophagoscopie), l'estomac (gastroscopie), le duodénum (duodénoscopie), les voies digestives supérieures à l'aide d'un fibroscope (fibroscopie), la cavité pleurale (pleuroscopie), la cavité abdominale (laparoscopie), la vessie (cystoscopie), le rectum (rectoscopie), le côlon sigmoïde (sigmoïdoscopie), le côlon (coloscopie).

À l'occasion d'une endoscopie, la biopsie d'une tumeur éventuelle permet, si le prélèvement est précis, un diagnostic certain.

53. Bronchographies: radiographies des trajets bronchiques après injection d'un produit de contraste à l'aide d'une sonde.

• *Méthodes radio-isotopiques*

C'est également à cette étape que peuvent être utilisées les méthodes radio-isotopiques d'exploration fonctionnelle ou de localisation tumorale ou métastatique: scintigraphies[54] thyroïdienne, hépatique, pancréatique, crânienne, ainsi que la technique lymphographique[55].

• *Analyses cytologiques de sécrétions*

Ce sont les techniques de cytodiagnostic appliquées aux sécrétions cervicales et vaginales, bronchiques, mammaires, urinaires, spermatiques, prostatiques, fistuleuses; appliquées également au matériel ramené par les ponctions de kystes, d'abcès, de liquide céphalo-rachidien[56] et d'épanchements liquides (pleural ou péritonéal), ainsi qu'aux produits de lavage d'organes creux (vessie, bronches). L'exactitude des diagnostics cytologiques dépend de la correction des prélèvements, de la fixation et de la coloration ainsi que de l'expérience des cytologistes. Si les faux positifs sont devenus quasiment inexistants, les faux négatifs représentent encore 12 pour 100 des examens de scrapping du col, par exemple. Toutefois, ce pourcentage est à peu près nul pour les cancers envahissants.

• *Ponctions-biopsies d'organes*

La ponction, à l'aiguille, d'organes et de tumeurs accessibles peut apporter de précieux renseignements diagnostiques. On peut les réaliser directement en cas de tumeur visible, ganglionnaire ou musculaire par exemple, ou indirectement au cours d'un examen endoscopique (ponction-biopsie du foie, du pancréas, des ganglions abdominaux, etc.).

---

54. Scintigraphies: techniques par lesquelles on enregistre au niveau d'un organe la concentration radioactive élective d'une substance radioactive préalablement ingérée.

55. Lymphographique: se dit d'une technique selon laquelle on injecte dans un canal lymphatique une substance radioactive qui suivra ensuite tout le trajet lymphatique et en détectera d'éventuelles compressions ou exclusions.

56. Liquide céphalo-rachidien: liquide présent dans le canal de la moelle épinière et des ventricules cérébraux.

- *Interventions exploratrices*

Lorsqu'un examen endoscopique laisse place au doute, une intervention exploratrice peut être rendue nécessaire; on fera donc une laparotomie exploratrice, qui permet d'évaluer directement l'état des organes de la cavité abdominale; ou encore une médiastinoscopie, destinée à déterminer l'opérabilité d'une tumeur pulmonaire. En cours d'intervention, la nécessité de l'ablation d'un organe est évaluée grâce à la biopsie extemporanée[57].

B) Le dépistage de masse

À l'opposé du dépistage individuel se situe le dépistage de masse, lequel vise systématiquement une population, une collectivité entière. Il ne s'agit pas ici de dépister avec certitude chez un individu, un cancer à un stade très précoce mais, au contraire, en un temps très court, d'examiner le plus grand nombre possible d'individus pour la recherche de cancers dont le diagnostic est aisé et rapide.

C'est ainsi que, dans un rapport à l'O.M.S., madame Kudimova (Moscou) estime que, grâce au vaste plan d'organisation des dispensaires et polycliniques d'U.R.S.S., le résultat le plus probant des examens pratiqués dans ces centres est l'absence totale de tout cas négligé de cancers de l'utérus, de la peau, des seins et des lèvres.

Les dépistages de masse ont pour préoccupation majeure le rendement, la rentabilité. C'est pourquoi sont essentiellement préconisés les dépistages de masse à objectif limité et les dépistages dans des populations sélectionnées.

- **Dépistage de masse à objectif limité**

Ces dépistages visent le plus souvent les cancers gynécologiques, seins et utérus. Ils peuvent être étendus aux cancers prostatiques et ano-rectaux, aux cancers de la peau, aux cancers broncho-pulmonaires, aux cancers gastriques et aux cancers buccaux.

---

57. Biopsie extemporanée: biopsie pratiquée immédiatement en cours d'intervention, permettant de connaître la nature d'une tumeur et, ainsi, de décider de l'ampleur de l'intervention en cours.

- *Dépistage de masse des cancers gynécologiques*

Sont ici en cause les seins et l'utérus.

Pour ce qui est des *seins*, l'examen clinique seul offre un bon rendement. La sénographie, la thermographie et l'échographie constituent des techniques qu'il est difficile de systématiser, tant parce que leur prix de revient est élevé qu'en raison de la durée de ces examens.

Pour ce qui est de l'*utérus*, l'examen gynécologique traditionnel au spéculum permet d'évaluer l'aspect du col utérin tandis que le toucher vaginal fournit une appréciation de la configuration utérine (recherche de fibromyome éventuel) et de l'état des annexes (ovaires et trompes utérines). L'examen au spéculum est complété par le grattage (ou scrapping) du col.

Des dépistages de masse réalisés dans les pays scandinaves ont pu démontrer qu'en moyenne 0,1 pour 100 des femmes examinées présentaient des lésions cancéreuses occultes du col utérin. Près de 60 pour 100 des femmes atteintes d'un cancer utérin peuvent être guéries par les méthodes actuelles de traitement; les experts de l'O.M.S. estiment qu'on pourrait atteindre pratiquement 100 pour 100 de guérisons si les moyens de dépistage à un stade très précoce étaient largement disponibles dans tous les pays.

- *Dépistage de masse des cancers prostatiques et ano-rectaux*

Le seul toucher rectal permet d'évaluer la marge de l'anus, le canal anal et la portion proximale de la muqueuse rectale, ainsi que de palper la prostate.

C'est un examen très facile qui permet la détection très précoce des hémorroïdes internes, des polypes et aussi des cancers bas-situés de la muqueuse du rectum. Il donne encore une impression très précise de la consistance et du volume de la prostate, permettant notamment le diagnostic si fréquent d'hypertrophie prostatique (adénomyome) et d'un éventuel cancer.

Il est injustifiable de négliger si souvent le dépistage de masse pour le sexe masculin, sous prétexte d'une mauvaise "rentabilité", alors que le seul toucher rectal apporte déjà tant d'utiles précisions.

- *Dépistage de masse des cancers de la peau*

Si le taux de guérison des cancers cutanés avoisine 100 pour 100, c'est que la lésion en est visible et accessible dès son apparition. L'examen complet de la peau fait du reste, comme l'examen gynécologique, partie intégrante de tout dépistage individuel. Certains cancers de la peau et du tissu cellulaire sous-cutané, des sarcomes, évoluent néanmoins avec une grande malignité. C'est le cas notamment des mélanosarcomes, développés à partir des grains de beauté. Eux aussi peuvent guérir à la condition d'être recherchés puis traités correctement et très précocement.

- *Dépistage de masse des cancers broncho-pulmonaires*

La technique essentielle est l'examen radiologique auquel on peut ajouter la cytologie des expectorations.

De tels examens radiographiques peuvent s'inscrire dans le contexte des campagnes, depuis longtemps acceptées par le public, de dépistage de la tuberculose. L'avantage majeur de telles campagnes réside dans la possibilité de dépister des cancers à un stade asymptomatique, cancers beaucoup plus opérables que ceux qui ont été diagnostiqués après l'apparition d'un symptôme.

En plus des cancers broncho-pulmonaires, ce dépistage de masse peut aider à découvrir des cancers médiastinaux et, surtout, des métastases pulmonaires de cancers primitifs situés quelque part dans l'organisme et asymptomatiques jusque-là.

- *Dépistage de masse des cancers gastriques*

Le Japon possède un taux élevé de cancer gastrique, de telle sorte que, dans ce pays, le dépistage de masse a été entrepris depuis 1960. Ainsi la Société japonaise du cancer a équipé des camions d'un appareil de radiologie dont les clichés sont examinés extemporanément. Circulant de villes en villages et invitant la population à se présenter à jeun, le camion de dépistage permet chaque jour l'examen d'une centaine de personnes; de ces examens un cinquième révèlent des images suspectes. Après contrôle dans des centres spécialisés, l'on découvre quelque 2 pour 100 de cancers débutants. Entre 1960 et 1966, pour plus d'un million de personnes contrôlées, 1611 cancers ont été ainsi découverts dont 25 pour 100 se trouvaient à un stade très précoce alors que les cas courants ne représentent que 2 à 10 pour 100 de cancers débutants. Pour les cancers précoces, les guérisons par gastrectomie seraient supérieures à 90 pour 100.

● *Dépistage de masse des cancers buccaux*

La cavité buccale est naturellement une région aisément accessible et pour laquelle les méthodes d'examen sont simples: cliniques, cytologiques et anatomopathologiques. Leur interprétation, par contre, n'est pas toujours aussi facile.

Les lésions considérées comme suspectes sont la leucoplasie[58], l'hyperkératose[59] et l'atrophie[60] muqueuse. On admet aujourd'hui que la leucoplasie, considérée naguère comme une lésion systématiquement précancéreuse, ne se transformerait en cancer que dans 10 pour 100 des cas au plus. On peut estimer néanmoins qu'en traitant tous les états leucoplasiques on ferait baisser le taux des cancers buccaux, même si la plupart de ces leucoplasies demeuraient définitivement bénignes.

Il existe par ailleurs des épithéliomas localisés (*in situ*) pour lesquels l'exérèse-biopsie constitue une démarche préventive définitive.

Le simple examen clinique permet la découverte de toutes les lésions suspectes et cancéreuses. L'examen cytologique

---

58. Leucoplasie: transformation d'une muqueuse qui se recouvre d'une couche indurée d'aspect blanchâtre.

59. Hyperkératose: la kératose d'une muqueuse est l'apparition d'une zone cornée semblable à celle de l'épiderme; l'hyperkératose est l'accentuation de ce phénomène.

60. Atrophie: défaut de nutrition qui, au niveau d'une muqueuse, se marque surtout par un amincissement notable.

atteint pour sa part 98 pour 100 d'exactitude. Il ne doit toutefois pas être préconisé sans la biopsie, lorsque celle-ci est possible.

Le dépistage de masse des cancers buccaux, à l'aide de la clinique et de la seule cytologie, trouverait son application la plus utile dans une population de région sous-développée, chez laquelle les lésions buccales seraient par ailleurs fréquentes.

● **Dépistage de masse dans des populations sélectionnées**

Il s'agit ici d'appliquer le dépistage dans des groupes d'individus à haut risque: dépistage broncho-pulmonaire chez les fumeurs et chez les ouvriers de certaines métallurgies et de l'industrie de l'amiante; dépistage gastrique dans la population japonaise; dépistage mammaire et utérin dans la population féminine occidentale; dépistage prostatique et ano-rectal dans la population masculine; dépistage naso-pharyngé dans les populations chinoises, etc. L'exercice de la médecine du travail fournit un échantillonnage type de dépistage de masse puisqu'elle s'intéresse par définition à des populations sélectionnées par catégories d'entreprises.

4. Les techniques d'auto-examen

Elles consistent dans l'examen d'un organe par la personne elle-même. La principale application est l'auto-examen des seins, destiné à dépister l'apparition d'une éventuelle tuméfaction à son volume le plus faible.

Il s'agit d'une méthode simple d'inspection et de palpation des seins, applicable chaque mois depuis leur formation pubertaire, une semaine environ après la fin des règles, jusqu'après la ménopause. Il faut bien reconnaître que la découverte d'une "boule" dans un sein est le plus souvent fortuite et survient presque toujours à l'occasion de soins d'hygiène corporelle. Plus rarement, c'est un symptôme externe qui attire l'attention: adhérence à la peau, rétraction du mamelon, zone éruptive, ulcération, écoulement éventuellement sanguinolent à la hauteur d'un mamelon (*bleeding nipple*).

L'auto-examen permet à la femme de connaître la structure normale de ses seins et, dès lors, d'être attentive à toute modification de cette structure, laquelle nécessite alors l'intervention d'un médecin. L'auto-examen des seins ne doit jamais être pratiqué en période immédiatement pré- ou post-menstruelle; à ce moment, en effet, les seins sont normalement congestionnés, les bouquets glandulaires dilatés et l'appréciation des structures normales devient alors plus malaisée. Du reste, certains empâtements glandulaires qui surviennent quelquefois durant la période prémenstruelle persistent durant les règles et disparaissent ensuite. Leur caractère transitoire révèle naturellement leur bénignité. Néanmoins, leur répétition fréquente, voire leur persistance durant plusieurs cycles, peut être le signe d'un déséquilibre hormonal et nécessiter une mise au point du fonctionnement ovarien, par une épreuve hormonale de frottis vaginaux notamment.

Par ailleurs, l'utilisation de contraceptifs oraux (pilule) entraîne chez certaines femmes un accroissement de la vascularisation des seins. Cette congestion peut rendre les seins plus difficiles à examiner.

Quant à la *technique de l'examen*, elle comporte:

— l'*inspection* des deux seins, en position assise, devant un miroir (photos 1 et 2). Examen de leur aspect général, de la structure de la peau, recherche d'une rétraction ou d'un écoulement mamelonnaire éventuel (photo 3) ou d'une éruption autour de l'aréole. L'observation se fait d'abord avec les bras le long du corps (photo 1), ensuite bras levés (photo 2);

— la *palpation*, en position couchée (photos 4 et 5), effectuée avec la main du côté opposé au sein examiné (photos 6 et 7). La palpation doit être douce, délicate, réalisée circulairement dans le sens des aiguilles d'une montre (photos 8 et 9) et avec l'autre bras alternativement le long du corps (photo 4) puis levé (photo 5). La palpation sera pratiquée sur les deux seins et à la hauteur des prolongements axil-

1

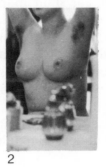

2

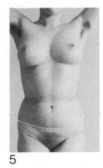

3

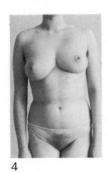

4

5

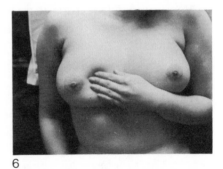

6

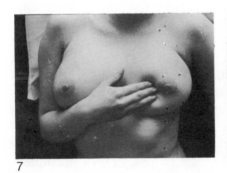

7

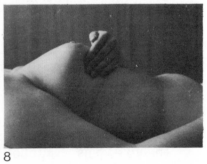

8

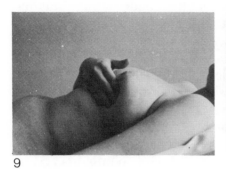

9

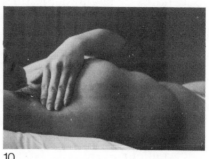

10

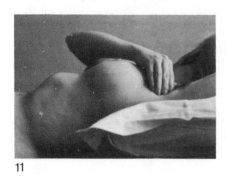

11

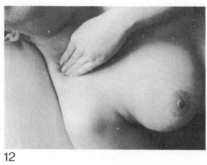

12

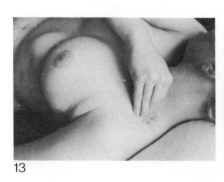

13

14

laires de la glande, lesquels sont des condensations glandulaires qui étalent le tissu mammaire en direction des
aisselles (photos 10 et 11);
— l'*examen des zones ganglionnaires* satellites, par palpation
des creux axillaires (aisselles: photos 10 et 11), puis sus-et
sous-claviculaires (fossettes situées au-dessus et au-dessous
de la clavicule: photos 12 et 13);
— enfin, la *pression des cartilages sterno-costaux*, à la limite
des côtes et du sternum, recherchera l'existence d'une
douleur éventuelle (signe de Gill-y-Gill: photo 14).

Les signes d'alarme des cancers du sein sont les suivants:
• tuméfaction n'importe où dans un sein, y compris dans le
prolongement axillaire de la glande (creux de l'aisselle),
surtout si elle est indolore, à contours imprécis et à croissance rapide;
• modification du volume d'un sein (il est fréquent cependant
que l'un des deux seins soit de façon naturelle plus volu-
mineux que l'autre);
• adhérence de la peau à la hauteur d'une tuméfaction (peau
d'orange);
• écoulement sanguinolent à la hauteur d'un mamelon (ce
signe doit éventuellement être confirmé par pression du
mamelon);
• zone éruptive, d'aspect eczémateux, particulièrement sur
l'aréole du sein (zone colorée autour du mamelon);
• ulcération persistante de la peau du sein.
Conclusions: après quelques examens de ce genre, la
femme apprend rapidement à reconnaître la consistance normale de ses seins; elle sera ainsi en mesure de détecter facilement l'apparition d'une structure anormale. Un tel examen
ne peut être répété très souvent sans le risque de tomber dans
le travers de la cancérophobie. De plus, cet auto-examen n'a
de sens qu'aux fins de dépistage. Ce n'est jamais une technique de diagnostic.
• C'est pourquoi la découverte d'une tuméfaction ou d'un
signe quelconque ne doit entraîner d'autre attitude que celle
de consulter sans tarder le médecin de famille, le gynéco-

logue ou un centre cancérologique. Pour ceux-ci l'examen clinique, éventuellement complété par une mammographie ou sénographie (radiographie des seins), une échographie (localisation et mesure aux ultrasons de la consistance d'une tuméfaction) et, au moindre doute, une exérèse-biopsie, permet de déceler un pourcentage important de cancers du sein à leur début, donc encore aisément curables. La séno-échographie peut même révéler des tumeurs à peine naissantes, alors même qu'elles sont encore imperceptibles à l'examen.

L'échographie est totalement inoffensive. La sénographie (ou mammographie à l'aide d'un sénographe) est une technique radiologique; elle ne doit donc être pratiquée qu'à la demande d'un médecin.

5. Connaissance des symptômes du cancer

• **Signes d'alarme**

Il est impératif et urgent de consulter son médecin traitant ou un centre spécialisé dès la constatation de l'un des 10 symptômes suivants:

1. Apparition, n'importe où, d'une grosseur dure, indolore, progressive.
2. Gonflement exagéré et persistant d'un organe (oedème).
3. Tous saignements ou secrétions anormaux.
4. Défaut de cicatrisation d'une plaie ou ulcération persistante.
5. Grain de beauté qui change (grossit, rougit, chatouille, saigne).
6. Enrouement rebelle, toux inexplicable, point douloureux permanent.
7. Difficultés permanentes de déglutition des aliments et des boissons.
8. Changement persistant dans les fonctions intestinales ou urinaires.

9. Modification progressive de l'appétit et brusque dégoût pour certains aliments et boissons.
10. Amaigrissement anormal.

- **Signes possibles**

Les symptômes suivants constituent des signes *possibles* d'un cancer; ils sont habituellement les signes d'une autre affection souvent bénigne; leur découverte rend donc nécessaire la consultation du médecin traitant ou d'un centre spécialisé:
- Prurit (chatouillements).
- Fièvre de cause indéterminée.
- Perte soudaine du goût pour le tabac.
- Réaction anormale au café, à l'alcool.
- Vomissements répétés.
- Crachements de sang rouge (hémoptysie) ou noir (hématémèse).
- Douleurs thoraciques.
- Essoufflement qui apparaît rapidement.
- Teint blanc ou jaunâtre du visage.
- Jaunisse d'apparition brusque ou lente.
- Présence répétée de sang rouge dans les selles.
- Selles noirâtres (mélaena).
- Alternance de longue durée de constipation et de diarrhée.
- Urines sanguinolentes ou franchement sanglantes.
- Douleurs osseuses.
- Apparition d'une sécrétion à la hauteur des mamelons.
- Aspect exorbité d'un oeil ou des deux yeux (exophtalmie).
- Formation de bouquets veineux en des endroits anormaux.
- Fatigabilité permanente.
- État général progressivement altéré.
- Troubles de la marche, vertiges, manque de coordination dans les mouvements.
- Modification soudaine de l'état nerveux et psychique.

6. Conseils pratiques au terme d'un dépistage du cancer

Au sujet de *l'alimentation:* l'emploi de tout additif dont l'utilité et l'innocuité n'ont pas été l'une et l'autre prouvées doit être interdit (extrait de l'article 15 de la Charte mondiale de l'environnement). Or, la liste des additifs et des méthodes industrielles de préparation et de conservation des aliments est à ce point longue, qu'elle risquerait à première vue de suggérer que plus aucun aliment n'est comestible. En fait, les produits réellement médiocres, voire nocifs, sont rares et il faut envisager ces questions avec bon sens.

Passons en revue quelques aliments de base:

Le pain vendu comme pain de ménage a toutes les chances de ne contenir aucun additif.

La viande: n'exigez jamais que la viande de boucherie, que le steak haché, préparé ou non, présente une teinte rouge vif ou que les charcuteries soient d'un rose soutenu. Certains produits ajoutés dans ce but aux viandes sont dangereux. Les hormones oestrogènes, les antihormones (surtout les antithyroïdiens), les antibiotiques et produits divers additionnés frauduleusement à l'alimentation du bétail et des animaux de basse-cour peuvent se retrouver dans la viande, particulièrement dans le foie.

Les pâtisseries et confiseries: refusez les bonbons outrageusement colorés, les sirops aux teintes agressives, les arômes synthétiques. Les enfants sont les plus exposés, eux qui sont les plus gros consommateurs de ces friandises.

Les légumes et les fruits: il faut toujours laver soigneusement, et parfois peler les produits végétaux afin d'éviter d'absorber des traces d'insecticides très toxiques.

Le beurre, les huiles et les graisses: il peut exister dans le beurre des produits antioxydants destinés à retarder le rancissement. Un beurre qui rancit est un bon beurre.

Les huiles végétales industrialisées et les margarines sont rarement exemptes de substances chimiques: agents de désodorisation, de décoloration, de filtration, colorants, émulsifiants, arômes, antioxydants. Or, si quelques margarines

129

présentent des taux élevés d'acides gras polyinsaturés, il n'en demeure pas moins que le beurre conserve les avantages incontestables d'un produit naturel et exempt de certains traitements industrialisés nocifs. Ajoutons-y que la cuisson sature rapidement les acides gras polyinsaturés.

Les graisses animales ne sont acceptables que préparées par fusion lente à basse température. Toutes les graisses industrialisées de régénération sont à proscrire sans réserve.

Pour tous ces produits et pour les boissons, refusez ceux portant les mentions "coloré", "de fantaisie", "commercial". Lorsqu'il est indiqué "conforme à la loi" cela ne veut pas dire exempt d'additifs puisque la loi en autorise beaucoup.

Au sujet de l'alcool: il a été démontré que sa consommation excessive est associée à l'apparition de cancers de la bouche, du larynx, de l'oesophage et du foie sur cirrhose alcoolique. La lutte contre l'alcoolisme est de nature à réduire la fréquence de ces cancers.

Au sujet des détergents pour vaisselle: ils sont parfois dangereux et il convient de rincer soigneusement à l'eau pure les objets qui y sont plongés.

Au sujet de l'air que nous respirons: nous nous trouvons ici en présence d'un problème angoissant et très difficilement contrôlable.

L'augmentation inquiétante des décès par cancers broncho-pulmonaires se trouve incontestablement liée à l'aggravation de la pollution atmosphérique dans les régions industrielles et les grands centres urbains. Le taux des cancers du poumon a centuplé depuis le début du siècle, décuplé depuis cinquante ans; les statistiques regroupées par l'O.M.S. prouvent que cette forme de cancer a doublé dans le monde au cours des dix dernières années et que la mortalité par cancers broncho-pulmonaires a subi dans différents pays occidentaux le même accroissement. Les polluants de l'atmosphère trouvent, en fait, leur origine dans trois sources principales: les foyers domestiques, les véhicules motorisés et l'industrie. La proportionnalité de ces causes est évidemment variable d'une ville, d'une région, d'un pays à l'autre.

Un facteur aggravant de la pollution atmosphérique est le tabac, dont la fumée inhalée est indubitablement cancérogène, par ses goudrons certes, mais aussi par ses gaz volatils. Toute publicité à ce sujet devrait être prohibée et chaque paquet de tabac, cigarettes, cigarillos et cigares, porter la mention: "la fumée de ce produit présente un danger pour la santé" (extrait de l'article 16 de la Charte mondiale de l'environnement). Enfin, il faut se décider à interdire de fumer dans tous les endroits publics, lieux de travail, transports en commun et écoles, et dissuader les jeunes de fumer en démystifiant le pseudo-rite de passage à l'âge adulte que constitue la première cigarette.

Le tabagisme est toujours néfaste pour la santé du fumeur; de surcroît, c'est une toxicomanie qui porte atteinte à la liberté des autres et nuit, de manière intolérable, à la santé des fumeurs involontaires, foetus, enfants, amis, voisins.

7. Considérations sur le financement du dépistage des cancers

Le financement des examens de dépistage constitue généralement le problème le plus difficile à résoudre car si tous les spécialistes s'accordent pour reconnaître aux examens de dépistage une grande utilité et une efficacité certaine, leurs avis diffèrent lorsqu'il s'agit de libérer les fonds nécessaires à leur réalisation. On peut concevoir, comme c'est le cas fréquemment aux États-Unis, que l'examen de dépistage individuel du cancer s'intègre dans le *check-up* général pratiqué annuellement par bon nombre d'Américains et dont chaque individu supporte les frais. On peut imaginer aussi que ces frais soient en tout ou en partie pris en charge par une administration provinciale, départementale ou communale, en faveur de ses administrés, soit par une société au profit de ses employés, soit par une compagnie d'assurance sur la vie au bénéfice de ses assurés.

Dans certains pays, les organismes de sécurité sociale ou d'assurance-maladie et invalidité, les mutuelles, acceptent de rembourser les frais d'examens et d'actes techniques pratiqués au cours du dépistage individuel. Toutefois, dans certains cas, de telles compagnies risquent de réduire, par des mesures et règlements administratifs, la liberté diagnostique du médecin en limitant les actes techniques estimés nécessaires. Quant aux dépistages de masse, ils sont volontiers pris en charge par les ministères de la Santé qui considèrent leur rentabilité comme plus évidente, leurs résultats comme statistiquement plus concrets, leur impact psychologique comme plus directement favorable. Les fonds réservés à ces dépistages de masse sont alors, par les ministères intéressés, mis à la disposition de centres de leur choix, habituellement des Centres universitaires dont ils peuvent contrôler la gestion. Dans ce partage, les institutions privées et indépendantes sont considérablement défavorisées.

8. Conclusions sur le dépistage des cancers

Dès 1965, un séminaire sur le dépistage précoce du cancer se tenait à Copenhague sous les auspices de l'O.M.S. Ce séminaire s'était assigné pour tâche de faire le point, afin de permettre aux pays non seulement de diffuser les données les plus récentes dans le domaine du cancer, mais également d'en assurer l'utilisation sur le plan pratique. Se préoccupant de la cancérophobie, les participants à ce congrès discutèrent des facteurs psychologiques qui affectent le public. Ils furent unanimes à proclamer que l'ignorance, le silence et le mystère sont les meilleurs alliés de la maladie, insistant sur le caractère essentiel d'une éducation sanitaire judicieuse de la population, mais aussi sur l'importance d'une éducation des médecins eux-mêmes, dont certains, dans de nombreux pays, semblent ne pas être convaincus que la détection précoce augmente les chances de survie. Par conséquent, la Commission émit l'avis qu'il convenait de prendre des mesures visant à améliorer l'enseignement médical universitaire et post-universitaire. Elle estima aussi que l'action courante pour la santé publique devait se doubler d'une aide des services nationaux de sécurité sociale, destinée à soutenir les campagnes pour le dépistage précoce du cancer, "ennemi public" qui occupe en Europe la deuxième place sur la liste des maladies meurtrières.

Au cours de la dernière décennie, les études se sont multipliées qui ont mis en évidence l'importance du dépistage précoce dans la lutte contre le cancer de différents organes, particulièrement contre le cancer utérin (réunion d'experts à Monaco en 1975, notamment).

Dans la pratique, lorsqu'un dépistage conclut à l'existence d'un cancer, le temps presse. Aucun délai ne peut intervenir entre le moment où le diagnostic est formulé avec certitude et le moment où le malade commence à être traité dans une institution de soins équipée, pour le recevoir, de tout l'arsenal thérapeutique moderne.

Si, au contraire, l'examen est négatif, ce résultat favorable est communiqué au patient qui est prié de se représenter six à vingt-quatre mois plus tard selon les cas.

Lorsque, au cours des examens de dépistage, les symptômes d'autres affections se sont révélés — ce qui est extrêmement fréquent — le malade doit alors recevoir le traitement que nécessite son état.

Par ailleurs, au cours des examens de dépistage, on découvre de nombreuses lésions qui peuvent être considérées comme précancéreuses (leucoplasie du col utérin, des muqueuses buccales, verrues et kératoses séborrhéiques[61], cicatrices vicieuses, etc.) ainsi que des tumeurs bénignes de la peau (papillomes[62], lipomes[63], histiocytomes[64], angiomes[65]), des seins (fibroadénomes, lipomes), de la prostate (adénomyomes[66]), de l'utérus (fibromyomes[67]). Des statistiques

61. Kératose séborrhéique: verrucosité brune ou brun noirâtre qui couvre la peau des personnes âgées en proportion du degré d'insolation reçu.

62. Papillome: tumeur bénigne de la peau caractérisée par une abondante cornification.

63. Lipome: tumeur bénigne constituée de lobules graisseux.

64. Histiocytome: fréquente tumeur bénigne de la peau, se développant volontiers sur un furoncle mal guéri.

65. Angiome: tumeur bénigne de la peau constituée de vaisseaux sanguins.

66. Adénomyome: tumeur bénigne très fréquente au niveau de la prostate, constituée de glandes et de tissu musculaire.

67. Fibromyome: tumeur bénigne de l'utérus, composée à la fois de tissu fibreux et musculaire, habituellement appelée fibrome.

importantes, portant sur un très grand nombre de cas, prouvent que le taux de cancers diminue considérablement lorsque de telles lésions sont traitées systématiquement, soit chirurgicalement, soit par électrocoagulation. Il s'agit donc d'un moyen de prévention efficace.

6. La prévention des cancers

Toutes considérations académiques sur le principe de la prévention des cancers manquent de réalisme et, à ce titre, ne nous intéressent pas. En revanche, des mesures concrètes de prévention peuvent s'appliquer aux causes connues des cancers. Ces mesures nous concernent et nous les passerons donc rapidement en revue.

1. Information du public

Si les législations en vigueur étaient tout à fait satisfaisantes et, qui plus est, superposables, l'information du public serait sans doute superflue. Hélas, les législations nationales sont aujourd'hui encore fort imparfaites et incomplètes, les tentatives d'uniformisation internationale des législations bien fragmentaires.

Répandre de fausses nouvelles constitue une forme particulièrement grave de pollution de l'esprit; or, en matière de cancérologie, les bobards sont nombreux. Il faut dès lors apporter au public les moyens d'exercer son esprit critique. Il a, pour ce faire, un besoin évident d'information objective, laquelle s'impose à tous les niveaux: dans les organes d'enseignement, les supports traditionnels de l'information, les organisations privées et institutions publiques et subventionnées.

A) Organes d'enseignement

L'éducation du public commence à l'école primaire. À notre avis, le problème du cancer est un sujet tabou uniquement parce que le public ne possède que des informations fragmentaires, voire inexactes, parce qu'il ne connaît que les décès qui en résultent et ignore les nombreux cas de guérison, et enfin parce qu'il croit encore que cancer signifie mort sans rémission. Nous estimons que les instances scientifiques autant que les pouvoirs publics portent la responsabilité de cet état de chose. En apprenant à l'enfant, dès l'école primaire, des rudiments de prévention du cancer, on pourrait naturellement démystifier cette maladie à ses yeux et supprimer la peur panique qui en découle. À partir de l'enseignement secondaire, on peut inclure des rudiments de prévention du cancer dans les cours de biologie et de morale et présenter les dépistages systématiques et périodiques de la maladie comme un réflexe naturel à acquérir dès que l'âge de s'y présenter est atteint.

B) Supports de l'information

Le rôle des supports de l'information, presse, radio, télévision, cinéma, est évidemment de première importance. Il faut bien reconnaître que c'est l'insuffisance de l'information émanant des milieux scientifiques qui a rendu inévitable la prolifération, dans une certaine presse, de nouvelles à sensations concernant le cancer. De telles enquêtes sont dangereuses. Une légère inexactitude, une interprétation insuffisamment éclairée peuvent donner à nombre de ces nouvelles un caractère de "révélation" le plus souvent sans fondement. Heureusement, les efforts de la presse sérieuse, de la radio et de la télévision peuvent être fort utiles, lorsque les articles et les émissions à caractère scientifique qui abordent les problèmes du cancer s'avèrent intelligibles pour le grand public. En effet, ces "enquêtes" pèchent parfois par un excès d'argumentation scientifique, par un luxe de détails techniques, qui risquent de décourager le lecteur, l'auditeur ou le téléspectateur. Ce n'est pas que de telles émissions puissent jamais se substituer au médecin, mais une bonne éducation, des informations bien conçues pour le public sont de nature à faciliter la tâche du corps médical. Seulement, ces réalisations sont rarement le fait de médecins, ceux-ci se trouvant limités dans leurs interventions par les réserves émises par les ordres médicaux. À cause de cet état de fait, l'information du public est souvent laissée à des initiatives non médicales, parfois dictées par l'appât du gain mais généralement de très bonne foi, quoique dépourvues du bagage technique nécessaire et suffisant pour éviter certains écueils. Quant aux trop rares conseils scientifiques qui entourent des organismes de presse, il faut bien reconnaître que leurs interventions sont sporadiques et trop limitées pour contrôler vraiment l'exactitude de l'information médicale. Il se pose là, certainement, un grave problème de responsabilité. La publicité organisée, dans certaines circonstances, autour du nom et des activités de quelque charlatan risque de susciter de faux espoirs chez les malades qui, se croyant abandonnés par les instances médicales traditionnelles, sont prêts à consentir à tous les sacrifices, notamment financiers, en échange d'un simulacre de traitement. Les développements de l'affaire des guérisseurs philippins ne viendront certainement pas démentir cette affirmation.

Du reste, nous ne voulons en aucun cas blâmer les organes de presse. Ceux-ci ont leurs obligations et ils se trouvent confrontés aux problèmes inhérents aux caractères généraux de l'information. Tout au plus pouvons-nous souhaiter que les informateurs, au sens le plus large, fassent preuve d'un maximum de prudence toutes les fois qu'ils abordent le problème du cancer. Un faux espoir, rapidement déçu, est bien plus pénible qu'une conscience, même douloureuse, de la réalité. Nous ne pouvons d'ailleurs qu'insister sur la nécessité pour les futurs journalistes de recevoir, au cours de leur formation professionnelle, une introduction à l'information scientifique et médicale.

C) Organisations privées

Les organisations privées se caractérisent essentiellement par la liberté d'action dont elles disposent pour exprimer leurs avis, leurs critiques et leurs informations. Cette liberté est naturellement en rapport direct avec l'absence de toute dépendance financière vis-à-vis des départements ministériels.

Dans le domaine de la prévention du cancer, nous citerons avant tout les associations indépendantes de lutte contre le cancer et les unions de consommateurs.

La plus puissante association anticancéreuse dans le monde est l'American Cancer Society (A.C.S.) de New York. Elle ne reçoit pas de subsides gouvernementaux et les sommes impressionnantes de son budget annuel résultent de collectes nationales, de dons et de cotisations de ses membres. Ces fonds sont affectés à l'éducation du public et à la propagande auprès des médecins, à la recherche scientifique, au développement des services de diagnostic et de traitement. En Europe, l'Institut européen d'écologie et de cancérologie (I.N.E.C. International), dont le siège est à Bruxelles, compte des sections dans plusieurs pays, notamment en Belgique, France, Italie, Turquie. Non subventionné lui non plus, l'I.N.E.C. a joué et joue encore un rôle important dans l'information du public en matière de prévention du cancer; il assure la promotion d'une discipline originale: la géocancérologie.

Quant aux unions de consommateurs, la première d'entre elles naquit aux États-Unis voici cinquante années. Depuis lors, des unions de consommateurs ont vu le jour dans d'autres pays et la plupart des nations européennes en comptent une ou plusieurs du même type. Sur le plan international, la plupart des unions nationales de consommateurs sont groupées au sein de l'International Organization of Consumers Unions (I.O.C.U.).

D) Institutions publiques et subventionnées

Ici, la liberté d'expression est naturellement relative puisque ces institutions sont financièrement dépendantes du pouvoir central. Parmi les attributions des ministères de la Santé, on retrouve l'information du public en matière d'hygiène et de prévention des maladies. On comprend que leur extrême réserve soit motivée par le souci de ne pas créer d'inutiles paniques dans le public, mais il est regrettable de constater l'influence qu'exerce l'impérieuse motivation économique. N'est-il pas profondément immoral que le trésor public soit, partiellement ou totalement, selon les gouvernements des pays, bénéficiaire de la vente de tabac et d'alcool, alors que publiquement on fait mine de mettre en garde contre les toxicomanies tabagique et alcoolique? Et encore s'il était interdit de fumer dans les endroits publics, les lieux de travail, les écoles et les transports en commun, au moins pourrait-on admettre que soient infligées aux fumeurs contrevenants des amendes qui profiteraient au trésor public. N'est-il pas irritant également que l'opinion publique doive à certaines occasions exercer des pressions pour que les services ministériels parviennent à se prononcer sur l'une ou l'autre question touchant la santé?

Quant aux institutions subventionnées, centres universitaires, ligues de lutte contre le cancer, centres divers, il est rare que leur dépendance financière ne limite pas de manière sensible leur liberté d'expression, lorsqu'il s'agit de dénoncer les lacunes des départements ministériels — autres que l'approvisionnement financier précisément.

2. Législations nationales

La responsabilité de la prévention du cancer incombe au seul législateur. En effet, l'industriel qui, par exemple, choisit d'introduire un additif dans la fabrication des produits alimentaires qu'il offre à la vente adopte le plus souvent cette attitude pour que ses prix demeurent compétitifs sur le marché. Il agit ainsi de très bonne foi puisque la loi l'y autorise. Néanmoins, certaines expériences malheureuses, voire tragiques, ont suffisamment démontré que le problème existe, qu'il est parfois aigu et que tout doit être mis en oeuvre pour ménager à la fois les impératifs souverains de la santé publique et les intérêts légitimes de l'industrie.

L'existence de ces accidents prouve, pour le moins, que les législations en vigueur sont insuffisantes ou alors qu'elles ne sont pas strictement appliquées.

Il est bien certain que de nombreux impératifs économiques ont, trop souvent, pris le pas sur les impératifs de la santé publique. C'est ainsi que deux points de vue se trouvent régulièrement confrontés:
— celui qui consiste à laisser un produit en vente jusqu'à ce qu'on ait la preuve formelle de sa nocivité;

— celui qui consiste à interdire tout additif dont l'utilité et l'innocuité n'ont pas été l'une et l'autre prouvées (article 15 de la Charte mondiale de l'environnement).

Il paraît évident que le second de ces points de vue défend le mieux les intérêts des consommateurs.

3. Réglementations internationales

La création de l'Organisation des Nations Unies (O.N.U.) a favorisé la mise en place d'une structure internationale, qui s'exerce en matière de prévention du cancer essentiellement grâce à son Secrétariat permanent pour l'environnement, prolongement direct de la Conférence de Stockholm et dont le siège est à Nairobi (Kenya); également, le Plan des Nations Unies pour l'environnement (P.N.U.E.) au sein duquel siègent les représentants des gouvernements bien entendu, mais où sont aussi accréditées certaines organisations non gouvernementales (NGOS = *Non Governmental Organizations*). Elle s'exprime encore à l'aide de l'Organisation mondiale de la santé (O.M.S.) mais aussi, plus discrètement, grâce à l'Organisation des Nations Unies pour l'éducation, la science et la culture (Unesco) et l'Organisation de coopération et de développement économique (O.C.D.E.). Ces mêmes organismes se sont intéressés à maintes reprises aux problèmes de la pollution des mers et des océans.

En Europe, la Commission des communautés européennes a engagé un important programme d'action en matière d'environnement dont on peut ainsi résumer les buts:

1. Assurer la continuité de l'action engagée en ce qui concerne:
   A) La lutte contre les pollutions et nuisances
   — par l'évaluation objective des risques résultant de la pollution;
   — par la protection de l'homme et des milieux naturels;
   — par la réduction des nuisances à la source.
   B) L'amélioration de la qualité de l'environnement.

C) La diffusion d'une action éducative et de sensibilisation.
2. Accentuer le caractère préventif et prévisionnel des mesures à prendre, et mieux harmoniser les politiques dans la communauté.
3. Participer à la lutte contre le gaspillage.
4. Tenir davantage compte des aspects de l'environnement dans la politique de coopération avec les pays en voie de développement.

Au sein du Marché commun, une législation unique régit les additifs technologiques de l'alimentation: les colorants (E100 à 199), les conservateurs (E200 à 299), les antioxydants (E300 à 399) et les émulsifiants, stabilisants, épaississants et gélifiants (E400 à 499). Cette législation engage les pays membres de la Communauté européenne. Une législation européenne doit définir les normes acceptables dans l'industrie.

L'EURATOM, pour sa part, participe aux recherches sur la protection en matière de radioactivité. Quant au Conseil de l'Europe, il s'est préoccupé des problèmes d'alimentation en eau potable.

Il est évident qu'une uniformisation aussi rapide et complète que possible des législations en matière de prévention du cancer est hautement souhaitable, non seulement dans les pays du Marché commun, mais aussi sur le plan mondial, au niveau de l'O.N.U. C'est ainsi qu'une initiative conjointe de la Food and Agriculture Organization (F.A.O.) et de l'Organisation mondiale de la santé (O.M.S.), le *Codex Alimentarius*, a pour mission de coordonner entre les nations membres leurs législations propres en vue de définir une législation commune en matière de produits et d'industries alimentaires.

4. Activités médicales

La prévention du cancer s'exerce aussi, bien sûr, au niveau proprement médical.

Il s'agit de lutter contre toutes les causes connues des cancers et en particulier le tabagisme (il suffit de ne pas fumer) et l'alcoolisme (ne pas dépasser les doses raisonnables); de mousser la prévention des cancers professionnels, la lutte contre les infections chroniques (col utérin, état dentaire, nez et gorge) et les explorations radiologiques intempestives (grossesse sauf urgence), d'encourager la surveillance de tous les états tumoraux et kystiques (grains de beauté, mastopathies[68], tumeurs bénignes de l'estomac, du côlon, du rectum), l'exérèse des organes anormaux (kystes vrais de l'ovaire, testicules extopiques[69]), la lutte contre les virus cancérogènes (virus herpétiques du cancer du col utérin et de certains lymphomes), et enfin le respect d'une hygiène de vie raisonnable. En réalité, aucune action éducative ne peut être menée dans le domaine sanitaire tant qu'on ne se sera pas assuré de l'amélioration de l'enseignement médical et de la formation des médecins en matière de cancer. Les experts de l'O.M.S. considèrent, en effet, que les principales raisons des délais dans la découverte des cancers sont imputables au personnel médical. Les mêmes rapports de l'O.M.S. signalent que, dans certains pays, les médecins eux-mêmes ne sont pas encore convaincus que la détection précoce augmente les chances de survie. D'où découle cette situation?

Bien des universités ne possèdent pas de chaire de cancérologie, et n'inscrivent pas à leur programme un cours de cancérologie où seraient transmises, à l'exclusion de tout autre sujet, des notions de dépistage, de traitement et de surveillance des cancéreux après traitement. Certes, l'enseignement universitaire n'est pas dépourvu, tant s'en faut, d'éléments cancérologiques. En fait, le cancer constitue un chapitre, et non des moindres, de chacune des disciplines médicales qui font l'objet des cours en Faculté. Mais le cancer est une maladie trop particulière pour ne pas faire l'objet d'une tribune spéciale; et pareille tribune ne doit pas être réservée à ce petit pourcentage de médecins qui pratiquent la

---

68. Mastopathies: tuméfactions bénignes du sein dues à un déséquilibre hormonal.

69. Ectopiques: situés en un endroit anormal.

cancérologie. Aussi, dans certains pays, les cancérologues sont-ils les uns biologistes, les autres anatomopathologistes, radiothérapeutes, internistes, ou chirurgiens.

Or, le traitement d'un cancer ne s'improvise pas: il y a pour un type donné de cancer, affectant un organe particulier et ayant atteint un stade déterminé de son évolution, un traitement précis, plus complet et mieux adapté que les autres, comportant un risque de récidive réduit au minimum. La coordination des diverses disciplines qui entrent en ligne de compte pour la détermination et le choix du traitement ne peut donc être laissée au hasard. Elle doit dépendre du cancérologue, coordonnateur de l'équipe médicale qui traitera un cancéreux dans les meilleures conditions possibles.

La France forme des cancérologues et la législation française exige que les centres anticancéreux agréés s'assurent la collaboration permanente d'un cancérologue. Ce n'est malheureusement pas le cas dans tous les pays.

5. Institutions publiques

Déjà évoqué dans le contexte de l'information, le rôle des institutions publiques se révèle considérable. Il incombe en effet à ces institutions d'organiser, au niveau national et au niveau de chaque département ministériel, la prévention des maladies sous tous leurs aspects, précisément celles qui dépendent des pollutions de l'environnement, donc du cancer en particulier. Il faut absolument que se développe une collaboration efficace et franche entre les pouvoirs publics, les instances dirigeantes de l'industrie, les institutions privées, les représentants des consommateurs, les cancérologues et les spécialistes en chimie alimentaire, en pollution atmosphérique, en radioactivité, en pollutions diverses de l'environnement.

6. Dépollution coûteuse, dépollution rentable

En raison même de sa technologie triomphante et de son dogmatisme rationaliste, notre civilisation occidentale éprouve les effets d'une crise que seul un retour vers les valeurs de la vie intérieure peut résoudre.

Pour la protection de l'environnement, on connaît déjà l'urgente nécessité de modifier fondamentalement les facteurs d'accélération technologique dans notre civilisation hyper-industrialisée. Nous sommes convaincus que la possibilité de sauver l'essentiel et d'empêcher l'irréparable de s'accomplir existe encore aujourd'hui.

Certaines études ont pu chiffrer, en milliards, le prix de cette dépollution et il est indéniable que, dans un certain nombre de cas, dépollution signifie investissements importants. D'où l'affirmation un peu simpliste selon laquelle les pollueurs doivent être les payeurs. Ce peut être vrai pour les nouvelles entreprises, mais n'oublions pas que l'industrie existante représente, pour le niveau de vie d'une nation, un acquis considérable; si bien qu'il nous paraît naturel que la nation tout entière, qui participe à cette prospérité, participe également au coût des mesures de dépollution.

On peut imaginer, pour les anciennes entreprises, qu'un gouvernement permette à l'industrie, à l'aide de prêts à long terme à intérêt réduit, de s'équiper des techniques de dépollution et que l'administration des finances accorde aux entreprises qui contribuent à la dépollution avec leurs propres capitaux une réduction raisonnable de la fiscalité. Quant aux entreprises nouvelles, dès lors que les législations définissent, pour leur fonctionnement des normes de pollution acceptables dont l'application sera surveillée, elles devraient faire figurer des dispositifs de dépollution dans leur calcul de rentabilité. Les industries ne devraient voir le jour que si un règlement intervient sur cette question.

Non seulement le champ d'action est vaste, mais il est international, en ce sens que les pollutions ne connaissent pas de frontières même si elles varient selon les contextes économiques et sociaux. En 1972, une des causes de l'inefficacité relative de la conférence de Stockholm provint des difficultés de compréhension qui se manifestèrent entre les pays industrialisés et les pays en voie de développement, ces derniers estimant, à juste titre d'ailleurs, que les mesures de dépollution et de prévention des pollutions ne devaient en aucune façon constituer un obstacle à leur développement, mais que l'expérience des nations industrialisées devait leur permettre d'éviter certains écueils.

Par ailleurs, loin d'être toujours coûteuse, la dépollution peut, dans certains cas, devenir rentable. Citons deux exemples. Le recyclage des eaux usées qui peut récupérer 95 pour 100 de celles-ci, constitue une épargne considérable non seulement d'eau douce mais aussi du coût de cette eau douce. Dans la fabrication de l'acide phtalique (utilisé dans la synthèse des insecticides et en cosmétologie), une amélioration des procédés de fabrication permet une dépollution rentable par réduction de la consommation énergétique et par amélioration du rendement en acide phtalique.

En conclusion, disons qu'il est inutile sinon dangereux de laisser entrevoir des désastres. La dépollution est possible, elle est souvent coûteuse mais peut, dans certaines circonstances, s'avérer rentable.

Perspectives d'avenir

Nous pourrions nous étendre ici sur l'état des recherches dans chacun des nombreux domaines de la cancérologie expérimentale, présager l'orientation de ces recherches et leurs chances de succès dans les années à venir.

Nous pourrions aussi rêver de découvertes, d'hypothèses, de bouleversements des conceptions. Le rêve appartient à la science-fiction, non à la médecine. En fait, ces perspectives d'avenir concernent deux problèmes, à la fois distincts et complémentaires: le mécanisme intime du phénomène cancéreux d'une part — il dépend de la recherche fondamentale — la ou les solutions thérapeutiques du ou des cancers d'autre part — elles dépendent de la recherche appliquée.

Nous donnons volontiers la priorité aux travaux consacrés à la recherche de moyens thérapeutiques efficaces et non toxiques. Dans ce domaine, il ne faut pas se leurrer. L'expérience que nous possédons avec les agents chimiothérapiques connus nous a prouvé que chaque produit est assez spécifique d'un type de cancer. Mais la recherche à court terme porte sur la fixation des molécules médicamenteuses sur des transporteurs qui déposeront alors sélectivement le médicament dans les cellules cancéreuses. On espère ainsi diminuer la toxicité des cytostatiques en réduisant les doses et en accroissant leur efficacité. Et les virus cancérogènes? Nous les connaissons bien chez l'animal, mais ne faisons encore que les deviner chez l'homme. En tout cas, les travaux qui se poursuivent à travers le monde semblent s'étayer mutuellement pour nous permettre de nous en faire une meilleure idée, au moins dans certains cancers. Songeons aux herpèsvirus[70] dans les cancers du col utérin et dans certains lymphomes. Ce ne sont là, certes, que présomptions et nous devons attendre d'autres découvertes avant de pouvoir tirer des conclusions à cet égard.

C'est pourquoi, lorsqu'on annonce comme prochaine la préparation de sérums antileucémiques, de vaccins anticancéreux, nous estimons semblables évocations bien prématurées, bien dangereuses aussi, car elles suscitent certaines illusions qu'il est parfois difficile de dissiper.

Ce dont nous sommes certain, c'est que, dans la multitude des composés chimiques possibles, il doit en exister plusieurs qui juguleront ou guériront un jour la plupart des cancers. La synthèse de produits vraiment efficaces, vraiment spécifiques, non toxiques, peut parfaitement précéder la compréhension du mécanisme intime de la cancérogenèse. Qu'importe aux cancéreux qu'il s'agisse d'un virus ou de toute autre cause, pourvu qu'on les aide à triompher de leur mal.

Certaines perspectives d'avenir sont liées à l'organisation des soins de santé: centralisation à l'échelle thérapeutique, décentralisation sur le plan du dépistage et coordination de tous les efforts de lutte anticancéreuse. Il ne faudrait surtout pas que cette évocation de l'avenir incite à croire que

---

70. Herpèsvirus: virus du groupe de l'herpès (voir p. 104 virus cancérogènes).

nos armes actuelles sont dérisoires. Nous voulons répéter qu'à notre sens 60 à 80 pour 100 de tous les cancers sont curables, à condition d'être dépistés très tôt, traités correctement sans tarder, surveillés après traitement, à condition aussi que le public soit définitivement démystifié au sujet du cancer. Qu'on n'oublie pas que ce fléau n'est que la deuxième cause de mortalité mondiale, venant loin derrière les maladies cardio-vasculaires. Or, on n'éprouve pas de crainte à évoquer l'artériosclérose, l'infarctus du myocarde, les thromboses vasculaires et les hémorragies cérébrales, maladies qui peuvent entraîner des déchéances physiques et mentales hélas assez impressionnantes.

Pour le cancer, on reste sur une prudente réserve, on ne dit pas qu'on a souffert de ce mal et qu'on en est guéri. On parle de tous les cas de décès par cancer, mais on ne cite jamais les très nombreux cas de guérison. En conséquence, un préjugé s'est enraciné selon lequel un diagnostic de cancer équivaudrait à un arrêt de mort. Rien n'est plus faux, puisque à l'heure actuelle, plus des deux tiers des cancers peuvent être guéris, définitivement, sans récidive, le plus souvent sans mutilations, sans séquelles pénibles.

La démystification est liée à l'éducation dès l'enfance, dès l'école. Elle doit préoccuper ceux qui président à l'organisation des soins de santé. Il ne suffit pas de taxer le cancer de mal social. Encore faut-il agir en conséquence et prévoir les moyens d'y échapper.

La dernière des perspectives d'avenir que nous évoquons sera, nous le voulons ainsi, une profession d'espoir. Il ne fait pas de doute que demain, après-demain peut-être, mais un jour certainement, les cancers seront définitivement vaincus. Leurs mécanismes profonds seront connus. On possédera les moyens de les traiter et de les guérir dans des proportions beaucoup plus importantes qu'à l'heure actuelle. La prévention des cancers, à l'échelle des pollutions alimentaire, atmosphérique, radioactive, n'aura pas cessé pour autant d'être la plus importante des préoccupations en cette matière. Le dépistage précoce et systématique de la maladie restera la toute première étape de cette lutte, car si efficace que soit un traitement, aucune drogue ne répare un organe détruit par une tumeur. Pas plus que les plus puissants tuberculostatiques ne sont à même de sauver la vie d'un malade dont l'évolution tuberculeuse a détruit les poumons.

La prévention des maladies de la femme

Par le docteur H. de la Boullaye

La médecine préventive devrait occuper la même place que la médecine curative dans l'esprit du public.

Ceci est particulièrement vrai en obstétrique, c'est-à-dire en tout ce qui se rapporte à la femme enceinte, et en gynécologie, c'est-à-dire dans toutes les maladies de la femme, de l'enfance à la vieillesse, ainsi que dans les maladies du sein, affections fréquentes chez la femme.

I. La prévention en obstétrique

Il est important de dépister les causes des *malformations congénitales*, provoquées soit par un facteur héréditaire, soit par un facteur de terrain, liés à la mère, au père ou aux deux parents.

Par le *facteur héréditaire*, on entend que le père ou la mère de l'enfant à venir ou les deux géniteurs sont porteurs d'une affection génétiquement transmissible. Malheureusement, il n'est possible de dépister que certaines de ces maladies. La première démarche consiste à effectuer un "caryotype" ou étude des chromosomes chez les géniteurs. Les chromosomes sont au nombre de 46 et peuvent présenter des anomalies de nombre ou de structure, décelables par des études approfondies en microscopie électronique. Ces anomalies peuvent entraîner des maladies congénitales, et on a pu démontrer que le mongolisme, par exemple, s'accompagne automatiquement d'une malformation chromosomique appelée "trisomie 21", avec 3 chromosomes au lieu de 2 à la 21e paire.

Par *facteur de terrain*, on entend pour la femme un âge supérieur à 35 ans pour une première grossesse, un facteur pathologique tel un diabète, une rubéole contractée pendant le premier trimestre de la grossesse ou une malformation cardiaque. D'autres facteurs peuvent intervenir: le tabac, responsable d'enfants *small for date*, c'est-à-dire d'un poids et d'une taille inférieurs aux normes pour l'âge considéré, l'alcool, ou encore l'usage intempestif de médicaments. Certains médicaments, mais ils sont rares, peuvent être tératogènes, c'est-à-dire responsables de malformations congénitales lorsqu'ils sont ingérés à un stade déterminé de la grossesse, soit le premier, deuxième ou troisième trimestre selon le type de médicament.

En pratique, quelle sera l'attitude du médecin devant une patiente en début de grossesse et entrant dans l'une des catégories ci-dessus? Rassurer la patiente, étudier avec soin les chromosomes des parents et pratiquer une ponction amniotique, geste de routine, et la culture de ce liquide. L'étude du liquide amniotique, ou liquide dans lequel baigne le foetus, permettra, d'après le caryotype, d'éliminer ou non une malformation foetale. Si cette malformation est certaine, les parents doivent en être dûment avertis et être mis en face de leurs responsabilités et de leur conscience, la législation dans certains pays permettant, avec l'accord d'une commission d'experts, l'avortement thérapeutique.

En cas de *maladie préexistant à la grossesse*, celle-ci doit être parfaitement déterminée et les modalités thérapeutiques adaptées à la grossesse. Si une telle maladie contre-indiquait toute grossesse, une contraception efficace, temporaire ou définitive, devrait être appliquée.

Quant à l'alcool et au tabac, ils doivent être formellement proscrits dès que la grossesse est diagnostiquée et pendant toute la durée de celle-ci.

En ce qui concerne la *rubéole*, dangereuse pour le foetus uniquement pendant le premier trimestre, une vaccination accompagnée d'une contraception efficace et obligatoire pendant trois cycles, systématique depuis quelques années, devrait l'éliminer. Outre les précautions évidentes et en cas de contagion possible, deux prises de sang à quinze jours d'intervalle permettent de savoir formellement s'il s'agit ou non d'une infection récente. Dans cette hypothèse, le recours à l'avortement thérapeutique sera proposé.

Depuis les tristes accidents dus à la thalidomide, le public a été, souvent à tort, fort sensible au problème des *médicaments*, ingérés par exemple par la patiente après quelques jours de retard de règles et dans l'ignorance de son état. Pour des raisons évidentes, aucune étude autre qu'animale ne permettra de résoudre ce délicat problème. La liste des médicaments "tératogènes" est très restreinte et leur risque potentiel doit toujours être mis en balance avec la santé de la mère.

Il est évident qu'en cas d'infection grave, la mère doit être traitée, quel que soit le risque potentiel pour le foetus.

En cas de dépistage d'une affection cancéreuse résultant d'une chimiothérapie, c'est-à-dire de substances chimiques très agressives pour l'organisme, il pourra être nécessaire d'interrompre la grossesse.

Par *facteur de terrain*, on entend pour l'homme, outre une affection transmissible uniquement par les mâles et à condition d'en mesurer le pourcentage, l'alcoolisme, la syphilis, une affection générale débilitante et évolutive telle la tuberculose et une irradiation par du cobalt ou un traitement chimiothérapique. Si l'âge du père est égal ou supérieur à trente-neuf ans, un caryotype sera systématiquement pratiqué avant la conception.

Une autre situation dans laquelle la prévention est fondamentale est la *menace de fausse couche*, précoce (premier trimestre) ou tardive (à partir du sixième mois), ou la *menace d'accouchement prématuré*. Si la patiente a des antécédents de fausse couche, des mesures préventives seront prises dès que le diagnostic de grossesse aura été posé, soit au bout de 5 jours de retard des règles,par une prise de sang et au bout de 10 jours, par l'urine. La patiente sera alitée jusqu'à la fin du troisième mois au moins; un traitement hormonal et antispasmodique, c'est-à-dire un médicament inhibant les contractions de l'utérus, sera prescrit et une surveillance hormonale, sanguine et urinaire, sera régulièrement exercée. Le repos constituera la disposition la plus importante. Les mêmes mesures seront appliquées pour une première menace de fausse couche se traduisant soit par des douleurs dans le bas-ventre, soit par des pertes de sang, soit par un début d'ouverture du col de l'utérus.

D'excellents résultats sont généralement obtenus avec ces mesures à condition qu'il ne s'agisse pas d'une fausse couche génétique ou hormonale qui se produira de toute façon, quel que soit le traitement choisi.

La grossesse peut être gémellaire ou multiple, soit spontanément, soit provoquée par un traitement hormonal pour stérilité. L'expérience a montré que ce type de grossesse comportait des risques de prématurité et compliquait le processus d'accouchement. Pendant sa grossesse, la patiente sera mise au repos et, en raison de l'augmentation de fréquence des accouchements prématurés, l'hospitalisation à partir du sixième mois sera conseillée; un traitement hormonal et antispasmodique sera appliqué et les examens échographiques (leur principe en sera exposé plus loin) seront répétés. Ces grossesses arriveront rarement à terme; une césarienne devra alors être pratiquée et les enfants seront surveillés pendant quelques jours dans une unité de néonatologie c'est-à-dire une unité spécialisée dans la surveillance d'un enfant pendant les premiers jours de la vie. Moyennant toutes ces précautions, les résultats seront satisfaisants.

Pendant la grossesse, les examens cliniques et techniques seront répétés, une fois par mois jusqu'au septième mois, tous les quinze jours ensuite jusqu'au neuvième mois, puis toutes les semaines. Un examen clinique général sera pratiqué et un interrogatoire détaillé permettra d'établir le passé médical de la patiente. Un frottis de dépistage du cancer du col, des examens biologiques complets seront effectués, en particulier le dosage du sucre dans le sang, le dosage des anticorps contre la rubéole, la recherche de deux maladies parasitaires relativement fréquentes pendant la grossesse, à savoir la listeriose et la toxoplasmose, et le dépistage d'une éventuelle affection vénérienne. On étudiera le groupe sanguin, le facteur Rhésus et les sous-groupes: si le facteur Rhésus est négatif, on demandera le groupe du père; si celui-ci est positif, un test spécial sera pratiqué au troisième et au sixième mois afin de dépister une éventuelle *iso-immunisation.*

Qu'est-ce que l'iso-immunisation? Une découverte fortuite a permis de constater que 85 pour 100 de la population présentait dans le sang des globules dont la surface porte des antigènes agglutinant le sang d'un macaque, le *macacus Rhésus*, tandis que 15 pour 100 ne présentaient pas ce phénomène. Pendant la grossesse, si la mère a un facteur Rhésus négatif et si le foetus est Rhésus positif, son sang s'échange avec celui de la mère à travers le placenta et reçoit des anticorps anti-Rhésus susceptibles, à partir d'un certain taux, de provoquer un *accident hémolytique*, c'est-à-dire la destruction de globules rouges du foetus. On suppose que ce risque augmente avec le nombre de grossesses.

En pratique, même après une fausse couche et dans l'ignorance du groupe du foetus, la mère recevra une injection d'anticorps et, a fortiori, après un accouchement si le groupe du bébé est positif. On pratiquera un test spécial chez l'enfant et, dans la pire des hypothèses, une *exsanguino-transfusion* (remplacement du sang de l'enfant) sera effectuée, soit *in utero*, c'est-à-dire dans le ventre de la mère, soit, plus fréquemment, à la naissance. Ces problèmes sont maintenant parfaitement connus et résolus.

Si une *maladie grave préexistant à la grossesse* est connue, maladie permettant avec certaines précautions de mener cette grossesse à terme, un bilan précis en sera fait et la conduite du traitement tiendra compte du fait que la grossesse aggrave en général la maladie. Nous pensons en particulier à une affection cardiaque comme le rétrécissement mitral ou à une affection congénitale bien compensée, au diabète, à l'épilepsie, aux antécédents de maladie thrombo-embolique (phlébite, embolie pulmonaire), à une maladie du rein infectieuse ou de malformation congénitale, à une tuberculose pulmonaire ou autre, à une hépatite, une syphilis, une anémie.

Des règles strictes d'hygiène de vie et d'hygiène alimentaire complètent le traitement.

On procédera régulièrement à des échographies pendant la grossesse: examen pratiqué par ultrasons, inoffensif, il permet dès le deuxième mois de déterminer l'âge de la grossesse et les battements de coeur du foetus. Ultérieurement, d'autres indications précieuses pourront être recueillies.

Une amélioration de cette technique permet le plus souvent, depuis une date récente, de déterminer le sexe de l'enfant à partir du sixième mois de grossesse.

En outre, à chaque consultation, en complément de l'examen obstétrical, une analyse d'urines recherchant l'éventuelle présence de sucre, d'albumine et de germes, la prise de la tension artérielle et la surveillance régulière du poids seront effectuées.

En présence de sucre, on recherchera un prédiabète ou un diabète franc et on prendra les mesures préventives adéquates. En présence d'albumine et d'hypertension, on pensera à une éclampsie, maladie grave mettant en danger la mère et le foetus et qui demandera une hospitalisation immédiate et un traitement préventif par diurétiques et hypotenseurs.

On admettra une augmentation maximale de poids de 8 à 9 kg pour une grossesse unique. Dès que l'augmentation sera trop marquée, on établira un régime de restriction calorique et sans sel, avec ou sans prise de diurétiques.

Certaines *complications* redoutables de la grossesse sont *liées à des anomalies de position du placenta.* Le signe annonciateur est un saignement, accompagné ou non de contractions douloureuses. La patiente doit alors être immédiatement hospitalisée, afin que l'on puisse intervenir rapidement si besoin est et localiser avec précision le placenta, habituellement par échographie. Au repos absolu dans son lit, la patiente recevra un antispasmodique. Une césarienne, accompagnée de transfusions, sera pratiquée dès qu'elle sera nécessaire.

À partir de cinq mois et demi, l'on demandera à la patiente de faire de la *gymnastique prénatale:* celle-ci vise à lui apprendre à respirer, à pousser, et à connaître le mécanisme de l'accouchement, par exemple à l'aide d'un film, de façon à anticiper un phénomène qu'elle redoute le plus souvent. Après l'accouchement et pendant un à deux mois, la patiente fera à nouveau de la kinésithérapie afin de récupérer la tonicité de sa paroi abdominale. Enfin, on insistera auprès de la mère sur les avantages de l'allaitement. Celui-ci, outre qu'il procure un contact entre la mère et l'enfant et un lait de qualité irremplaçable qui profite au bébé, diminue la fréquence du cancer du sein.

En dépit de toutes ces considérations, il ne faudrait surtout pas penser que la grossesse est une maladie ou que l'accouchement est un acte pénible. Dans l'immense majorité des cas et grâce à la prévention, grossesse et accouchement se déroulent pour le mieux.

II. La prévention en gynécologie

La gynécologie concerne toute personne de sexe féminin, de la naissance à la vieillesse, l'importance de la prévention allant en s'accroissant avec l'âge.

Jusqu'à la puberté, la prévention s'attardera essentiellement aux leucorrhées, c'est-à-dire aux pertes blanches, en raison du risque d'infection urinaire pouvant atteindre successivement, en l'absence de traitement, l'urètre, la vessie, les uretères et les reins.

Toute *infection vaginale de la petite fille* doit être décelée, analysée au microscope, traitée adéquatement, puis la guérison doit en être contrôlée. Un autre risque, plus rare mais pouvant découler d'une vaginite non traitée, serait la salpingite, ou infection des trompes, que nous étudierons plus loin.

Tout développement anormal du sein doit être soigneusement étudié. Nous reviendrons sur ce point dans la troisième partie.

Quant à la *puberté précoce*, tout en sachant que la puberté survient aujourd'hui de plus en plus tôt et n'est plus rare à dix ans en Occident, elle doit être mise au point sur le plan hormonal et notamment hypophysaire, l'hypophyse étant la glande intracrânienne qui contrôle toutes les hormones, génitales et autres.

La puberté tardive n'est, elle, préoccupante que si elle survient au-delà de dix-huit ans; plusieurs mères s'en inquiètent inutilement. L'abstention thérapeutique est de règle jusqu'à cet âge.

C'est par la connaissance parfaite de ses cycles et de ses périodes menstruelles, (de la puberté, date d'apparition du premier cycle menstruel, à la ménopause, date de la cessation de l'activité génitale) que la femme réalisera le premier stade de la prévention:

1. *Durée du cycle*, du premier jour des règles au premier jour des règles suivantes. Les cycles sont-ils réguliers ou irréguliers?
2. *Durée des règles.*
3. Existence éventuelle d'une *douleur* au milieu du cycle, au moment de la ponte ovulaire (*mittelschmerz*).
4. Existence éventuelle d'un *syndrome prémenstruel* ou cortège de symptômes, propres à chaque femme et toujours identiques chez elles, qui précèdent et accompagnent le début des règles.

On n'insistera jamais suffisamment sur ces éléments simples que toute femme devrait connaître dès sa puberté. L'expérience montre malheureusement qu'un certain nombre de femmes ignorent tout des phénomènes menstruels.

Dans la gynécologie routinière, et par le biais de la contraception qui permet une surveillance régulière des patientes, le principal geste en médecine préventive sera le *dépistage du cancer du col* par les moyens suivants:
— *le frottis du col*, coloré selon une méthode spéciale dite de Papanicolaou. Les résultats sont répartis en cinq classes:
classe I: col sain;
classe II: lésions sans gravité (classe la plus fréquente);
classe III: lésions douteuses, à contrôler après traitement local;
classe IV: lésions précancéreuses;
classe V: cancer;

— *la colposcopie* ou examen du col par un microscope spécial placé à environ 25 cm de celui-ci, une fois que le spéculum a été placé dans le vagin, après application d'une solution chimique facilitant la mise en évidence des lésions. En cas de lésion suspecte, la colposcopie permet d'orienter les biopsies, échantillons cellulaires qui seront envoyés au laboratoire;

— *le curetage de l'endocol* permet l'examen en laboratoire du matériel prélevé.

Selon le type de lésion, on fera appel soit à la chirurgie, soit au placement d'aiguilles de radium dans le vagin, soit aux deux méthodes combinées.

Il est intéressant de noter que les femmes dont les partenaires sont circoncis n'ont pratiquement jamais de cancer du col. L'explication en serait que le smegma, secrété par la peau du prépuce, serait un facteur cancérogène. De là à demander à tous les mâles de se faire circoncire, à titre de prévention, il y a un pas difficile à franchir.

Le cancer du corps utérin s'observe essentiellement au-delà de quarante ans et plutôt chez la femme ménopausée. Dans les deux cas, le signe d'alarme est représenté par des pertes de sang anormales, soit chez une femme encore réglée, soit chez une femme ménopausée.

Après la ménopause, toute perte de sang requiert un curetage biopsique; si celui-ci est négatif et si les pertes de sang, en l'absence de tout traitement hormonal, persistent, une hystérectomie (ou ablation de la matrice), accompagnée de castration, s'impose.

Dans la période pré ou périménopausique, si des pertes anormales de sang apparaissent, on pratiquera un examen radiographique de l'appareil génital, suivi ou non d'un curetage biopsique. Le traitement sera soit chirurgical et radiothérapique (cobalt), soit radiothérapique selon le stade de la maladie.

Il reste le difficile problème du diagnostic des *tumeurs de l'ovaire*, qui peuvent apparaître à tout âge, chez la petite fille comme chez la femme âgée. Les signes d'alarme en sont variables: modification de l'état général, douleurs d'un seul côté ou bilatérales, augmentation du volume de l'abdomen, pertes anormales de sang. Parfois, ces tumeurs peuvent être découvertes fortuitement. Divers examens spécialisés seront souvent nécessaires pour poser un diagnostic précis.

Le traitement sera généralement combiné: chirurgie, cobalt et hormones. Nous avons déjà passé en revue chez l'adolescente le problème des leucorrhées, ou pertes blanches, et des infections urinaires: l'attitude à adopter est bien entendu identique chez la femme.

Toute infection vaginale ou urinaire doit être immédiatement traitée. Toute infection abdominale basse, unilatérale ou bilatérale, s'accompagnant de fièvre et de douleurs, doit être correctement traitée car une salpingite non traitée parce qu'étant passée inaperçue peut entraîner une *stérilité* définitive. Combien de femmes ne sont-elles pas stériles pour cette raison!

La *contraception* entre dans le cadre de la médecine préventive, surtout chez les adolescentes pour lesquelles une grossesse non désirée représente un risque sur le plan de la santé en complément du traumatisme psychique, parfois définitif. Mais la contraception s'adresse aussi à la femme, mariée ou non, en âge de procréer.

Pour mémoire, les différentes méthodes sont, par ordre croissant d'efficacité:

1. *Le coït interrompu.*
2. *La méthode des températures.*
3. *Le préservatif masculin et féminin.*
4. L'un des deux appareils précédents *combiné à une gelée spermicide.*
5. Le *stérilet* ou dispositif intra-utérin.
6. La *contraception hormonale*, par voie buccale (la "pilule") ou par voie intramusculaire.

Nous classerons à part la *stérilisation définitive*, ou ligature, avec ou sans section des trompes, qui comporte des indications différentes. Malheureusement, ces méthodes contraceptives ne peuvent s'appliquer indifféremment à toutes les femmes, notamment en raison de leurs contre-indications, chacune d'entre elles ayant ses indications bien précises. Une contraception hormonale ou mécanique (stérilet) demande une surveillance régulière, en principe tous les trois mois dans le premier cas et tous les six mois dans le second.

À l'approche de la ménopause, consciente ou non des changements physiques importants que les modifications de son équilibre hormonal vont entraîner, la femme présente un *cortège de symptômes variés*, plus souvent subjectifs qu'objectifs. Dans l'équilibre hormonal normal, on note 4/5 d'hormones femelles et 1/5 d'hormones mâles. Dans la préménopause, les taux d'hormones femelles diminuent, les taux d'hormones mâles ont tendance à augmenter et, surtout, les taux d'hormones hypophysaires, qui commandent les deux types précédents, augmentent progressivement. On peut ainsi établir le type de traitement hormonal le plus adéquat.

Toute femme devrait pourtant savoir que la ménopause n'est pas une maladie et se déroule sans encombre dans la majorité des cas. Si les vieilles histoires qui traînent de bouche à oreille ou dans les imprimés étaient oubliées, la ménopause serait beaucoup mieux supportée qu'elle ne l'est généralement. Des travaux récents ont en outre montré que 35 pour 100 des femmes présentaient des taux hormonaux non négligeables, qui compensent partiellement la fin de la production ovarienne, et qui sont d'origine surrénalienne (les glandes surrénales, au nombre de deux, coiffent les pôles supérieurs des reins).

Un gynécologue américain, Robert Wilson, a prôné une méthode à notre avis contestable dans un livre qui connut un grand succès dès sa parution, *Feminine For Ever* (ou *Femme à jamais*). Dans cet ouvrage, le Dr Wilson conseillait des traitements hormonaux de substitution depuis la préménopause, ou période précédant la ménopause, à la vieillesse; il proposait même des *cycles artificiels*, c'est-à-dire que les femmes restent réglées, avec des doses hormonales importantes, ce qui est techniquement réalisable, ou avec la pilule. L'argument principal était de supprimer les symptômes de la ménopause tels les bouffées de chaleur, d'éviter le "vieillissement" des tissus, de faciliter la vie sexuelle et de prévenir les troubles dus à la privation hormonale, telle l'ostéoporose ou modification de structure des os. L'expérience a montré que ces traitements hormonaux intempestifs sont dangereux du fait qu'ils comportent un risque non négligeable de cancérisation.

L'attitude qui prévaut actuellement est la suivante:

1. De préférence n'appliquer aucun traitement.
2. Si les symptômes sont importants, procéder à des traitements hormonaux par cures discontinues (par exemple, traitement pendant 20 jours par mois aux oestrogènes conjugués, auxquels on ajoute un progestatif pendant 5 jours).
3. Ne jamais créer de cycles artificiels à partir de la ménopause.
4. Laisser prendre la "pilule" jusqu'à la ménopause à la condition qu'elle soit faiblement dosée en oestrogènes.
5. Recommander un progestatif seul. À une femme dans la cinquantaine en période supposée de ménopause, on demandera de cesser de prendre la "pilule" pendant deux à trois mois. Durant cette période, des dosages hormonaux permettront de déterminer s'il s'agit d'une préménopause ou d'une ménopause et dicteront la conduite à suivre. Seules les femmes ménopausées chez lesquelles une carence hormonale aura été démontrée et qui présentent des symptômes importants recevront, par périodes, un traitement hormonal substitutif.

III. La prévention des maladies du sein

La dernière section concerne le dépistage et la prévention des maladies du sein, affections fréquentes et redoutables.

Étant donné le pourcentage remarquable de guérisons obtenues dans le traitement du cancer du sein, un dépistage précoce est fondamental et le pronostic sera d'autant meilleur que la tumeur aura été précocement dépistée.

Le dépistage des maladies du sein

Selon les normes actuelles, et sauf s'il y a des antécédents familiaux, le dépistage sera pratiqué par le médecin une fois l'an jusqu'à quarante ans et tous les six mois au-delà de cet âge.

Le médecin apprendra à la patiente à faire elle-même son examen une semaine après ses règles chaque mois, en position assise d'abord puis couchée. La femme commencera à examiner, debout devant un miroir, l'aspect général de ses seins, l'aspect de la peau, des aréoles et des mamelons. Elle comprimera ses glandes à la recherche d'un éventuel écoulement lacté, purulent ou sanglant.

En utilisant les doigts opposés au côté palpé, la femme explorera successivement les creux au-dessus des clavicules et ses aisselles (ils ne doivent pas contenir de nodule) et suivra le pourtour de ses glandes, en écrasant le sein sur les côtés, jusque et y compris la partie de celui-ci remontant vers l'aisselle. Les glandes mammaires doivent être homogènes et présenter un contour régulier; leur palpation doit être indolore. La découverte d'un ou de plusieurs *nodules* doit inciter la patiente à consulter immédiatement son médecin. Selon les résultats de son examen, celui-ci demandera ou non des explorations complémentaires:

1. **La thermographie**, mesure des différences de température cutanée entre les différentes zones du sein et entre les deux seins, les zones anormalement chaudes étant suspectes. En fait cette technique qui paraissait prometteuse, donne des résultats insuffisamment précis pour être utilisée seule; elle a cependant l'avantage d'être inoffensive et peut donc être souvent répétée.
2. **La mammographie** ou examen radiographique des seins donne des résultats remarquables. Toute image suspecte à la mammographie doit conduire le médecin à procéder à une biopsie-exérèse.
3. **La biopsie-exérèse**, c'est-à-dire l'intervention chirurgicale permettant d'enlever le nodule en totalité et

de l'examiner sous microscope après coloration. La biopsie-exérèse est à notre avis plus sûre que la ponction-biopsie.

4. **La ponction-biopsie** consiste à prélever du tissu et un éventuel liquide à l'aiguille de façon à l'analyser sous microscope après coloration. La biopsie peut être examinée sur-le-champ, c'est-à-dire que le médecin spécialiste, chargé du diagnostic microscopique, fait son examen dans un local voisin de la salle d'opération: le chirurgien attend sa réponse pour continuer ou non l'intervention chirurgicale. L'avantage de cette méthode est d'éviter une deuxième anesthésie générale, mais elle ne peut être utilisée que si la patiente a formellement donné au préalable l'autorisation au chirurgien d'amputer le sein en cas de diagnostic de cancer. L'inconvénient est que sa précision est moins grande que celle d'un examen pratiqué après plusieurs techniques de coloration.

Il ne faudrait pas oublier les affections du sein chez l'homme qui, si elles sont rares, peuvent néanmoins être graves.

En résumé, le dépistage et la prévention s'avèrent essentiels dans les trois domaines que nous avons survolés.

La femme, dans le domaine des maladies cancéreuses, possède sur l'homme un avantage appréciable: les trois localisations les plus fréquentes de cette maladie, à savoir le sein, le col et le corps de l'utérus, sont relativement faciles à dépister à un stade précoce. Il n'en va pas de même des tumeurs de l'ovaire. Encore faudrait-il que chaque femme soit consciente de l'importance qu'il y a pour elle de se soumettre avec régularité aux examens gynécologiques.

En obstétrique, le dépistage *in utero* des maladies congénitales a considérablement progressé tandis qu'une meilleure connaissance de la physiologie du foetus a permis de diminuer le taux de prématurité (accouchement avant terme). De même, les remarquables progrès de la néonatologie ont permis de réduire le taux de mortinatalité.

S'il n'existe pas de prévention des *maladies du sein*, hormis le cas des traitements hormonaux intempestifs chez une femme porteuse d'une maladie du sein, un auto-examen régulier et soigneux permettra souvent de prévoir l'évolution d'une affection vers la malignité ou de traiter précocement une affection cancéreuse débutante. Dans ce domaine également, des techniques sophistiquées sont apparues qui, au moyen d'un dépistage fin et précoce, permettent de diagnostiquer et donc d'enrayer l'affection en la traitant sans délai.

Pour paraphraser un dicton populaire, nous ne pouvons que proposer à toute femme l'adage suivant: Qui souvent se fait examiner, bien se porte et bien se guérit.

La prévention des maladies de la peau

Par le docteur Michel Delune

La dermatologie est concernée de façon directe par la médecine préventive. En effet, cette partie de la médecine présente pour chaque humain un avantage et un inconvénient.

Son avantage consiste dans le fait que chacun peut examiner sa propre peau à sa guise et s'inquiéter rapidement de toute anomalie perceptible sur n'importe quelle partie de son corps. Cet avantage sert aussi bien le malade que le médecin puisqu'un dermatologue averti peut souvent poser son diagnostic sur simple examen visuel du patient.

Mais elle comporte aussi un inconvénient: tout défaut ou imperfection de cette enveloppe naturelle sera livré, directement, aux yeux de ceux qui la regardent. N'oublions pas que c'est par la peau que se remarque, en premier lieu, le nombre des années qui passent.

Il est certain qu'un bon nombre de maladies de la peau sont imprévisibles et ne peuvent être évitées.

Citons, tout d'abord, certaines maladies congénitales qu'il est impossible d'empêcher, comme les angiomes. Il s'agit, en fait, de taches vasculaires que l'on voit par transparence sur la peau (sur le visage on les appelle "taches de vin").

Un autre exemple, très fréquent, est celui des grains de beauté, et nous verrons plus tard dans quels cas ils peuvent s'avérer dangereux.

Il peut s'agir également de certaines maladies virales, comme le zona, qui peut entraîner des conséquences très graves sous sa forme ophtalmique.

Enfin, n'oublions pas que la peau vieillit tous les jours et qu'il est impossible de l'en empêcher; toutefois, nous pouvons prévenir son vieillissement prématuré.

Nous traiterons surtout ici de quelques affections très courantes et qu'il est possible de prévenir.

1. Le soleil et la peau

Quoi de plus attrayant et de plus séduisant qu'une peau bien bronzée! Il faut bien avouer que, pour la plupart d'entre nous, la réussite de vacances passées est directement proportionnelle au degré de bronzage.

Cette rage de brunir est devenue si importante qu'un nombre sans cesse croissant d'individus se croient obligés de préparer leur séjour à la campagne, à la montagne ou à la mer, par de nombreuses séances de "rayons solaires". À peine rentrés de vacances, ils se rendent compte que ce merveilleux teint a une fâcheuse tendance à disparaître très rapidement et alors, quoi de plus naturel que de l'entretenir par de nouvelles séances de bronzage artificiel!

Au risque de décevoir beaucoup de personnes, nous dirons que cette façon de procéder constitue le meilleur moyen de contracter de nombreux troubles de la peau. En effet, le bronzage est un mécanisme de défense de la peau vis-à-vis de son ennemi principal qu'est le soleil. En fait, plus nous sommes bronzés, plus il faut nous méfier du soleil car cela signifie que nous en avons abusé. Quels sont ces effets maléfiques du soleil?

- La peau se déshydrate et perd son élasticité. L'apparition de rides est toujours précoce chez les personnes ayant passé beaucoup d'heures au soleil. C'est là un désordre principalement inesthétique et qui vieillit l'individu. On peut donc qualifier d'aberrant le comportement de l'individu qui veut paraître jeune et en bonne santé grâce à son "bon teint" et qui, pour l'obtenir, n'hésite pas à accepter de vieillir prématurément en s'exposant inconsidérément au soleil. Le soleil vieillit la peau, la ride, la fane. Il suffit, pour en être convaincu, de voir les peaux tannées de certains cultivateurs ou marins au long cours, surtout celles des parties exposées telles que le visage, le cou et les mains.

170

- La peau a tendance à se recouvrir de "kératoses solaires", appelées également "kératoses séniles". Ce sont des taches brunâtres, relativement foncées, qui apparaissent en général après la cinquantaine, principalement sur le visage (et le crâne chez les grands chauves), le décolleté et le dos des mains. Ces taches sont indélébiles et se multiplient au soleil. On en voit plus chez les habitués de vacances au soleil que chez les autres. Par ailleurs, certaines d'entre elles peuvent indiscutablement dégénérer en cancer de la peau. Il faut donc dans ce cas éviter le soleil à tout prix et faire soigner les principales kératoses par l'application locale de neige carbonique ou par électrocoagulation.
- Un autre type de lésion est la "mélanose" précancéreuse. C'est une tache pigmentée brunâtre sur le visage et qui peut apparaître à tout âge. Sa couleur brune n'est pas uniforme et elle reste plate au départ. Malheureusement, la moitié de ces lésions dégénèrent en cancer et se recouvrent de croûtes plus ou moins épaisses. Il faut donc les traiter dès que possible.
- Les effets du soleil sur la pigmentation de la peau sont extrêmement importants. Lorsque le soleil agit sur une peau normale, sur laquelle on n'a appliqué aucune crème, aucune huile, et que cette peau est celle d'un organisme normal, ses effets seront directement proportionnels à la durée d'exposition solaire d'une part et au type de peau d'autre part. Il est bien évident que l'agressivité solaire est beaucoup plus nuisible pour le roux aux yeux bleus et à la peau très blanche que pour l'individu aux cheveux noirs, aux yeux marron et à la peau plus brune.

Il est également clair que si l'on reste cinq minutes au soleil ou toute une journée, la coloration de la peau ira de la simple rougeur passagère à la brûlure au troisième degré avec apparition de cloques et de symptômes généraux d'insolation. Cependant, il peut parfois se produire un phénomène de photosensibilité, que l'on peut définir comme une variation anormale de la pigmentation de la peau due à l'action continue sur celle-ci du soleil et d'un autre facteur.

Quel est cet autre facteur?

Il peut être soit interne, soit externe. Par facteur externe on entend une substance qui a été appliquée sur la peau. La plupart du temps, la personne est elle-même responsable de cette application externe. À titre d'exemple, citons l'application de nombreuses crèmes ou huiles solaires à base d'essence de bergamote dans le but de se procurer ce teint bronzé si recherché. Cette substance est particulièrement photosensibilisante et provoque parfois des pigmentations très hétérogènes qui sont pour le moins disgracieuses. Mais leur effet est parfois plus grave et peut déclencher des eczémas aigus de toutes les surfaces enduites de bergamote, comme on en constate de nombreux cas chaque année.

C'est donc une hyperréaction de la peau due à la combinaison de l'action du soleil et de ce produit photosensibilisant qu'est la bergamote. Parfois, au contraire, l'application d'une substance est involontaire car de nombreuses personnes ignorent que le fait de se parfumer ou de mettre un produit après rasage avant d'aller au soleil aura ce même effet photosensibilisant sur la peau.

Qu'en est-il du facteur interne?

Presque tous les médicaments peuvent avoir cette action de photosensibilisation de la peau au soleil. De nombreuses personnes viennent nous consulter à leur retour de vacances parce que pour la première fois de leur vie elles ont fait une "allergie solaire" alors que rien n'a changé dans leurs habitudes acquises depuis des années. Mais elles oublient de dire que, cette fois, elles avaient un médicament à prendre tous les matins. Quelles sont les substances qui peuvent provoquer de telles réactions?

D'abord, l'une des plus classiques: la tétracycline. C'est un antibiotique que l'on prescrit très fréquemment dans le traitement de l'acné et qui fait souvent mauvais ménage avec le soleil. Voici l'un des pièges à éviter: chacun sait que le soleil est bénéfique pour les malades qui souffrent d'acné, et nous leurs conseillons toujours de s'y exposer le plus possible durant leurs vacances; toutefois, il ne faut jamais omettre de leur interdire l'absorption de tétracycline durant tout ce temps.

Une deuxième erreur que commettent souvent les gens consiste à prendre des antihistaminiques pour leur "allergie solaire". En effet, beaucoup de patients prennent un antihistaminique lorsqu'ils ont fait une réaction trop vive au soleil, sans savoir que l'administration d'antihistaminique en crème ou par la bouche risque fort d'aggraver davantage leur réaction de photosensibilité au soleil.

Une troisième cause fréquente de pigmentation anormale de la peau au soleil est l'usage de la "pilule". Un nombre croissant de femmes préfèrent actuellement ce type de contraception, mais elle n'est pas exempte d'effets secondaires. Elle entraîne parfois une pigmentation brun pâle du visage, principalement sur le front, les joues et les lèvres alors que le reste du visage garde une couleur normale.

Parmi les autres médicaments, signalons les antibiotiques, les calmants, les laxatifs qui sont de fait des produits qu'on utilise souvent, et qui peuvent entraîner une photosensibilité. Citons aussi pour mémoire la fameuse "pilule à bronzer" à base de carotène et de vitamine A qui avait pour seule particularité de permettre de reconnaître les personnes qui en consommaient à la couleur orangée, très spéciale, que prenaient les ailes du nez, la paume des mains et la plante des pieds.

Il ne faut pas oublier que nous sommes également soumis aux rayons solaires lorsque nous nous promenons dans des rues ensoleillées ou sur la plage.

Que faire pour protéger sa peau du soleil? Il faut en tout cas, appliquer des crèmes-écrans, sur toutes les parties découvertes, en n'oubliant pas qu'une crème solaire doit avoir le temps de pénétrer dans la peau. Il est donc indispensable de s'enduire de cette crème *avant* de quitter la maison et non, comme le font la plupart des gens, après avoir déployé tout l'attirail du parfait vacancier au bord de la plage ou de la piscine.

Le soleil peut cependant avoir des effets bénéfiques pour la peau, dans le cas du psoriasis par exemple, mais ce livre traitant de la médecine préventive, il était important d'insister surtout sur ses effets négatifs.

2. Les effets secondaires des crèmes corticoïdes sur la peau

On peut dire que la plupart des familles possèdent dans leur pharmacie, outre différents sparadraps et pansements, une véritable panoplie du parfait médecin amateur. Cela va des anti-douleurs, antinévralgiques, antirhumatismaux jusqu'au remède miracle que l'on ne trouve que dans un pays étranger. Le plus surprenant est que bien souvent on y garde différents médicaments dont on ne connaît plus l'usage ou qui sont périmés.

De plus, lorsqu'on interroge un malade sur sa maladie de peau actuelle, on se rend compte qu'il a toujours essayé, avec un résultat très relatif, toutes les crèmes et pommades qui se trouvaient dans sa pharmacie, ou qu'il possède un tube de pommade "passe-partout" qui sert absolument à tout ce qui peut apparaître sur la peau.

Or, il est dangereux d'utiliser n'importe quelle crème pour n'importe quelle maladie de la peau. Par exemple, une crème conçue pour un eczéma aigu sera inutile et même dangereuse si on l'applique sur un visage rempli d'acné, car on ne fera que jeter de l'huile sur le feu.

Le cas que nous constatons le plus fréquemment est celui des crèmes à la cortisone. La plupart des armoires à médicaments contiennent au moins un tube de crème à la cortisone. Il faut savoir que ces crèmes sont fort diverses et que certaines sont beaucoup plus puissantes que d'autres. Ces crèmes ont leurs indications, mais aussi de nombreuses contre-indications.

Une crème à la cortisone doit être prescrite pour certaines affections aiguës de la peau, mais il faut mettre le patient en garde contre ses dangers si on l'utilise à long terme. Les puissantes crèmes à la cortisone sont des extincteurs qui servent à conjurer très rapidement un incendie. Par contre, si on les utilise de façon prolongée, la peau en souffrira beaucoup, car ces crèmes ont des effets secondaires parfois très pénibles, le plus répandu étant l'apparition d'une atrophie cutanée dont l'importance varie en fonction de la fréquence d'application d'une part et de l'endroit où on l'a appliquée d'autre part. En effet, l'épaisseur de la peau varie selon les régions du corps. La peau de la paume des mains et de la plante des pieds est évidemment beaucoup plus épaisse que celle des paupières ou des plis du corps. N'oublions pas non plus que la peau du bébé est plus mince que celle de l'adulte. La quantité de cortisone absorbée sera donc plus forte dans les zones du corps où la peau est la plus mince.

L'atrophie de la peau est un remaniement qui se manifeste surtout par un amincissement et une perte d'élasticité de celle-ci, laquelle prendra un aspect lisse et parcheminé et une couleur variant du blanc ivoire au violacé. De plus, l'apparition d'ecchymoses sera beaucoup plus fréquente.

Une autre manifestation fréquente de l'abus de corticoïdes forts sur la peau est l'acné stéroïdienne. Il s'agit d'une affection très répandue du visage et du tronc. Si quelqu'un a de l'acné et utilise des crèmes à la cortisone pour la soigner, celle-ci évoluera fatalement vers l'acné stéroïdienne. En effet, n'oublions pas que l'acné est une maladie infectieuse de la peau et doit donc être traitée avec des antibiotiques locaux et généraux. Mais si l'on applique une crème à la cortisone, on ne fait qu'étouffer l'incendie; il reste malheureusement des braises ardentes et, lorsqu'on cessera d'utiliser cette crème, l'acné flambera de plus belle et sera de plus en plus difficile à soigner. Elle sera devenue *stéroïdienne*, c'est-à-dire dépendante de la cortisone, et l'on ne pourra plus briser ce cercle vicieux.

La cortisone est donc formellement contre-indiquée dans le traitement de l'acné.

L'infection de la peau est favorisée par l'application de cortisone sur celle-ci. Cette application est donc à éviter à tout prix dans toutes les maladies infectieuses de la peau, qu'elles soient d'origine virale comme le zona ou l'herpès, parasitaire comme la gale, ou mycosique, c'est-à-dire dues à un champignon comme la roue de sainte Catherine. Il n'est cependant pas rare de voir ces maladies traitées à tort par des pommades corticoïdes, ce qui entraînera des surinfections parfois très graves.

La cortisone retarde les phénomènes de cicatrisation. On voit des plaies, parfois même très superficielles, traitées à la cortisone qui a pour seul effet de surinfecter cette plaie et de l'empêcher de cicatriser convenablement.

Un ulcère à une jambe ne se fermera jamais si on le soigne à la cortisone, et pourtant, chaque année, plusieurs personnes sont traitées de cette manière.

Il arrive souvent que la coloration de la peau se modifie avec l'usage local des corticoïdes. La peau aura tendance à blanchir aux endroits où la crème a été appliquée. La photosensibilité de ces zones est fréquente et elles seront donc beaucoup plus accessibles à l'agression solaire. Nous y verrons également des espèces de petits capillaires très fins disposés en étoile.

Signalons en terminant que *la cortisone favorise l'apparition de vergetures et d'hyperpilosité sur les régions traitées.* N'oublions pas enfin que cette cortisone est absorbée par la peau et finira, si la quantité utilisée est importante, par causer des effets généraux comparables à ceux que l'on obtiendrait en la prenant par la bouche ou en injections.

3. Le cancer de la peau

Le cancer de la peau est une maladie assez fréquente mais, s'il est diagnostiqué et traité à temps, la plupart des cas peuvent être guéris définitivement. Il est donc très important d'attirer l'attention du lecteur sur certains signes prémonitoires et sur certains symptômes de cette maladie.

Voici d'abord une distinction entre les deux types les plus fréquents de cancers de la peau, les épithéliomas et les mélanomes malins.

1. **Les épithéliomas.** Ils sont habituellement divisés en deux groupes. D'abord, l'épithélioma baso-cellulaire: il s'agit d'un cancer de la peau qui débute par une ulcération, discrètement surélevée en périphérie, dont le fond est plus sombre que la peau. Il naît principalement sur le visage, avec une pré-

dilection pour le voisinage du nez mais sans exclure les autres parties et même le cuir chevelu. Il va s'étendre en profondeur et détruire de proche en proche, d'où l'importance d'agir le plus rapidement possible.

Ensuite, l'épithélioma spino-cellulaire: il a une structure différente lorsqu'on l'examine au microscope. Il survient plutôt sur une peau qui a déjà été altérée par des maladies précédentes (par exemple des cicatrices de brûlures ou des kératoses séniles). Il forme sur la peau une masse plus ou moins saillante qui s'ulcère et saigne facilement, et qui enverra rapidement des métastases dans le reste de l'organisme.

On ne peut nier l'action certaine du soleil comme facteur favorisant dans ces types de cancers de la peau. Et même si j'ai déjà parlé des effets maléfiques du soleil sur la peau, je désire revenir encore une fois sur ce sujet et recommander la plus grande prudence.

Ces cancers cutanés seront habituellement traités par une intervention chirurgicale. Certaines zones ou parfois la taille de certains cancers empêchent l'intervention chirurgicale et obligent alors à faire de la radiothérapie. Cela montre bien l'extrême importance de la précocité du diagnostic et du traitement afin d'obtenir un maximum de chances de guérison.

2. **Les mélanomes malins**. Ils sont, et de loin, les plus dangereux des cancers de la peau. Dans la plupart des cas, il s'agit de la dégénérescence maligne d'un grain de beauté appelé "naevus".

Les grains de beauté sont en fait des taches pigmentées qui existent à la naissance ou qui peuvent apparaître plus tard dans la vie. Leur couleur est très variable (du brun clair au plus foncé), de même que leur taille. Ils peuvent être plats ou avoir un certain relief. Dans tous les cas, toute manipulation excessive de ce grain de beauté est *formellement* interdite car on risque de le faire dégénérer en mélanome malin.

Quels sont donc les signes de dégénérescence cancéreuse d'un naevus? Ils sont au nombre de quatre:

— l'hémorragie du naevus est hautement suspecte. Si un grain de beauté se met à saigner, spontanément ou parce qu'on l'a accroché accidentellement, il faut être très prudent et consulter immédiatement le dermatologue afin de le faire ôter le plus rapidement possible;

— l'augmentation rapide de la taille d'un grain de beauté constitue un second signal d'alarme;

— le changement de couleur du naevus vers le noir est très inquiétant et exige une consultation immédiate chez le dermatologue;

— et enfin l'apparition d'une sorte d'anneau rougeâtre autour du grain de beauté devrait toujours éveiller l'attention.

Si l'on remarque un ou plusieurs de ces symptômes, il faut consulter immédiatement un médecin. Le seul traitement possible du naevus en voie de dégénérescence est chirurgical.

Il ne faut surtout pas perdre son temps et essayer différentes pommades, soi-disant "miracles", afin de retarder l'échéance de l'opération. Il ne faut pas non plus écouter ceux qui disent: "Si on ôte le grain de beauté, cela va devenir un cancer." C'est exactement le contraire qui va se passer, car si on le laisse en place, il va certainement dégénérer en mélanome malin.

La plus grande attention est donc nécessaire dans ce cas et il faut à tout prix échapper au piège du qu'en dira-t-on et des remèdes de grand-mère.

La médecine préventive joue un rôle dans bien d'autres domaines encore de la dermatologie. Nous nous sommes volontairement limité ici à trois problèmes, parce qu'ils sont fréquents, importants et parce que chacun d'entre nous peut y être confronté.

Il est indispensable de savoir que lorsque certains symptômes cutanés sont examinés à temps, une guérison est souvent possible et des drames peuvent ainsi être évités.

La prévention des maladies infectieuses et tropicales

Par le professeur P. Limbos[1]

---

1. Professeur de pathologie tropicale à l'Institut de médecine tropicale d'Anvers.

Introduction

Contrairement à une croyance fort répandue dans le public, les maladies tropicales ne sont pas liées directement à un climat particulier qualifié de tropical (chaleur excessive, humidité, etc.); mais dépendent avant tout de l'existence de "vecteurs[2]", ceux-ci sont variables d'après les régions envisagées, mais ce sont habituellement des "arthropodes", le plus souvent des insectes, qui s'infectent sur des "réservoirs de virus" et peuvent alors contaminer les personnes à leur portée, en leur inoculant certains organismes dont le développement chez l'homme entraîne l'apparition de maladies bien particulières. Le climat tropical n'intervient qu'indirectement, en permettant le développement des vecteurs ainsi que des animaux qui constituent éventuellement les réservoirs de virus.

Un autre facteur capital est constitué par le sous-développement, qui favorise, par ses divers aspects, la transmission de nombreuses maladies; interviennent notamment: le manque d'hygiène individuelle (corporelle ou vestimentaire) ou collective (promiscuité dans les habitations, absence ou insuffisance de latrines); la consommation d'eau souillée, par manque d'eau potable; la sous-alimentation; etc.

Le sous-développement s'est notablement accentué, dans beaucoup de régions tropicales, au cours des dernières décennies, par suite des événements politiques et des troubles

---

2. Vecteur: habituellement un arthropode (moustique, pou, etc.) susceptible de s'infecter sur un réservoir de virus, humain ou animal, et de transmettre ultérieurement la maladie à un homme sain.

sociaux, ainsi que de la disparition des services médicaux structurés qui y existaient auparavant; le risque de contracter des maladies lors d'un séjour, même très bref, en région tropicale, s'est donc notablement accru. Ce qui fait qu'on observe de plus en plus souvent, en Occident, des cas de maladies tropicales importées ("pathologie tropicale d'importation"); d'autant plus qu'un grand nombre de personnes, s'imaginent, bien à tort, que ces maladies appartenaient à la période colonialiste et ont donc actuellement disparu; au contraire, la plupart d'entre elles connaissent une recrudescence marquée.

Pour passer en revue les mesures à prendre afin d'éviter les maladies tropicales, la classification suivante sera adoptée:
— maladies transmises par voie digestive;
— maladies transmises par le contact avec le sol ou l'eau;
— maladies transmises par les arthropodes;
— maladies de la peau.

Maladies transmises par voie digestive

Il est capital de ne pas perdre de vue qu'en région tropicale l'eau à boire, si elle n'est pas bouillie ou filtrée, doit être a priori considérée comme impropre à la consommation, quelle que soit son apparence. Il est donc indispensable de ne boire l'eau de source ou de puits qu'après ébullition et filtration; chaque habitation devrait d'ailleurs être pourvue d'un filtre. En voyage, on se méfiera de l'eau servie dans les hôtels et on ne consommera que de l'eau provenant de bouteilles non encore débouchées; on ne mettra pas de blocs de glace dans les boissons.

Quant aux aliments solides, ils peuvent avoir été souillés par les mains des cuisiniers ou des serviteurs; ceux-ci peuvent être atteints de certaines affections digestives ou porteurs de microbes ou de parasites intestinaux sans guère présenter de symptômes ("porteurs de germes").

Dans la souillure possible de l'eau et des aliments, intervient en premier lieu le "péril fécal", c'est-à-dire, faute de latrines, la possibilité de contamination par les matières fécales déposées n'importe où — comme c'est la règle dans les régions rurales — et susceptibles d'entrer en contact, non seulement avec l'eau ou les aliments, mais aussi avec ceux qui les manipulent (rôle des mains sales). Le danger de souillure alimentaire est encore accru par l'habitude, dans beaucoup de régions tropicales et principalement en Asie, d'utiliser les matières fécales humaines comme engrais pour la culture.

Voici les principales maladies pouvant ainsi être contractées:

— Le *choléra*, qui est actuellement endémique, non seulement en Asie, mais également en Afrique; les épidémies sont habituellement d'origine hydrique, c'est-à-dire transmises par l'eau de consommation; les crudités — fruits et aliments crus — peuvent également être souillés par le vibrion cholérique, agent de la maladie.
La vaccination anticholérique est hautement recommandable, même si elle ne garantit pas une protection absolue; de toute façon, le sujet vacciné ne subira alors qu'une forme atténuée de la maladie. Cette vaccination nécessite deux injections, faites à une semaine d'intervalle; en cas de revaccination, une seule injection suffit.

— L'*amibiase* ou dysenterie amibienne se transmet surtout par les mains sales, souillées par les kystes d'amibe dysentérique, qui peuvent également persister dans la poussière du sol. L'eau joue un rôle moins important dans la transmission de cette maladie.

— Les *shigelloses* sont provoquées par des microbes appelés *Shigella* et portent ainsi le nom de dysenterie bacillaire; elles se transmettent de la même façon. En cas d'épidémie, un vaccin peut être préparé à partir des souches locales de *Shigella* en cause.

— Les *salmonelloses*, provoquées par des microbes appelés *salmonella* et au nombre desquelles figure la fièvre typhoïde, sont également transmises par l'eau et par les aliments; pour la plupart d'entre elles, le réservoir de virus est humain, mais aussi et surtout animal, n'importe quel animal pouvant être en cause, aussi bien domestique (poule, canard, bétail, etc.) que sauvage (rongeurs divers, carnivores, lézards, etc.): il s'agit là d'un vaste "réservoir de virus", impossible à contrôler. Pour la fièvre typhoïde, le rôle des "porteurs de germes", habituellement des malades guéris, est très important, surtout s'ils manipulent les aliments (cuisiniers, boys, etc.).

La vaccination T.A.B.C. (antityphoïdo-paratyphoïdique) est extrêmement recommandable avant tout séjour en région tropicale, les salmonelloses et notamment la fièvre typhoïde y étant encore très répandues.

— Différents vers intestinaux parasites peuvent également être transmis par l'eau et les aliments souillés contenant leurs oeufs ou d'autres formes parasitaires qui se développent ensuite chez l'homme.

— L'*hépatite virale A*, qui se contracte de la même façon, est beaucoup plus fréquente, et d'ailleurs souvent plus grave, dans les régions tropicales qu'en Occident; comme la période d'incubation peut être longue, les médecins en voient certains cas parfois aussi tard qu'en automne chez des gens qui ont passé leurs vacances en région tropicale (safari) ou dans des clubs de vacances.

— Les *taenias* (vers solitaires, dont il existe plusieurs variétés) se contractent beaucoup plus souvent, en région tropicale, en mangeant de la viande crue. D'où la nécessité de consommer toute viande, même de boucherie, bien cuite, car les contrôles vétérinaires ne sont qu'exceptionnellement pratiqués.

Maladies transmises par le contact avec le sol ou l'eau

Dans ces maladies, il ne s'agit plus de contamination par voie digestive, microbes ou parasites, mais bien de pénétration directe, à travers la peau, de certaines formes parasitaires.

Les principales maladies de ce type sont les suivantes:

— L'*ankylostomiase* se contracte habituellement en marchant pieds nus sur le sol humide, souillé par des selles contenant les oeufs du ver (*Ankylostoma duodenale* ou *Necator americanus*); c'est, avec l'*amibiase*, l'exemple le plus frappant du "péril fécal". Le port de chaussures et de vêtements protégeant les membres inférieurs est absolument indispensable; l'impossibilité, pour la plupart des habitants des régions tropicales rurales, de se vêtir de la sorte, explique qu'une grande partie d'entre eux soient atteints de cette parasitose.

— L'*anguillulose* ou *strongyloïdose* se contracte de la même façon et la prévention est la même.

— La *bilharziose* ou *schistosomiase*, qui peut être à localisation intestinale ou urinaire, est en relation étroite avec l'eau, dans laquelle se trouvent certains mollusques, qui servent d'hôtes intermédiaires au parasite. La contamination de ces mollusques se fait par les selles de malades; après diverses tranformations du parasite, l'homme est infecté, en se baignant, par des formes mobiles qui traversent la peau et se développent ensuite dans l'organisme.

Il faut donc s'abstenir rigoureusement de bains de rivière ou de lac en région tropicale, où même des piscines et des bassins de natation, prétendument bien surveillés, sont fréquemment contaminés, y compris dans les grands centres.

Maladies transmises par les arthropodes

Elles sont très importantes en région tropicale, où la chaleur et l'environnement (humidité, végétation, etc.) favorisent le développement d'innombrables bestioles inconnues ou rares en Occident, où elles ne trouvent habituellement pas les conditions voulues pour vivre et se reproduire.

— Le *paludisme* ou *malaria*, s'il a presque entièrement disparu des régions tempérées — en Belgique, au siècle dernier, on l'appelait la "fièvre des polders" — est encore actuellement quasi universel dans les régions tropicales, où il est transmis par la piqûre de moustiques particuliers, appelés anophèles, qui s'infectent eux-mêmes en piquant les autochtones de ces régions, particulièrement les enfants, souvent atteints à 100 pour 100.

Les anophèles pondent leurs oeufs dans les eaux stagnantes, et c'est pourquoi il est connu depuis l'Antiquité que le paludisme se rencontre surtout dans les régions marécageuses; mais, sous les tropiques, les conditions hydrographiques sont telles que les moustiques trouvent pratiquement partout les conditions qu'exige leur développement, même dans les grandes villes où, à l'heure actuelle, les services d'hygiène sont trop souvent insuffisants.

Les mesures générales de lutte contre les anophèles ne sont guère réalisables que dans les régions urbaines ou dans des régions rurales suffisamment développées; elles consistent en:
- l'assèchement des marais et la disparition des points d'eaux stagnantes;
- l'aménagement des habitations de type *mosquito proof*, c'est-à-dire avec toiles moustiquaires aux fenêtres et entrée spéciale;
- la destruction des anophèles par l'usage d'insecticides (DDT, etc.); leur emploi s'avère d'ailleurs fort efficace contre la plupart des maladies transmises par les insectes. Les mesures individuelles sont absolument indispensables;
- l'usage de moustiquaire de lit, car les anophèles piquent surtout la nuit;
- la chimio-prophylaxie; celle-ci est absolument nécessaire pour tous les Occidentaux se rendant en région tropicale, même pour une brève durée (voyage d'affaires, safari); faute de se conformer à cette mesure, le voyageur s'expose à contracter le paludisme, souvent grave et qui peut être mortel lorsqu'il se déclare après le retour au pays, car les médecins métropolitains connaissent généralement fort mal cette maladie, qu'ils prennent habituellement pour une grippe ou une hépatite virale.

La méthode prophylactique la plus recommandable actuellement est, pour les adultes, la prise *quotidienne* d'un comprimé de 100 mg de Nivaquine; pour les enfants, à des doses proportionelles au poids; il existe également un sirop de Nivaquine, bien accepté par les petits enfants.

Dans certaines régions, notamment l'Extrême-Orient et l'Amérique tropicale, les plasmodium, c'est-à-dire les parasites qui sont la cause du paludisme, résistent à l'action protectrice de la Nivaquine; il faut alors donner la préférence à d'autres produits, comme:

- le sulfate ou le chlorhydrate de quinine, pris à la dose de 500 mg par jour pour un adulte; ou
- le Fansidar, à la dose d'un comprimé par semaine.

Ces diverses chimio-prophylaxies doivent être commencées la veille de l'arrivée en région endémique et se poursuivre au moins trois semaines — de préférence quatre — après le retour.

— *La trypanosomiase africaine* ou *maladie du sommeil* ne se rencontre que dans certaines régions d'Afrique tropicale, car elle est transmise par la piqûre de glossines (mouches tsé-tsé), qui n'existent que dans ces régions et nulle part ailleurs dans le monde. Ces glossines s'infectent en piquant un malade atteint de trypanosomiase ou, plus rarement, certains réservoirs animaux, sauvages ou domestiques.

La prolifération des glossines, qui piquent surtout le jour, est favorisé par certains types de végétation (galeries forestières), dans lesquels l'homme est particulièrement exposé et où il n'est guère possible de lutter contre ces mouches.

Dans des circonstances très particulières où le danger de contracter la maladie est sérieux, on peut réaliser une chimio-prophylaxie, d'une durée de plusieurs mois, par l'injection intramusculaire de certains produits (Pentamidine), mais ce procédé ne peut être généralisé.

— *La fièvre jaune*, malgré son nom, ne se rencontre pas en Asie, mais seulement en Afrique — excepté l'Afrique du Nord et l'Afrique du Sud — et en Amérique tropicale; elle sévit, par épidémies, principalement dans les villes, car son virus est transmis par un moustique, l'*Aedes Aegypti*, qui vit dans les habitations ou dans leur voisinage en profitant des plus petits points d'eau pour y pondre. Tant que les services d'hygiène locaux sont assez efficaces pour veiller à la suppression de ces gîtes possibles, la maladie n'apparaît pas. L'usage de la moustiquaire ici aussi est indispensable. Il existe une vaccination (vaccination antiamarile), qui est valable dix ans.

— Les *arboviroses* sont des fièvres bénignes, variables d'après les régions, provoquées par des virus et transmises par diverses espèces de moustiques; leur prophylaxie se confond avec celle de la fièvre jaune et du paludisme. Il n'existe pas de vaccination.

— Les *filarioses*, dont il existe plusieurs variétés, sont également transmises par diverses espèces d'insectes; dans certaines régions tropicales, il n'est pratiquement pas possible d'y échapper.

— La *leishmaniose viscérale (Kala-azar)* et la *leishmaniose cutanée* (bouton d'Orient) ne se rencontrent pas seulement dans les régions tropicales, mais encore dans tout le bassin méditerranéen (Afrique du Nord et pays du sud de l'Europe); elles sont transmises par la piqûre d'insectes appelés phlébotomes. L'usage des insecticides, quoique dirigé avant tout vers la lutte antipaludique, les a presque entièrement fait disparaître de plusieurs régions européennes (Italie du Sud, Sicile, Portugal).

— La *peste* est primitivement une maladie des rongeurs, surtout des rats, transmise occasionnellement à l'homme par la piqûre des puces et, exceptionnellement, par la salive ou l'expectoration d'un pesteux atteint d'une localisation pulmonaire. La lutte contre les rats est dans ce cas d'une importance primordiale. La vaccination n'est indiquée que dans certaines circonstances (lors d'épidémies importantes, pour le personnel médical).

— Les *fièvres récurrentes* sont transmises, du moins certaines d'entre elles, par les poux, ce qui explique qu'elles soient fréquentes dans des circonstances particulières où il est impossible de maintenir une hygiène corporelle satisfaisante (guerres, grandes catastrophes, comme les inondations, les tremblements de terre, etc.). D'autres variétés de cette maladie sont transmises par des tiques, qui vivent surtout dans les crevasses du sol et les fentes des murs des habitations en matériaux provisoires, comme on les rencontre habituellement sous les tropiques.

— Les *rickettsioses*, dont il existe de nombreuses variétés, sont transmises par divers insectes et, pour le typhus exanthématique, par les poux; on rencontre donc cette dernière maladie dans les mêmes circonstances que la fièvre récurrente à poux. À côté de l'hygiène individuelle, l'usage d'insecticides est très efficace.

Maladies de la peau

En raison du manque d'hygiène et du sous-développement, les maladies d'aspect dermatologique sont infiniment plus fréquentes et souvent plus graves sous les tropiques que dans nos régions; ici intervient le climat tropical proprement dit, par la chaleur (transpiration) et l'humidité.

Toutes les dermatoses infectieuses (pyodermites, ecthyma, furoncles, anthrax, ulcères) y sont couramment observées, de même que les *mycoses* (maladies de la peau provoquées par les champignons microscopiques); la *bourbouille* (éruption cutanée s'accompagnant de fortes démangeaisons et provoquée par une transpiration excessive) est presque inévitable sous certains climats et en certaines saisons.

En marchant pieds nus sur le sol sec, on contracte fréquemment la *puce chique* ou *djique*, qui pénètre sous la peau, surtout sous les orteils ou dans la plante du pied, d'où il faut alors l'extraire.

La peau étant donc particulièrement vulnérable sous les tropiques, si la climatisation des habitations est fort souhaitable, la plus grande attention doit être accordée à l'hygiène individuelle: bain quotidien ou biquotidien, changement fréquent de vêtements, désinfection soigneuse de toute plaie et blessure, si minime soit-elle, contacts aussi réduits que possible avec les autochtones.

Signalons en passant l'extrême fréquence des maladies vénériennes, chez les deux sexes, en régions tropicales.

Dans le même ordre d'idée, il faut rappeler que la lèpre existe toujours dans ces régions tropicales, où elle peut atteindre un pourcentage appréciable de la population, quoique, contrairement à un préjugé très répandu, elle ne soit que peu contagieuse: seuls les lépreux atteints de la forme lépromateuse — et ils ne représentent qu'un malade sur six ou sept — sont en pratique contagieux et devraient être isolés jusqu'à ce que le traitement, actuellement très efficace dans cette maladie, les rende inoffensifs.

Ici aussi, une bonne hygiène corporelle et des contacts aussi réduits que possible avec les populations locales sont indispensables.

Glossaire

Arthropodes: embranchement zoologique comprenant les insectes, les poux, les tiques, etc., dont le climat tropical favorise la pullulation et qui transmettent de nombreuses maladies tropicales.

Pathologie tropicale d'importation: on observe de plus en plus souvent, notamment en Belgique, des maladies tropicales contractées outre-mer, soit par des autochtones de ces régions, soit par des visiteurs y ayant effectué un séjour, même très bref.

Péril fécal: danger constitué par la contamination possible par les selles contenant des parasites ou des oeufs de parasites susceptibles de se développer chez l'homme. L'absence ou l'insuffisance des latrines en région tropicale, entraînant la souillure du sol et des mains, en est la cause principale.

Porteur de germes: individu qui, sans paraître lui-même malade, héberge, souvent dans son tube digestif, un microbe, un virus ou un parasite susceptible de contaminer une autre personne.

Réservoir de virus: homme malade (par exemple dans la malaria, la trypanosomiase, la lèpre, etc.) ou animal (par exemple dans la peste, certaines salmonelloses, etc.) porteur de certaines formes parasitaires, microbiennes ou virales, et sur lequel peut s'infecter un vecteur.

La prévention des maladies infectieuses et parasitaires

Par le professeur P. Limbos

Cette section sera courte, car les maladies infectieuses de l'enfance sont exposées par le Dr J.-P. Walthery, la tuberculose par le Dr R. Mannes, et un certain nombre de maladies devenues rares dans nos régions sont vues au chapitre des maladies tropicales.

Maladies transmises par voie digestive

L'hépatite virale A: se transmet quand les excréta (selles, urines, sécrétions naso-pharyngées) du malade arrivent au contact des voies digestives de l'entourage. Ces excreta devront donc être désinfectés.

L'hépatite virale B (à antigène australien) se transmet par le sang de malades ou de porteurs de virus, à l'occasion de transfusions ou d'injections médicamenteuses, au moyen d'aiguilles ou de seringues ayant déjà servi. Dans les régions tropicales, s'y ajoutent certaines pratiques rituelles et les piqûres des innombrables insectes.

Pour éviter cette variété d'hépatite, il ne faut utiliser qu'une seule fois, pour les injections, les aiguilles et les seringues, qui seront jetées après usage. Les porteurs de l'antigène dit "australien" ne peuvent être donneurs pour les transfusions.

L'injection prophylactique de gamma-globulines spécifiques accorderait une certaine protection contre ces deux variétés d'hépatite, mais sa valeur est encore fort controversée. Il existe depuis peu un vaccin efficace contre l'hépatite B (trois injections à un mois d'intervalle) mais il est fort coûteux et on le réserve encore généralement au personnel à risque (services de transfusion sanguine ou de dialyse).

Les *brucelloses* (fièvres ondulantes) sont des maladies du bétail, transmises à l'homme par le lait ou le fromage de chèvres infectées, plus rarement par le lait de vache, ainsi que par le contact avec le délivre (placenta) de vaches atteintes d'avortement épizootique. Il s'agit donc souvent d'une maladie professionnelle (vétérinaires, bergers, bouviers) qui peut atteindre également les consommateurs de lait non bouilli ou non pasteurisé, ainsi que de fromage de chèvre préparé de façon artisanale, comme c'est souvent le cas dans les régions méditerranéennes.

Les *leptospiroses* se contractent au contact de l'eau ou de la boue souillées par les déjections de rats infectés, qui contaminent les mains ou les aliments. C'est souvent dans nos pays une maladie atteignant les personnes venant par leur profession au contact des rats, comme les égoutiers, les travailleurs d'abattoir, etc. Les bains de rivières ou de canaux peuvent également être à l'origine de l'infection, soit par voie digestive, soit par les excoriations de la peau.

La *toxoplasmose*, dont 50 à 80 pour 100 de la population a été atteinte dans nos régions sans en souffrir notablement (formes inapparentes), est transmise par l'intermédiaire des viandes crues ou par contact domestique avec le chat. Les précautions d'usage doivent être prises pendant la grossesse, car la maladie peut provoquer des altérations graves chez le fœtus (forme congénitale).

Le *botulisme* est un empoisonnement par une toxine extrêmement active, provenant d'un microbe qui se développe dans des conserves insuffisamment stérilisées et habituellement de fabrication domestique, plus rarement préparées en usine. D'autres intoxications peuvent provenir du développement de divers microbes dans les conserves; les boîtes "bombées" — ce qui témoigne de la production de gaz par certains germes — sont toujours impropres à la consommation.

La *distomatose hépatique* se contracte en mangeant du cresson infecté par certaines formes parasitaires de la douve *fasciola hepatica*, parasite très fréquent du mouton, qui en évacue les oeufs par ses déjections.

Cette parasitose est devenue beaucoup plus fréquente ces dernières années par suite de l'existence de nombreuses cressonnières privées, et infectées par les troupeaux de moutons vivant à proximité immédiate.

Maladies transmises par voie aérienne

Ce groupe de maladies se transmet par les expectorations, les particules de salive ou les sécrétions nasopharyngées d'un malade. Une protection élémentaire sera donc assurée en isolant les sujets atteints et en fournissant éventuellement un habillement particulier (blouse, gants, masque, etc.) à ceux qui les approchent ou les soignent.

La *grippe* est extrêmement contagieuse et peut être fort grave chez des sujets âgés ou déjà affaiblis; pour ces personnes la vaccination antigrippale spécifique, c'est-à-dire faite par un vaccin efficace contre le virus provoquant l'épidémie en cause, est indiquée.

La *pneumococcie* peut produire soit une pneumonie, soit une infection généralisée (septicémie); seules les mesures d'isolement des malades et éventuellement d'hygiène générale s'avèrent utiles, la vaccination étant le plus souvent inefficace.

La *méningococcie* se manifeste surtout sous forme de méningite épidémique, dans des collectivités (internats, écoles, prisons, etc.); les porteurs sains de méningocoques dans le rhino-pharynx doivent être recherchés et traités; il existe une vaccination efficace; on peut éventuellement recourir à la chimio-prophylaxie par les sulfamides, notamment après un contact avec un malade ou un suspect, qui doivent bien entendu être isolés.

La *psittacose* se transmet par les gouttelettes qu'émettent les perroquets, perruches, kakatoès atteints de la maladie et par morsures ou contact direct de ces animaux. Dans beaucoup de pays, l'importation de volatiles d'origine exotique est, à juste titre, interdite et les élevages soigneusement contrôlés;

on se méfiera toujours d'une maladie grave survenant chez ces oiseaux d'appartement et qui peut être la psittacose; l'avis d'un vétérinaire sera alors demandé.

Maladies transmises par la peau ou les muqueuses

La *variole* est extrêmement contagieuse, à tous les stades de la maladie, mais surtout à la phase d'éruption. Outre la contagion directe, par voie aérienne ou par la peau, la maladie peut se transmettre indirectement, par des linges ou des objets souillés, car le virus persiste assez longtemps en milieu extérieur.

La vaccination antivariolique confère une protection efficace pour plusieurs années. La plupart des médecins qui ont vu les terribles épidémies de variole survenir en région tropicale, parmi des populations non vaccinées, ne sont pas convaincus de son éradication, malgré les cris de victoire de l'Organisation mondiale de la santé et continuent à préconiser la vaccination antivariolique, dont les inconvénients ont été fort exagérés.

Le *tétanos* se contracte au contact de la terre souillée par les déjections d'animaux (notamment des chevaux ou, en région tropicale, des buffles), particulièrement à travers une plaie, si minime soit-elle; ce qui explique l'apparition de la maladie, non seulement après des blessures graves (guerre, accidents), mais également après de petites plaies, si celles-ci viennent en contact avec la terre, et doivent par conséquent être toujours soigneusement désinfectées.

Il existe une vaccination très efficace, hautement recommandable au cours de l'enfance et qui nécessite des injections de rappel périodiques.

Une de ces injections de rappel est indispensable, chez les vaccinés, après toute plaie suspecte, notamment chez les sujets venant en contact avec la terre (jardiniers, cultivateurs, etc.) ou avec des animaux (personnel de laboratoire, cavaliers, etc.).

La *rage* est transmise à l'homme par la morsure ou le contact avec la salive d'animaux infectés; actuellement, dans notre pays, c'est le renard qui constitue le principal réservoir de virus et non plus le chien, comme autrefois; mais la maladie peut être transmise par la morsure de n'importe quel mammifère (cheval, vache, loup, etc.).

Il faut donc s'abstenir de tout contact avec des animaux paraissant malades, surtout s'ils sont agressifs.

Il existe une vaccination contre la rage, recommandée aux personnes particulièrement exposées, notamment les vétérinaires. Tout sujet suspect d'avoir été contaminé doit s'adresser à l'Institut Pasteur le plus proche, où les mesures nécessaires seront prises. La vaccination antirabique des animaux domestiques, notamment du chien, est hautement recommandée; il faut s'adresser pour cela à un vétérinaire.

Les *septicémies* sont des infections généralisées de l'organisme, qui peuvent être produites par de nombreux microbes et dont les points de départ peuvent être très variés (plaies, infections de divers organes, interventions instrumentales ou chirurgicales septiques, etc.) Leur prévention nécessite donc le traitement approprié de toutes les infections, superficielles ou profondes, sans abus des antibiotiques, dont l'usage excessif peut sélectionner certains microbes et favoriser ainsi l'apparition des septicémies. Dans les hôpitaux, milieu particulièrement infecté, la plus grande asepsie est donc de rigueur, non seulement pour les opérations chirurgicales importantes, mais également pour toutes les interventions mineures (sondages, prélèvements, pansements, etc.).

La prévention des maladies chez l'enfant

Par le docteur J.P. Walthery

La médecine contemporaine met de plus en plus l'accent sur la prévention des dommages de toutes sortes que peut subir un enfant. Il s'agit d'éviter des catastrophes dont le coût individuel et collectif est de mieux en mieux connu tant sur le plan économique que sur le plan affectif. Dans ce but, nous allons passer en revue les mesures préventives à prendre dans des domaines très divers: accidents à domicile, troubles de la nutrition, résistance défectueuse contre l'infection, manifestations allergiques, maladies héréditaires, maladies contagieuses.

La prévention des accidents à domicile

Le foyer familial est un lieu où la plus grande vigilance s'impose vu la multiplication des gadgets de plus en plus perfectionnés. Tout comme une maladie infectieuse, l'accident met en jeu:
— un "agent" d'agression: médicament, produit toxique, coup de chaleur, brûlure, chute, etc.;
— un sujet récepteur avec ses particularités psychologiques. Le groupe d'âge de un à deux ans est le plus vulnérable, à cause de la curiosité, de l'attrait du défendu, de l'agilité surprenante, de la tendance à porter tout à la bouche caractéristiques de cette période;
— un environnement matériel particulier: danger de l'exiguïté des habitats avec des objets à la portée de l'enfant;
— un climat psychologique: la mère "craintive", par exemple, empêche l'enfant de prendre conscience des risques.

En pratique:
— une armoire à médicaments hors d'atteinte des enfants est indispensable;
— il est souhaitable que les comprimés soient vendus dans un conditionnement unitaire sous plaquette: l'enfant n'a pas l'occasion d'avaler rapidement de nombreux comprimés;
— pour les produits d'entretien (surtout les caustiques à base de soude, entreposés à la cuisine), il faudrait adopter des fermetures de protection avec des bouchons difficiles à ouvrir par les enfants.

La prévention des troubles nutritifs

L'allaitement maternel est à encourager au moins pendant les deux premiers mois de la vie. Le lait de femme est mieux digéré par le nourrisson que le lait de vache (équilibre parfait des nutriments). Il contient des anticorps actifs contre certains virus responsables de troubles digestifs; la vraie diarrhée est rare chez l'enfant nourri au sein. À défaut de lait maternel, il convient d'utiliser un lait humain dont la composition est très proche du lait maternel. L'administration quotidienne d'au moins 400 unités de vitamine D prévient le rachitisme. Chez l'enfant plus grand, diverses erreurs alimentaires sont à éviter:
— l'excès de calories (les spectateurs de télé grignotent souvent entre les repas) conduit à l'obésité;
— une consommation insuffisante en fruits et en légumes entraîne de la constipation par manque de cellulose;
— l'abus de sucres à résorption rapide (sucre, miel, chocolat, coca, confiture, etc.) favorise l'obésité et le diabète (par surmenage du pancréas); il est préférable de s'en tenir aux sucres à absorption lente, contenus dans le pain, les pommes de terre et les légumes;
— l'excès de sel (nous absorbons quatre fois plus de sodium que nécessaire) prédispose à l'hypertension. À table, l'usage de la salière serait à prohiber. Des repas pour bébés sans adjonction de sel existent dans le commerce;
— les graisses polyinsaturées (par exemple les huiles de maïs,

tournesol, soja) doivent constituer le tiers environ de la ration lipidique totale. Il convient de limiter l'adjonction de corps gras dans la préparation des aliments (éviter les fritures, choisir des modes de cuisson adéquats: grillades, cuisson au four sans graisse ajoutée);

— 25 pour 100 des besoins caloriques doivent être couverts par le petit déjeuner qui doit contenir des protéines animales (lait, fromage, jambon). Ceci assure un meilleur rendement intellectuel et physique.

Il serait bon d'habituer l'enfant à préférer les aliments sans colorants, car beaucoup d'additifs sont allergisants ou cancérogènes.

La plupart des diarrhées aiguës chez le nourrisson et l'enfant sont d'origine virale. La surveillance de l'état d'hydratation est capitale au départ; une réhydratation par voie veineuse peut s'imposer. On prescrit souvent un régime sans lactose pendant quelque temps. Les antibiotiques ne sont indiqués qu'en cas d'entérite à germe pathogène confirmée par une culture de selles avec antibiogramme. Les antiseptiques intestinaux et les inhibiteurs de la motilité intestinale ne comportent pas d'intérêt réel.

La prévention en immuno-allergologie

L'immunité est l'ensemble des moyens destinés à conserver l'intégrité d'un organisme vis-à-vis des dangers extérieurs (par exemple les virus, microbes, parasites, cellules cancéreuses, etc.). Dans la résistance contre l'infection, l'individu dispose de moyens spécifiques, à savoir une immunité cellulaire et humorale. L'immunité cellulaire — relativement bien développée à la naissance — dépend de certains lymphocytes (globules blancs dérivés du thymus) et permet la guérison finale de la plupart des infections virales et à champignons. L'immunité humorale (sanguine) dépend de la présence d'anticorps sécrétés dans le sang par une autre variété de lymphocytes. Ces anticorps sont actifs contre les microbes et les virus.

Le bébé né à terme ne possède que des anticorps d'origine maternelle. Le nourrisson présente vers 5-6 mois ses taux les plus bas d'anticorps à cause de la disparition des anticorps maternels et d'une insuffisance de synthèse de ses propres anticorps. S'il vit en collectivité, il peut présenter pendant de nombreux mois des épisodes fébriles avec atteinte des voies respiratoires et parfois digestives. C'est une véritable maladie d'adaptation transitoire qui peut être atténuée à l'aide d'injections d'anticorps (une piqure de gammaglobuline toutes les trois semaines pendant quelques mois).

L'*individu allergique* réagit avec exagération en présence de nombreuses substances pouvant pénétrer dans l'organisme par la respiration, l'alimentation ou la peau. Il produit des anticorps allergiques qui se fixent sur certaines cellules et provoquent la libération de substances comme l'histamine quand ils se lient à des allergènes (pollen, poussière, poils d'animaux, etc.). L'histamine rétrécit le calibre des bronches (tendance à l'asthme) et dilate les vaisseaux (d'où fuite d'eau et constitution d'oedèmes).

Dix pour 100 des enfants présentent une réaction allergique à un moment de leur existence. Les manifestations allergiques peuvent être cutanées (eczéma, urticaire), respiratoires (rhume des foins, asthme) ou générales. L'allergie est héréditaire: si les deux parents sont allergiques, le risque pour la descendance se situe entre 40 et 70 pour 100 alors qu'il n'est que de 30 à 50 pour 100 si un seul des parents est allergique.

Chez le jeune enfant, 85 pour 100 des allergies sont d'origine alimentaire. Les aliments le plus souvent incriminés sont le lait de vache, le blanc d'oeuf, le chocolat et ses dérivés, la viande de porc, le poisson et les crustacés. On peut être allergique à l'aliment lui-même ou à des constituants qui lui sont étrangers (par exemple, colorant comme la tartrazine, pénicilline). Un régime d'élimination s'impose durant quelques mois, suivi d'une réintroduction prudente du ou des aliments responsables de l'allergie. Les bébés dont les parents sont allergiques devraient être nourris au lait maternel les premiers mois de leur vie.

Chez les enfants de deux ans environ, les acariens (insectes dont la taille est voisine du quart de millimètre) — contenus dans la poussière de maison sont responsables de plus de 50 pour 100 des troubles allergiques respiratoires (rhinite chronique, trachéite et asthme) pendant la mauvaise saison. Ces acariens se développent en automne et en hiver:
— avec une prédilection en basse altitude — dans les maisons humides et surchauffées où ils trouvent un maximum de nourriture dans la literie.

Pour prévenir l'asthme allergique à la poussière, un certain nombre de mesures s'imposent:
— proscrire le chauffage à air soufflé car il propulse les poussières dans toute l'habitation;
— ne pas dépasser 20°C avec un degré hygrométrique se situant entre 40 et 55 pour 100. Éviter les taches d'humidité car les moisissures deviennent avec le temps des allergènes importants;
— s'assurer que les murs soient recouverts de matière lavable; choisir comme revêtement de sol le vinyle, le pavement ou le bois;
— préférer un lit en métal ou en bois; des draps de lit en matière synthétique, des couvertures en dralon, un matelas de mousse;
— supprimer les tapis et les couvertures en laine, les rideaux épais, les plumes, crins et kapok ainsi que les animaux en peluche; aérer la literie, aspirer régulièrement le matelas, en dehors de la chambre;
— installer un mobilier simple, sans accumulation d'objets poussiéreux;
— traiter périodiquement la literie avec un produit (par exemple Paragerm AK), tuant les acariens et rendant ainsi la literie moins allergisante;
— s'abstenir d'acquérir des animaux domestiques (chien, chat, lapin, cobaye, hamster, oiseaux en cage).

La désensibilisation constitue le traitement spécifique de l'allergie respiratoire. Son principe consiste à injecter des doses croissantes d'allergènes (par exemple un mélange de poussière et d'acariens) auxquels l'enfant est sensibilisé.

Ceci permet la formation d'anticorps bloquants empêchant l'union des anticorps allergiques avec l'allergène. Il y a alors absence de libération d'histamine par les cellules (donc absence de rétrécissement des bronches). En attendant que la désensibilisation agisse, on peut aider l'asthmatique avec des produits qui dilatent les bronches ou qui inhibent la libération d'histamine.

Chez l'enfant plus âgé, le pollen des graminées est responsable — à la fin du printemps et au début de l'été — du rhume des foins ou pollinose (pouvant parfois s'accompagner d'asthme), surtout quand il fait sec et venteux. La pollinose atteint de préférence les citadins fragilisés par la pollution atmosphérique des villes. Le "pollinique" s'abstiendra de tondre les pelouses et se lavera fréquemment les cheveux qui, remplis de pollen, ensemencent l'oreiller. La fermeture des fenêtres de la chambre à coucher s'impose en période de pollinisation. La désensibilisation au pollen entraîne la guérison dans 80 pour 100 des cas après 5 ans de soins.

Certains enfants sont allergiques aux piqûres d'insectes (abeille, guêpe, frelon et bourdon). Il y a trois fois plus d'accidents mortels causés par les insectes piqueurs (insuffisance circulatoire avec choc) que par les morsures de serpents. La seule prophylaxie efficace est la désensibilisation spécifique à l'aide d'extraits ou de venin d'insectes. L'enfant doit avoir constamment à sa disposition en période exposée (l'été) une trousse d'urgence (avec une seringue préchargée en cortisone et en adrénaline).

De nombreux produits appliqués régulièrement sur la peau sont susceptibles d'entraîner des réactions allergiques de contact. Par exemple, le sulfate de nickel des boucles d'oreille peut causer un eczéma des lobes de l'oreille, certains rouges à lèvre un eczéma des lèvres, les déodorants et les antitranspirants un eczéma des aisselles. La pommade au phenergan (très allergisante) doit être proscrite.

Tous les médicaments (sans oublier les additifs qui y sont contenus) peuvent entraîner des réactions allergiques (réactions cutanées, asthme, choc, etc.).

On peut arriver actuellement à un diagnostic très précis de l'allergie par l'étude des antécédents familiaux et personnels, par des tests cutanés et sanguins et par des tests de provocation.

La "civilisation" est un des facteurs aggravants de l'allergie. La pollution de l'athmosphère (fumées industrielles, tabac, gaz d'échappement des voitures) et la "contamination" alimentaire (gélifiants, stabilisants, colorants, etc.) favorisent les réactions allergiques.

Génétique et prévention des maladies héréditaires

La génétique étudie les phénomènes d'hérédité. L'ADN — acide désoxyribonucléique, contenu dans les 23 paires de chromosomes humains — entre dans la constitution du gène ou facteur héréditaire. L'ADN est capable de traverser un nombre élevé de divisions cellulaires sans modifier son action: la formation de protéines dont beaucoup sont des enzymes indispensables aux réactions du métabolisme de l'être vivant. Le gène peut subir une modification de sa structure chimique appelée mutation. Le gène muté (entraînant éventuellement la formation d'une enzyme différente) se reproduit aussi avec une remarquable stabilité, causant une maladie métabolique héréditaire.

Maladies génétiques

On connaît trois types principaux de désordres génétiques: les défauts monofactoriels, les aberrations chromosomiques et les caractères multifactoriels.

Les *défauts monofactoriels* sont dus à la mutation d'un gène. Le gène muté peut se situer sur un chromosome ordinaire ou sexuel. La *mucoviscidose* (qui touche 1 enfant sur 2000) se caractérise par des sécrétions muqueuses trop visqueuses entraînant des troubles digestifs (selles anormales par leur volume et leur quantité) et des infections respiratoires à répétition. En dépit de l'absence d'un traitement radical, s'impose un dépistage national néo-natal (par la mise en évidence d'un excès d'albumine dans les selles du nouveau-né). Le traitement précoce de l'affection (kinésithérapie, aérosols fluidifiant le mucus, antibiotiques, etc.) allonge considérablement l'espérance de vie. Le nouveau-né atteint de *phénylcétonurie* (1 cas sur 15 000 naissances) ne peut pas transformer la phénylalanine (un acide aminé de l'alimentation) en d'autres composés. L'excès de phénylalanine lèse à la longue le cerveau. Le pronostic mental dépend de la précocité d'application du régime pauvre en phénylalanine. Le dépistage précoce se fait sur quelques gouttes de sang prélevé au cinquième jour de la vie. On dose par la même occasion l'hormone thyroïdienne, car un déficit de la *thyroïde* méconnu à la naissance entraîne un retard mental irréversible.

On est parfois amené à soupçonner chez certains bébés — au cours des premières semaines de vie — une galactosémie ou une fructosémie (maladies où le galactose et le fructose ne sont pas correctement métabolisés). Un régime sans galactose ou sans fructose protège le bébé contre les conséquences nocives de sa déficience enzymatique.

Les affections précédentes sont causées par des gènes situés sur les chromosomes ordinaires. Les gènes pathologiques situés sur le chromosome sexuel X sont responsables de maladies pratiquement limitées aux hommes. Dans l'hémophilie classique, le sang ne coagule pas normalement. Les hémorragies internes (éventuellement mortelles) peuvent provoquer des manifestations articulaires graves. Le daltonisme consiste en une mauvaise vision des couleurs. La maladie de Duchenne (c'est une affection des muscles) ne se manifeste que lorsque le garçon se met à marcher et est fatale vers vingt ans. Pour l'hémophilie et la maladie de Duchenne, le conseil génétique est important. Si une fille conductrice (c'est-à-dire qui porte le gène pathologique sans en souffrir) épouse un homme normal, la descendance théorique s'établit comme suit: filles: 50 pour 100 de normales et 50 pour 100 de conductrices; garçons: 50 pour 100 de normaux et 50 pour 100 de malades. Pour ces deux dernières maladies, la stérilisation, la contraception, le diagnostic prénatal du sexe (par amniocentèse) ou l'insémination artificielle sont des options que les parents devraient considérer.

Les *aberrations chromosomiques* portent sur 0,7 pour 100 des naissances et sur 1/3 des avortements au cours du premier trimestre de la grossesse. La plus connue est le mongolisme (1 cas sur 600 naissances) où un excès de chromosomes (47 au lieu de 46) est responsable des symptômes: crâne petit, fentes palpébrales obliques, mains carrées avec pli transverse unique, faible quotient intellectuel, sensibilité aux infections, etc. Les maternités tardives augmentent le risque de mongolisme: avant 30 ans, le risque est de 0,04 pour 100; vers 40 ans, le risque est de 3,15 pour 100. Dans certaines familles, le mongolisme est héréditaire. Le dépistage prénatal est à conseiller aux femmes enceintes âgées et à celles ayant déjà eu un enfant mongolien.

Les caractères multifactoriels dépendent d'un nombre important de gènes qui agissent en interaction avec le milieu; ils ne présentent pas l'aspect héréditaire franc des caractères monofactoriels. Le sexe et la race peuvent y jouer un rôle. Une luxation congénitale de la hanche (plus fréquente chez les filles) dépistée à la naissance ne nécessite qu'une simple "attelle d'abduction"; découverte plus tardivement, elle exige un traitement orthopédique complexe et coûteux. Le pied bot doit aussi être traité dès le début de la vie. La sténose du pylore — qui se rencontre surtout chez les garçons — provoque des vomissements à partir de la troisième semaine de la vie. Le bec de lièvre a une fréquence très variable selon les races (1 sur 1000 chez les Blancs, 0,4 pour 1000 chez les Américains noirs).

Vaccinations et prévention des maladies infectieuses

Les vaccinations constituent des mesures de prévention à prendre aussi bien en présence qu'en l'absence de maladies transmissibles. Nous proposons ci-dessous un calendrier de vaccinations applicable à presque tous les enfants.

Âge	Vaccins
3 mois	Première dose orale polio
	Première injection du vaccin triple diphtérie-tétanos-coqueluche
4 mois	Deuxième injection du vaccin triple D.T.C.
5 mois	Deuxième dose orale polio
	Troisième injection du vaccin triple D.T.C.
13 mois	Troisième dose orale polio
	Premier rappel diphtérie-tétanos
15 mois	Vaccin rougeole (en injection)
5 ans	Rappel vaccin polio
	Deuxième rappel diphtérie-tétanos
10-11 ans	Vaccin rubéole chez les filles (en injection)
	Vaccin oreillons éventuellement chez les garçons
	Rappel vaccin polio
	Troisième rappel diphtérie-tétanos
	Rappel polio recommandé tous les 6 ans
	Rappel tétanos tous les 5 ans.

Vaccinations contre les maladies virales

La *poliomyélite* débute comme un syndrome grippal suivi éventuellement de paralysies flasques accompagnées parfois de graves troubles respiratoires nécessitant la mise sous respirateur artificiel. La maladie laisse toujours des séquelles. Des statistiques anglaises fixent à 1 cas sur 4,5 millions de doses la fréquence des accidents du genre "polio paralytique" après la prise du vaccin vivant atténué. Ces risques sont donc extrêmement faibles comparés au bénéfice considérable d'une vaccination qui promet la disparition de la maladie.

Le *virus de la rougeole* cause 1 encéphalite sur 1500 cas. Le virus atténué (vaccin) est responsable de 1 encéphalite sur 2 millions de doses. Il est conseillé de vacciner contre la rougeole vers 15 mois pour éviter l'interférence avec les anticorps maternels. En cas d'épidémie ou de contagion, on peut vacciner à partir de 6 mois, mais la revaccination vers 15 mois s'impose. L'évolution de la rougeole est souvent dramatique dans les pays sous-développés à cause des surinfections microbiennes chez des enfants mal nourris présentant des altérations des muqueuses respiratoires et des troubles de l'immunité.

Le *virus de la rubéole* peut entraîner des malformations chez le foetus (malformations oculaires, cardiaques, surdité, etc.). Le risque est d'autant plus élevé que la rubéole a été plus précoce pendant la grossesse (surtout les trois premiers mois). La vaccination est recommandée chez les adolescentes de 11 à 12 ans où la possibilité de grossesse est pratiquement nulle.

Le *virus des oreillons* cause parfois une inflammation des testicules après la puberté, avec risque de stérilité. Il est souhaitable de vacciner les garçons qui n'ont pas souffert des oreillons vers 10-11 ans.

La *variole* a un taux de mortalité variant entre 10 et 30 pour 100. En 1967, 9000 personnes, au moins, mouraient encore de cette maladie. Maintenant que l'éradication mondiale de la variole est pratiquement confirmée, le risque de complications graves après vaccination (1 encéphalite sur 50 000 vaccins) est devenu beaucoup plus sérieux que la menace de cas de variole; aussi, la généralisation de cette vaccination ne s'impose-t-elle plus. Un certain taux d'immunité devrait être maintenu dans la population (en faisant des rappels de vaccin chez les anciens vaccinés) pour quelques années encore. Le maintien d'un stock de vaccins (5 à 10 millions de doses) constitue une saine précaution.

La *vaccination contre la grippe* est recommandée pour les enfants fragiles souffrant de mucoviscidose, d'asthme, d'affections cardio-pulmonaires chroniques, etc. La meilleure période de vaccination — en dehors de celle des épidémies — est l'automne. L'efficacité inconstante du vaccin provient des variations antigéniques du virus grippal.

Le *virus de la rage* cause une encéphalite toujours fatale. La vaccination s'impose pour les personnes exerçant une profession pouvant les mettre en contact avec la maladie. La sérovaccination est faite aux personnes victimes d'une morsure d'un animal atteint. La lutte contre le réservoir sauvage en région d'endémie (renard et autres carnivores) est importante de même que la vaccination préventive répétée des chiens et des chats.

Vaccinations contre les maladies microbiennes

La vaccination contre la *coqueluche* est recommandée dès l'âge de 3 mois, eu égard à la gravité de la maladie chez le nourrisson (risque d'arrêt respiratoire).

Le *tétanos* déclaré (caractérisé par des spasmes musculaires généralisés) est mortel dans 50 pour 100 des cas. Ce sont les lésions les moins bien oxygénées (brûlures, écrasements, piqûres profondes) qui risquent le plus de déterminer cette maladie. Les personnes vaccinées doivent à l'occasion d'une blessure suspecte recevoir sans délai une injection de rappel. En cas de traumatisme grave ou d'hémorragie sévère, ce rappel est complété par l'injection de gammaglobuline spécifique d'origine humaine (à un autre endroit). En cas de blessure suspecte chez un non vacciné, on pratique en même temps mais à deux endroits différents du corps une injection de gammaglobuline spécifique et une première injection de vaccin (suivre ensuite le schéma classique de vaccination antitétanique).

Le *bacille de la diphtérie* peut provoquer des complications mécaniques (obstruction respiratoire par de fausses membranes situées dans la gorge, c'est-à-dire le croup) ou toxiques (atteinte du myocarde ou des nerfs contrôlant la déglutition). La vaccination antidiphtérique débute à l'âge de trois mois en association avec la vaccination antitétanique et anticoquelucheuse.

La prévention de la *tuberculose* est importante car c'est un fléau médico-social très lourd pour le malade, sa famille et la collectivité. Le vaccin B.C.G. (contenant du bacille tuberculeux atténué) pratiqué par voie intradermique est conseillé aux enfants dont le test tuberculinique est négatif (c'est-à-dire n'ayant jamais été en contact avec le bacille tuberculeux) et qui appartiennent à des familles de migrants ou vivent dans des foyers infectés. Le B.C.G. assure une protection de l'ordre de 80 pour 100 et d'une durée de 5 à 10 ans.

Selon l'O.M.S., le test tuberculinique pratiqué sur 40 millions de personnes s'est révélé d'une parfaite innocuité. D'autre part, la primo-infection asymptomatique de l'enfant (objectivée par le seul changement récent des réactions cutanées tuberculiniques) doit toujours être traitée (isoniazide pendant un an) pour éviter l'évolution tuberculeuse ultérieure qui survient dans 10 à 20 pour 100 des cas.

Il existe d'autres vaccins dont l'usage systématique n'est pas recommandé: vaccin antityphoïdo-paratyphoïdique, vaccin antiméningococcique (le méningocoque est l'agent causal de la méningite épidémique) vaccins anticholérique et antiamaril (contre la fièvre jaune).

On utilise parfois des *vaccins antimicrobiens* (de préférence en injection) pour stimuler l'immunité chez des enfants qui présentent des infections respiratoires à répétition pendant la saison humide.

Immunisation passive

Les vaccins constituent une immunisation active artificielle. L'immunisation passive se fait par injection d'anticorps qui peuvent être:
— des *gammaglobulines ordinaires:* prévention de la rougeole, de l'hépatite A chez les sujets-contacts, prévention des épisodes infectieux chez les enfants atteints d'une déficience en anticorps;
— des *gammaglobulines spécifiques:* par exemple, gammaglobuline vaccinale pour la prophylaxie de la variole (pas plus de 24 heures après le contact), gammaglobuline antitétanique, gammaglobuline spécifique contre l'hépatite.

La *sérothérapie* (c'est-à-dire l'utilisation de sérum d'un animal immunisé par injection d'un antigène microbien ou viral) est valable dans certaines situations. En cas de diphtérie, l'injection de sérum diphtérique doit être précoce pour éviter une évolution fatale. Le sérum rabique est fait (en même temps que le vaccin) aux personnes victimes de la morsure d'un animal atteint de rage. En cas de suspicion de botulisme (toxi-infection alimentaire due à un bacille anaérobie élaborant une toxine très virulente dans les aliments préparés de façon familiale comme les conserves, les jambons et les charcuteries), on administre du sérum antibotulinique.

Questions-réponses

1. Mon enfant ne veut plus manger. Que faut-il faire?

L'anorexie (ou mauvais appétit) est souvent causée par de mauvaises habitudes alimentaires: repas trop fréquents, abus de sucreries, surveillance trop étroite de l'appétit de l'enfant, ce qui perturbe à la longue le plaisir de manger. Le refus de nourriture permet à l'enfant d'attirer l'attention de son entourage ou de maintenir une position d'autorité dans la famille. Les tentatives d'alimentation forcée rendent le plus souvent l'anorexie permanente. Si le mauvais appétit persistait alors que le climat familial est détendu, il conviendrait de faire quelques analyses (exclure une anémie, une infection urinaire, une primo-infection tuberculeuse, etc.).

2. Mon enfant est le plus petit de sa classe. Que faut-il faire?

Dans une classe, les enfants d'un même âge ont des tailles variables qui se distribuent suivant une courbe en "cloche"; le sommet de la courbe représente la taille moyenne. Il ne faut cependant pas confondre "moyenne" et "normale". Les enfants petits par constitution familiale (et exempts de toute maladie) peuvent avoir une taille s'éloignant fort de la moyenne. La mesure isolée d'une taille a peu de signification. L'important est de suivre la vitesse de croissance. L'enfant normal suit son "couloir de croissance": sa croissance, au cours des années, adopte une courbe identique à la moyenne ou s'en écarte d'une façon constante. Lorsqu'une cause pathologique ralentit la croissance, l'enfant s'éloigne de son "couloir de croissance". Si la cause est corrigée, l'enfant rejoint son couloir initial en grandissant plus vite que normalement, puis cette accélération disparaît et la vitesse de croissance redevient normale.

3. Docteur, j'ai pu lire dans certaines publications que les vaccins constituent un empoisonnement criminel et certain des populations. Qu'en pensez-vous?

Il s'agit d'articles ou de livres fantaisistes. Sans vouloir faire ici une critique exhaustive de ces publications, qu'il nous soit permis cependant de réfuter certaines accusations absolument gratuites.

A) "Les vaccinations n'ont pas fait régresser les épidémies."

La campagne pour l'éradication de la variole a débuté en 1967 et fut un triomphe de la coopération internationale. Le dernier cas de variole endémique a été signalé en Somalie en 1976. La vaccination contre la polio a pratiquement fait disparaître cette terrible maladie invalidante dans un grand nombre de pays. On signalait encore 1513 cas de polio-paralytique en France en 1961; en 1976, on ne relevait que quelques cas isolés.

B) "Les vaccins provoquent un retard dans le développement physique, intellectuel et caractériel des enfants. L'EEG (électroencéphalogramme) présente d'ailleurs des modifications après la vaccination."

Les vaccins ne perturbent généralement pas le développement psychomoteur des enfants. Le calendrier classique des vaccinations n'est cependant pas applicable à tous les enfants; des circonstances particulières imposent de le modifier. Par exemple, la plupart des accidents nerveux (crise convulsive, rarement encéphalite) survenus après la vaccination contre la coqueluche ont été observés chez des enfants présentant soit une affection neurologique, soit des antécédents d'épilepsie. Ces éventualités contre-indiquent la vaccination anticoquelucheuse.

Quant à l'action de la vaccination sur l'EEG, prenons celle de la vaccination contre la rougeole comme exemple. Le vaccin-rougeole peut provoquer de légères perturbations transitoires de l'EEG qui ne sont cependant pas pathologiques. La rougeole-maladie (causée par le virus "sauvage") perturbe discrètement l'EEG dans 50 pour 100 des cas, mais elle provoque 1 fois sur 1500 environ une encéphalite responsable de séquelles neurologiques ou psychiques dans 30 pour 100 des cas.

C) "Les vaccins compromettent l'équilibre glandulaire de l'enfant."

Cette affirmation ne repose sur aucune base sérieuse! Par contre, le virus des oreillons est responsable de certains cas de stérilité (après la puberté) en causant des lésions aux testicules. Le virus des oreillons, de l'hépatite, de la mononucléose et le virus coxsackie B4 peuvent léser le pancréas chez certains enfants prédisposés et causer ainsi un diabète sucré nécessitant de l'insuline à vie! Il serait souhaitable de pouvoir prévenir ces viroses.

Conclusion: l'absence de toute thérapeutique efficace contre certaines affections virales graves (fièvre jaune, variole, polio, rage) rend d'autant plus importantes les mesures de prévention. Les précautions d'hygiène générale n'aboutissent (pour les virus de nos pays) qu'à de médiocres résultats. La vaccination reste la méthode idéale pour réaliser artificiellement l'immunité normalement provoquée par l'affection virulente. Grâce aux vaccins, la variole, la rage (chez l'homme du moins), la polio ont disparu dans nos régions. Depuis peu, nous disposons également d'un vaccin efficace contre l'hépatite virale B, dont l'évolution est défavorable dans 10 pour 100 des cas.

La prévention des affections des dents

Par J. Nawara

La carie dentaire est une maladie localisée qui s'attaque aux structures de la dent et forme ainsi des cavités dans les organes dentaires, amenant leur destruction progressive. Différentes études ont prouvé que les caries dentaires sont provoquées, le plus souvent, par les hydrates de carbone fermentescibles, en particulier le sucre. Les fermentations sont dues à l'action de bactéries qui dissolvent l'émail des dents. La propagation de la carie dépend de différents facteurs dont le plus significatif est la présence de la *plaque dentaire* (enduit composé de débris alimentaires et de produits salivaires adhérant aux dents comme une substance gélatineuse et qui présente un milieu idéal pour les bactéries capables de détruire la structure dentaire).

Les premiers symptômes de la carie dentaire sont uniquement visuels et se manifestent par une tache sur l'émail. Ensuite, la tache se transforme en cavité pas trop profonde, où la dentine est déjà atteinte, entraînant les réactions douloureuses provoquées par les aliments chauds, froids, sucrés ou acides. À ce stade, si la dent n'est pas soignée, la cavité se creuse davantage vers la chambre pulpaire, siège du nerf et des vaisseaux sanguins; c'est à partir de là que se manifestent les douleurs spontanées, violentes, empêchant souvent le sommeil. À ce moment, si la dent est laissée sans soins, le nerf et les vaisseaux sanguins subissent une dévitalisation microbienne. Cette infection peut entraîner des complications locales graves, comme un abcès dentaire ou un kyste, et des complications de l'état général pouvant parfois mettre en danger la vie du malade.

La prévention de la carie dentaire se fera par l'introduction dans la vie quotidienne de principes d'hygiène dentaire, ensuite par l'observation d'une alimentation rationnelle et enfin par la fluoration des dents chez les jeunes.

1. À partir de l'apparition chez l'enfant des molaires temporaires (de lait), environ à l'âge d'un an et demi, il faut nettoyer les dents de l'enfant après le repas du soir. À ce stade, c'est la mère qui le fait avec une petite brosse, sans pâte dentifrice. Souvent, l'enfant imite les parents et arrive à le faire tout seul. À partir de deux ans et demi, il faut apprendre à l'enfant à se rincer la bouche en gonflant les joues et en les rétractant, grâce à quoi l'eau de rinçage passe en jets entre les dents. À partir de quatre ou cinq ans, l'enfant doit nettoyer ses dents avec une pâte dentifrice après chaque repas et surtout avant le coucher.

La brosse à dents doit être suffisamment petite pour accéder à toutes les surfaces des dents, être en *poils synthétiques* relativement durs (car les soies naturelles, exemple: les poils de sanglier, sont en forme de tuyaux creux qui retiennent les microbes) et avoir une forme conçue d'après la structure des dents. Il faut que les poils puissent pénétrer entre les dents le plus profondément possible, sans blesser la gencive, et dans les sillons des faces masticatoires (sièges principaux des caries). Elle doit être conservée propre et il faut lui laisser le temps de sécher entre deux usages; elle doit être personnelle et il faut la changer sitôt qu'elle donne des marques d'usure. Le genre de dentifrice est de moindre importance, ce n'est qu'un moyen de rendre le brossage plus facile et plus agréable. Le brossage des dents s'effectuera sur toutes les faces, on partira toujours du collet de la dent près de la gencive vers la pointe de la dent (du rouge vers le blanc) et on n'oubliera pas d'aller derrière, les dernières dents étant souvent négligées. Brosser les dents dans le sens opposé, en un aller-retour, introduit la nourriture sous le bord libre de la gencive, dénude la dent et provoque le début d'une parodontopathie (déchaussement).

Le temps de brossage doit être, au minimum, de 3 minutes car il ne suffit pas, pour déloger la plaque dentaire, de ne passer qu'une seule fois à la même place. Le brossage doit se faire après chaque repas et, surtout, avant le coucher. Un moyen de contrôle du nettoyage efficace des dents existe: ce sont de petites tablettes rouges (révélateur de la plaque dentaire) qui, croquées sans être avalées, colorent la plaque dentaire restée sur les dents non convenablement brossées. Il faut répéter brossage et contrôle jusqu'au moment où les dents ne se colorent plus, preuve de la disparition complète de la plaque dentaire. On peut se procurer ces tablettes en pharmacie.

En supplément du brossage, pour avoir une hygiène dentaire parfaite car la brosse ne peut pénétrer complètement entre les dents, il est souhaitable de passer le fil dentaire entre chaque dent, mais sans aller sous la gencive pour ne pas la blesser et créer ainsi un foyer d'infection.

Il a été démontré que la nourriture séjournant à la même place plus de 40 minutes commence déjà son travail de destruction de l'émail. D'où la grande importance d'un brossage efficace et obligatoire avant le coucher: durant environ 8 heures de sommeil, toute activité de la cavité buccale est quasiment arrêtée.

Les personnes travaillant dans un milieu pollué par la poussière et la chaleur doivent, en plus, pendant les heures de travail, se rincer la bouche à l'aide d'eau (si possible d'eau minérale) pour déloger les poussières et éviter la sécheresse de la bouche. On évitera ainsi la carie dentaire et l'altération de la muqueuse buccale.

2. La nourriture, de nos jours, est si tendre que les muscles de la mâchoire n'ont plus l'occasion de s'exercer normalement. La gencive et le système de suspension des dents, insuffisamment massés naturellement, s'affaiblissent et deviennent plus vulnérables à une infection. Les nourritures solides qui nécessitent le travail des mâchoires sont particulièrement recommandées (par exemple: pommes, carottes crues, croûtes de pain, pain rassis, etc.) et il faut éviter les aliments qui contiennent des hydrates de carbone et sont collants (tartines au miel, gâteaux, sucreries, etc.), et les remplacer par de la viande, des légumes frais, des fruits crus, des oeufs, des noix, etc.

3. Le fluor est, dans l'état actuel de nos connaissances, le seul moyen capable de prévenir la carie. Le fluor peut être pris

en comprimés à avaler ou à croquer, en application locale de gel fluoré sur les dents, par voie alimentaire (eaux de boisson, dans les villes où l'eau est fluorée) et par utilisation de dentifrices fluorés. À l'heure actuelle et après de longues années d'expériences, pour son efficacité et pour éviter tout excès nuisible, l'application de fluor sur les dents par le praticien de l'art dentaire, seul juge de l'indication du traitement est de plus en plus conseillée. D'habitude, l'application locale de gel fluoré, dont la teneur en pourcentage de fluor est moyenne, se fait 2 fois par an dans un cabinet dentaire. Quant aux comprimés, leur mode d'emploi est le suivant: de la naissance jusqu'à 2 ans, 1 comprimé par jour (écrasé dans le biberon); à 2 ans, 2 comprimés; à 3 ans, 3 comprimés; à partir de 4 ans jusqu'à la 16e année, 4 comprimés, de préférence à croquer, et à garder un moment sur les dents puis à avaler.

Dans les agglomérations où l'eau est fluorée, l'application locale ou par comprimés est superflue. Dans tous les cas, un seul des systèmes de fluoration doit être appliqué, pour éviter le dépassement de la dose nécessaire.

La parodontopathie, c'est-à-dire le déchaussement des dents, est le résultat de causes multiples et, principalement, d'une mauvaise hygiène de la cavité buccale et d'un brossage non conforme à la structure buccale. C'est, à l'heure actuelle dans le monde civilisé, un fléau aussi important que la carie dentaire.

La plaque dentaire nuit aussi au système de suspension de la dent (parodonte) par la fermentation et l'inflammation du bord gingival libre qui gonfle, saigne et, non soigné, devient purulent; ce qui a pour effet la résorption de l'os alvéolaire (siège de la dent) qui se rétracte, créant des poches gingivales autour de la dent, lesquelles sont plus en plus remplies par la nourriture et entraînent l'ébranlement progressif de la dent.

D'autre part, les dents non soignées ou mal soignées, les prothèses mal conçues, les habitudes de mastiquer d'un seul côté pour éviter de toucher une dent douloureuse de l'autre côté, peuvent entraîner un déchaussement des dents du côté où l'on mange, parce qu'il est surchargé, et un déchaussement du côté non actif parce qu'il s'affaiblit. L'introduction d'un quelconque objet entre les dents (pipe, crayon, etc.) peut ébranler celles-ci à tout âge.

Le déchaussement des dents peut être dû, également, à l'hérédité, à un mauvais rapport entre les mâchoires supérieure et inférieure pendant l'acte de mastication, où une ou plusieurs dents sont actives et les autres non, et à différents autres facteurs dus à l'état général (par exemple, du système nerveux: la bruxomanie, c'est-à-dire le grincement des dents).

La prévention de ces lésions nécessite une hygiène parfaite de la cavité buccale et, en même temps et inséparablement, une visite chez un praticien de l'art dentaire, tous les six mois. Celui-ci procédera à une vérification complète de la bouche, détartrera les dents, supprimera, s'il existe, tout facteur pouvant causer ou ayant causé une parodontopathie et conseillera des moyens de fortification, d'équilibre (meulage sélectif) et de stabilisation de la dentition (par soins conservateurs, chirurgicaux ou prothétiques).

En conclusion, il faut, dès le premier âge, surveiller et soigner efficacement et à temps les dents temporaires (de lait) qui, en habitant de longues années ensemble avec les dents définitives, peuvent les abîmer et porter préjudice aux germes sous-jacents des dents définitives.

Des consultations chez le praticien de l'art dentaire, pour les enfants jusqu'à l'âge de 14 ans, trois fois par an, et pour les adultes, deux fois par an, sont de rigueur. On prévient ainsi les douleurs, la perte irrécupérable des dents, un préjudice esthétique, parfois une altération de l'état général et, dans tous les cas, une perte de temps et des dépenses élevées.

La prévention des déformations dentaires

Par le docteur M. Duqué

La prévention des déformations orthodontiques est déjà connue du grand public dans sa forme la plus simple: il sait en effet qu'un enfant qui suce le pouce court un grand risque de déformer ses arcades dentaires et de déplacer ses incisives supérieures vers l'avant.

Mais les parents ignorent le plus souvent que l'hérédité a son mot à dire. En d'autres termes, une prédisposition existe au départ, inscrite dans le patrimoine héréditaire, et fait qu'un enfant qui ne suce pas son pouce peut présenter les incisives supérieures trop inclinées vers l'avant, décalées par rapport aux inférieures; ou inversement, qu'un enfant suceur de pouce n'aura pas cette déformation.

Il en est donc ici comme en tout autre domaine de la médecine et, cette distinction étant posée d'emblée entre l'hérédité et l'influence du milieu, voyons maintenant comment celui-ci, sous des formes très diverses, peut influencer la croissance des dents et de leur support, l'os alvéolaire des mâchoires.

Les dents font leur éruption sur les arcades osseuses dans un espace limité à l'intérieur par la langue, à l'extérieur par les muscles des joues et des lèvres. L'os en croissance répond aux sollicitations des muscles, se modèle en quelque sorte sous leur action. C'est ainsi qu'au départ, la forme, la position de la langue, les pressions des muscles qui forment la cavité buccale jouent un rôle déterminant dans la forme des arcades dentaires.

La pathologie connaît des cas de langues atrophiées, quasi inexistantes (enfants ayant mis un fil électrique en bouche). L'os alvéolaire n'est plus modelé par le muscle, ne se développe pas et n'ouvre donc pas la place aux dents à venir. Celles-ci apparaissent dans un chaos complet.

Inversement, la pathologie connaît la langue trop volumineuse (macroglossie) dans des maladies hormonales par exemple. Cette langue force la barrière dentaire, dilate l'arcade sur les côtés et vers l'avant, créant des espaces entre les dents.

Un autre problème, fréquemment évoqué dans le cabinet de l'orthodontiste, est le volume des amygdales et des tissus adénoïdes. Ces organes hypertrophiés occupent parfois un espace trop important dans l'arrière-gorge et refoulent la base de la langue qui bute ou s'interpose entre les arcades dentaires, entraînant leur déformation. Ajoutons que ces amygdales volumineuses et chroniquement infectées empêchent le passage de l'air par les voies respiratoires supérieures et sont à l'origine de la respiration buccale et de son cortège de complications: rétrécissement du maxillaire supérieur et déviation de la mandibule, rhinites fréquentes, mauvais développement général, faciès adénoïdien typique aux lèvres toujours entrouvertes, etc.

L'enfant suce parfois non le pouce mais deux ou trois doigts, ou son crayon, son drap de lit, ou tout autre corps étranger. Il peut aspirer la lèvre inférieure, les joues, passer la langue régulièrement entre les incisives ou les molaires. Tous ces tics agissent différemment suivant l'âge, la force, la fréquence du mouvement incontrôlé. Il n'est pas rare de rencontrer des décalages incisifs de 8, 10 millimètres et des béances (incisives supérieures et inférieures ne se recouvrant pas) de plusieurs millimètres.

Il se fait que les parents connaissent en général l'habitude de succion de leur enfant mais ignorent le plus souvent les autres habitudes, non moins déformantes, car elles se manifestent à l'intérieur de la bouche ou sont associées à la déglutition, à la phonation ou à la mimique et sont de ce fait plus fugaces, voire impossibles à déceler par le profane.

L'exemple le plus banal est la déglutition dite infantile, c'est-à-dire la persistance du mode d'avaler de la prime enfance avec interposition de la langue entre les arcades. Cette dysfonction se reproduisant des centaines de fois par jour, elle est très préjudiciable à l'architecture de la bouche.

Il faut encore signaler la mauvaise prononciation des sifflantes ou des dentales, correspondant à de mauvais appuis linguaux, qui passe souvent inaperçue des enseignants et de la famille.

Nous avons esquissé brièvement les troubles fonctionnels qui peuvent altérer la forme des arcades dentaires. Leur prévention va de soi: il faut supprimer tout obstacle à la respiration et toute habitude vicieuse. Pour ce faire, l'orthodontiste conseillera aux parents de consulter soit un otorhino-laryngologiste, soit un logopède, soit encore un psychologue. Leur collaboration sera très utile. L'appareil orthodontique sert autant à faire écran à la langue, aux lèvres ou à l'objet sucé qu'à corriger les premières déformations dentaires.

Ces conditions d'équilibre fonctionnel étant réalisées autour des organes dento-alvéolaires en développement, un autre facteur peut encore être à l'origine de déformations: la perte de l'intégralité de l'arcade dentaire. Des caries de dents de lait non soignées ou des extractions précoces entraînent des mouvements des dents adjacentes, qui ont tendance à glisser vers les espaces vides. Les espaces dévolus aux dents définitives se ferment ainsi plus ou moins, les dents restent bloquées en profondeur ou font leur apparition à des endroits indus.

Un autre chapitre de ce livre traite de la prévention de la carie et des soins dentaires précoces qui préviendront ces diminutions de la longueur d'arcade.

Notre alimentation trop molle de civilisés joue déjà son rôle néfaste dès le plus jeune âge en ne provoquant pas une certaine abrasion naturelle. C'est ainsi que des enfants gardent des canines de lait trop aiguës avec un engrènement (emboîtement) perturbé, créant un blocage ou une déviation de la croissance des mâchoires. On peut éviter ces troubles par un meulage des contacts anormaux des dents en cause.

Tout ce qui précède traite de la prévention des déformations chez le jeune enfant, mais même si celles-ci sont installées, c'est encore de la prévention que d'intervenir précocement, avant qu'elles ne s'aggravent, au moment où le potentiel de croissance osseuse peut encore être utilisé. Ces interventions représentent "l'interception", c'est-à-dire, les traitements faits en denture mixte (dents de lait et dents définitives). C'est une première phase avant le traitement orthodontique proprement dit, qui ne s'avère pas toujours indispensable dans des cas très favorables.

Quelques exemples suffiront à vous faire comprendre. Dans un cas de prognathisme inférieur où l'enfant mord avec les incisives inférieures en avant des supérieures, il faut au plus tôt inverser cette position afin de replacer la mandibule en arrière du maxillaire et d'avoir quelques chances de normaliser leur croissance respective.

Chez un enfant, respirateur buccal par exemple, qui présente un maxillaire supérieur plus étroit que l'inférieur (articulé croisé), il est bon d'intervenir rapidement en l'élargissant (expansion, disjonction) et en remettant les deux arcades dans des rapports normaux. Parfois, dans des cas simples il est vrai, l'intervention de l'orthodontiste se limitera à cet acte unique.

Dans les cas de protrusion des incisives supérieures, les lèvres ne peuvent se joindre, la lèvre inférieure se glisse même entre les deux arcades, aggravant par sa pression le recul des incisives inférieures et l'avancée des supérieures. Il est impératif de rompre au plus tôt ce cercle vicieux.

Chez les enfants porteurs de gros chevauchements incisifs, il est intéressant de poser un diagnostic précoce de dysharmonie (non-concordance) entre la grandeur des germes dentaires et des bases maxillaires qui les portent. Il faut alors prévoir des extractions progressives des dents temporaires et de certaines dents définitives pour éviter que les chevauchements n'empirent à chaque étape d'éruption.

La prévention consiste donc à prendre régulièrement des clichés radiographiques de ces dentures avec chevauchements mais aussi de dentures qui paraissent normales, à l'exception de la présence un peu tardive d'une ou de plusieurs dents de lait. C'est ainsi que l'on découvre l'absence de certaines dents définitives ou des troubles d'éruption de certains germes (canines incluses). Il va sans dire qu'il vaut mieux découvrir une dent incluse le plus tôt possible à l'adolescence.

Sa mise en place sur l'arcade peut alors s'envisager tandis qu'à l'âge adulte la dent est définitivement perdue.

Il en est de même des dents de sagesse. Au moment de l'adolescence on peut en général pronostiquer leur évolution favorable ou leur blocage intra-osseux. Les accidents de dents de sagesse et leur cortège de névralgies, abcès à répétition, déplacements des incisives et canines (par un mécanisme encore mal compris) sont connus du grand public. Le public connaît aussi, par expérience ou par ouï-dire, les affres d'une extraction de dent de sagesse incluse, tandis que l'extraction, entre 15 et 18 ans, d'un germe sans racines devient en comparaison une intervention plus aisée.

En conclusion, dans le vaste champ de l'orthopédie dento-faciale, comme en tout autre domaine de la médecine, l'adage "mieux vaut prévenir que guérir" s'impose plus que jamais. Au cours des dernières années, de grands progrès ont été réalisés dans la connaissance de la pathogénie des déformations grâce à des études sur la croissance de la face, par exemple. Mais de grandes questions restent encore sans réponses dans le domaine des troubles neuro-musculaires et de leurs relations avec la bouche et le visage.

En attendant, l'attention des parents et des éducateurs, des habitudes d'alimentation plus saines, quelques visites chez l'orthodontiste, permettront déjà d'éviter certaines anomalies chez le jeune enfant.

Les parents doivent savoir que ces anomalies négligées se réduisent rarement d'elles-mêmes et évoluent souvent vers des troubles fonctionnels graves, des aspects inesthétiques navrants.

Au sujet des méthodes de traitement et des techniques d'appareillages, je ne voudrais pas terminer ce chapitre sans évoquer quelques principes difficiles à comprendre par le profane qui ne connaît des appareillages que leur caractère "fixe" ou "mobile" et qui émet des préférences sans en discerner les indications respectives.

Simples ou encombrants, mobiles ou avec des bagues scellées sur les dents, ils font parfois appel à des "forces extra-orales" (arc métallique sortant de la bouche et accroché à une bande élastique passant derrière la nuque ou la tête) ou à des accessoires plus ou moins contraignants. Les appareils ne sont donc jamais discrets, toujours relativement désagréables à porter, mais ils ont leur nécessité et ne sont pas interchangeables. Et si l'orthodontiste impose ces appareils "barbares", c'est qu'il a en vue une normalisation de la fonction des deux arcades dans un visage donné, alors que, le plus souvent, les parents croient pouvoir se limiter au rangement de quelques dents dans un sourire.

Or ce sourire, point final dans un traitement orthodontique réussi, est aussi le souci majeur de l'orthodontiste, mais le sourire sera durable dans la mesure où la fonction de mastication-déglutition respectera des règles très précises.

Ajoutons tout de suite, pour rassurer, que ces appareils sont indolores. L'enfant, encouragé par son milieu familial et scolaire, a de grandes facultés d'adaptation et souffre en général moins de complexes que les parents.

Donc, à tous les stades de l'interception, que ce soit en rééducation ou au moment de poser une grille servant à contenir la langue, ou quand il envisage la pose d'un appareil orthopédique plus élaboré, l'orthodontiste a besoin que l'enfant soit disposé à collaborer efficacement pour obtenir le maximum de résultats pendant la période de croissance et d'éruption dentaire. Avec l'évolution des connaissances et des techniques ces dernières années, on peut dire que, sauf dans des cas rares justiciables de la chirurgie maxillo-faciale, tout est possible dans notre spécialité pour des enfants motivés. Certes, le traitement des déformations est toujours possible chez des adolescents et même chez des adultes, mais il fait alors appel à des techniques orthodontiques beaucoup plus sophistiquées, entraînant presque à coup sûr des extractions et n'atteignant pas toujours des résultats esthétiques aussi satisfaisants que chez les enfants. De plus, à cet âge, si l'adolescent est plus motivé parce qu'il réalise l'importance de l'esthétique, il sera souvent rebelle au port d'un appareil disgracieux et encombrant et trouvera de moins en moins le temps de se rendre à des séances longues et régulières.

La prévention des maladies pulmonaires

Par le docteur Mannes

Les poumons ont pour rôle d'apporter à l'organisme l'oxygène indispensable à la vie et d'en éliminer le gaz carbonique toxique. Pour remplir leur mission, ils doivent aspirer et refouler à chaque minute environ 5 litres d'air. Une quantité équivalente de sang les traverse pendant la même durée. On conçoit donc aisément que ces organes soient les cibles des polluants de toutes natures.

La prévention vise à limiter les agressions des milieux extérieurs et intérieurs au minimum. Les différentes maladies pulmonaires seront passées en revue et les méthodes pour empêcher leur apparition ou restreindre leurs conséquences seront analysées.

I. Les maladies infectieuses

1. La tuberculose

La tuberculose est une maladie provoquée par l'entrée dans l'organisme d'un certain microbe, le bacille de Koch. Dès que celui-ci fait son apparition, le plus souvent dans les poumons, les défenses naturelles de l'organisme se mettent en action. Dans de nombreux cas, le microbe est neutralisé et la maladie ne se développe pas: c'est ce qu'on appelle "la tuberculose infection".

Si la défense est surmontée par le germe, la maladie se développe avec tout son cortège de manifestations bien connues: toux, crachements de sang, transpiration nocturne, affaiblissement. Il existe également des formes plus discrètes de cette maladie dont la découverte est plus difficile.

La tuberculose est toujours une cause majeure de morbidité et de mortalité, particulièrement en Afrique et en Asie. Trois millions de décès dus à cette affection sont enregistrés chaque année dans le monde. Dans les pays industrialisés, une baisse notable de l'incidence de la tuberculose a été obtenue, d'abord grâce à l'amélioration des conditions socio-économiques et ensuite à l'apparition de médicaments efficaces. Cependant, au cours de ces dernières années, le nombre de cas a augmenté à nouveau.

Quelles sont les causes de cette résurgence? La principale est l'arrivée massive d'immigrés venant de pays où l'endémie tuberculeuse reste importante. À titre d'exemple, on peut citer le cas de la Grande-Bretagne où les immigrés asiatiques représentent 25 pour 100 des cas de tuberculose. Dans cette population, le taux de tuberculose est 70 fois plus élevé que chez les Britanniques. Parmi les autres causes, on peut citer la réactivation de bacilles dormants chez des patients âgés, traités et partiellement guéris avant l'ère des antibiotiques. Il faut y ajouter les négligences dans le domaine de la prévention et du traitement (prise inadéquate des médicaments).

Autrefois mortelle, la tuberculose est actuellement parfaitement curable. Elle a pratiquement disparu de certains pays, tel le Canada, à la suite d'un grand effort de prévention et de traitement. Ce résultat pourrait être obtenu dans tous les pays industrialisés, même dans le Tiers-Monde, si l'on utilisait rigoureusement les moyens diagnostiques et thérapeutiques disponibles.

La prévention de cette maladie repose sur un principe universel valable en tout temps et en tout lieu: il faut diminuer le nombre de sujets porteurs de germes susceptibles de les transmettre. Pour atteindre ce but, il faut d'abord les dépister et ensuite les traiter.

Le dépistage fait donc appel aux campagnes de masse et utilise les tests cutanés et la radiographie pulmonaire. La cutiréaction et l'intradermo réaction, lorsqu'elles sont positives, témoignent du contact de l'organisme avec le bacille et de la mise en jeu des défenses naturelles de l'organisme. Elles ne sont donc pas un signe de maladie, mais doivent inciter à faire effectuer, suivant les circonstances, un examen plus approfondi.

Au sujet de la cutiréaction, il paraît utile de rappeler la conclusion d'une étude de cet examen commandée par le gouvernement des États-Unis. La cutiréaction est le moyen le plus sûr, le plus simple, le plus fiable et le moins coûteux de dépister la tuberculose chez les sujets qui n'ont jamais été en contact avec le BK. La sécurité totale de cet examen est donc parfaitement démontrée.

Rappelons que lorsqu'un sujet a une cuti positive, elle le reste jusqu'à un âge avancé. Le virage de la cuti, du négatif au positif, ne se produit qu'une seule fois dans la vie et il désigne les sujets qui doivent bénéficier d'un examen plus complet.

Il est donc parfaitement normal qu'un adulte ait une cuti positive et la radiographie du thorax prend alors le relais pour un dépistage annuel.

Lorsqu'on a acquis, au moyen des tests cutanés, la certitude que l'organisme a été en contact avec le bacille, l'examen radiographique du thorax permet de déceler les lésions pulmonaires qui sont la marque de la "tuberculose maladie". Les sujets qui en sont atteints sont alors traités par chimiothérapie associant, le plus souvent, trois antibiotiques exclusivement adaptés et réservés au traitement de la tuberculose.

Le tuberculeux doit alors, pour lui-même et pour son entourage familial et social, suivre très scrupuleusement son traitement. La seule manière d'assurer la guérison, c'est d'absorber rigoureusement et pendant la longue période nécessaire, la médication adéquate. Il faut signaler, en outre, que chez les enfants et les patients jeunes qui viennent de voir virer leur cuti au positif, on prescrit dans certains cas un traitement préventif utilisant un seul des trois médicaments. Il s'agit là d'une mesure de précaution dont la nécessité est à étudier dans chaque cas individuel.

En conclusion, la tuberculose est une maladie infectieuse grave mais curable. Le dépistage des sujets ayant été en contact avec le bacille se fait par cutiréaction et des sujets malades par radiographie du thorax.

2. La pneumonie et la bronchite aiguë

Ces maladies infectieuses sont caractérisées par une inflammation des poumons ou des bronches due à un microbe ou à un virus. Les facteurs qui les favorisent sont le tabagisme, l'alcoolisme, la pollution atmosphérique et les conditions d'hygiène insatisfaisantes. Ces affections sont particulièrement graves chez les enfants en bas âge et chez les personnes âgées. L'inhalation de débris alimentaires par les anesthésiés et les patients inconscients, comme celle de corps étrangers par les enfants, peuvent également être la cause de ces maladies.

La prévention repose donc sur des mesures sociales et individuelles d'hygiène visant à faire disparaître les conditions d'apparition.

Très récemment, un vaccin contre le pneumocoque, germe fréquemment responsable de formes graves de ces affections, a été mis au point aux États-Unis. Son utilisation permettra de réduire le nombre de sujets aptes aux risques (vieillards, grands fumeurs, etc.) qui souffrent chaque année, en hiver, de ces maladies.

II. Les maladies allergiques

Ces maladies résultent du fonctionnement excessif de mécanismes de défense de l'organisme lors du contact avec un allergène. Celui-ci peut être d'origine végétale (pollens), animale, alimentaire ou chimique. Deux types de pathologies peuvent être amenés au niveau broncho-pulmonaire: l'asthme et l'alvéolite allergique.

1. L'asthme

Il est caractérisé par un spasme des bronches, un gonflement des muqueuses et l'hypersécrétion de mucus, le tout évoluant par crises.

A) **chez l'enfant**, il est essentiellement d'origine allergique. Les sujets à "haut risque" peuvent être diagnostiqués par différents tests et mesures préventives efficaces. Le détail de ces préventions est étudié au chapitre sur la pédiatrie.

B) **chez l'adulte**, l'allergie n'est souvent qu'un des facteurs de l'asthme. Une hyperréactivité chronique des bronches en est souvent la cause. Cependant, la prévention peut agir essentiellement sur les allergies. Les examens, tests cutanés et dosages sanguins, permettent de repérer les allergènes responsables et de prendre, en conséquence, des mesures pour les éviter. On peut, par exemple, porter un masque filtrant pollens et poussières, adopter une literie spéciale, traquer les moisissures, éliminer un animal domestique ou même changer d'activité professionnelle. Une désensibilisation spécifique au moyen d'un vaccin spécialement préparé, suivant les résultats des tests, peut accoutumer l'organisme à l'allergie et amener la production de protéines bloquant le mécanisme qui provoque les crises. Cette méthode constitue une prévention efficace dans un grand nombre de cas et permet de réduire, dans de notables proportions, la fréquence et la gravité des attaques. Les mesures d'hygiène basées sur l'identification et la suppression des allergènes restent, bien entendu, essentielles.

2. L'alvéolite allergique

Ce terme recouvre toute une série d'affections qui comportent des lésions au niveau du tissu pulmonaire (alvéoles) et des symptômes allant de la toux à la fièvre et à la difficulté de respirer; le tout provoqué par une réaction allergique à une protéine chimique, animale, végétale ou à des moisissures inhalées dans les poumons.

Ces maladies sont actuellement répertoriées; on citera, à titre d'exemple, la maladie des fermiers, celle des éleveurs de pigeons ou encore celle des travailleurs de champignonnières.

Les mesures de protection (ventilation, port de masques, modification des conditions de travail) permettent, dans certains cas, d'autoriser le travailleur à poursuivre son activité. Un changement de profession peut cependant devenir nécessaire.

III. Les maladies emboliques

L'irruption brutale d'un caillot sanguin dans la circulation du poumon avec l'arrêt de fonctionnement du tissu pulmonaire qui en résulte constitue l'embolie aiguë.

Il existe une forme chronique de cette affection avec apparition constante de caillots dans les vaisseaux pulmonaires. Les symptômes de l'embolie sont la douleur thoracique, l'essoufflement et les crachements de sang. L'endroit d'origine du caillot est, le plus souvent, une veine des membres inférieurs ou du bas abdomen; cette affection menace essentiellement les personnes immobilisées ou âgées. Elles peuvent bénéficier des mesures préventives suivantes: détection et traitement des troubles circulatoires (varices et phlébite), kinésithérapie de mobilisation et, si nécessaire, médication anticoagulante.

On encouragera les opérés et les accouchées à redevenir rapidement mobiles et un traitement anticoagulant sera prescrit au sujet à haut risque; dans certains cas cette médication est administrée avant l'intervention chirurgicale.

Les victimes de la forme chronique de cette maladie pourront éventuellement bénéficier de l'implantation dans la veine cave d'un filtre destiné à empêcher les caillots d'atteindre les poumons.

Des méthodes techniquement perfectionnées permettent de déceler les formations de caillots dans les membres inférieurs et la triade préventive détection anticoagulant mobilisation permet de réduire fortement l'incidence de l'embolie pulmonaire.

IV. Cancer broncho-pulmonaire

Au cours des cinquante dernières années, l'incidence de cette maladie a augmenté de manière dramatique dans les pays industrialisés. C'est maintenant le cancer le plus fréquent chez l'homme et le nombre de cas chez la femme s'accroît rapidement.

La mortalité atteint par an le chiffre de 250 pour 100 000 habitants chez l'homme et 100 pour 100 000 chez la femme. Contrairement à d'autres affections cancéreuses, certaines causes en sont connues. Il s'agit essentiellement du tabagisme et de la pollution atmosphérique. En effet, le risque de cancer pulmonaire est 20 fois plus élevé chez les fumeurs que chez les non-fumeurs et 2 fois plus élevé chez les citadins que chez les campagnards.

Il s'agit du développement d'une tumeur maligne soit dans les bronches, soit dans le tissu pulmonaire. Lorsque la masse tumorale atteint un volume suffisant, elle peut se manifester par les symptômes suivants: la toux, l'expectoration sanglante, la douleur thoracique, la raucité de voix. Des manifestations générales telles que la fièvre, l'amaigrissement et la perte d'appétit, peuvent les accompagner. Aucun de ces symptômes n'est typique du cancer broncho-pulmonaire, mais leur apparition doit inciter à faire effectuer un examen médical.

En ce qui concerne la prévention, des mesures sont accessibles et ce sujet est traité en détail au chapitre sur la cancérologie.

V. Les maladies obstructives chroniques

La bronchite chronique est une inflammation des bronches se manifestant par de l'essoufflement, dû à l'obstruction des voies aériennes, des expectorations infectées et de la toux pendant trois mois par an, deux années consécutives. Ces conditions sont nécessaires pour affirmer la chronicité de l'affection.

L'emphysème est l'augmentation de volume des bronches terminales et des alvéoles, due à la destruction de l'armature élastique de ces bronchioles. Le gonflement entraîne l'obstruction des bronches et une diminution de la capacité fonctionnelle des poumons.

Ces deux affections ont des symptômes communs frappant les mêmes catégories de patients et sont souvent associées.

Un facteur causal essentiel, le *tabagisme*, leur est également commun. Cette causalité identique explique la similitude des symptômes et l'association fréquente des deux maladies.

Les autres facteurs responsables sont la pollution atmosphérique et les infections. L'élimination de la *pollution atmosphérique* relève des domaines économique et politique. On peut citer l'exemple de la ville de Londres où une action énergique des autorités pour supprimer les chauffages au charbon et au mazout a permis d'obtenir une réduction considérable de la pollution de l'air. La fréquence d'apparition et la toxicité du célèbre brouillard chimique londonien ont été très réduites avec des conséquences nettement favorables à la diminution des maladies obstructives pulmonaires.

Les individus isolément ont peu d'action sur cette cause des maladies pulmonaires; mais chacun peut agir pour éliminer dans ses propres poumons la pollution tabagique. Dans les lieux publics, où se trouvent de nombreux fumeurs, les non-fumeurs sont soumis à un tabagisme passif pouvant être équivalent, dans certaines conditions, à la consommation de dix cigarettes par jour. La fumée de tabac contient en effet d'innombrables composés chimiques à actions très diverses. Les cancérogènes sont analysés dans un autre chapitre. On retiendra ici les irritants qui suscitent des lésions de la muqueuse bronchique appelant l'infection et préparant le développement de la bronchite chronique et de l'emphysème. D'autres produits agissent en altérant le fonctionnement du poumon, d'abord par réduction du calibre des bronches et ensuite par des lésions dans l'architecture des bronchioles.

La prévention de ces deux maladies repose donc essentiellement sur la suppression du tabagisme. Elle permet de réduire la gravité de la bronchite et de l'emphysème chez les sujets qui en sont chroniquement atteints. Mais cet arrêt de la consommation de tabac est particulièrement important pour les sujets de moins de 35 ans. Avant cet âge, les lésions sont réversibles et le poumon peut retrouver un fonctionnement normal. Au-delà, une récupération complète n'est plus possible.

La suppression du tabac reste cependant, à tout âge, le seul moyen d'enrayer l'évolution de la maladie qui, dans le cas contraire, évolue vers l'insuffisance respiratoire sévère et la défaillance cardiaque. Cette prévention s'adresse à tous, mais il faut également dépister les sujets à haut risque, particulièrement susceptibles de subir de graves lésions bronchiques et un handicap respiratoire sévère.

Ce dépistage s'effectue au moyen de l'épreuve fonctionnelle respiratoire, mesure des capacités et des débits pulmonaires au moyen d'un spiromètre. Ce test, très simple, permet de repérer les sujets pour qui le tabagisme, dès son début, entraîne de graves conséquences. La constatation du trouble initial et l'amélioration des performances lors des épreuves successives, après arrêt de consommation du tabac, constituent un excellent facteur d'encouragement et de motivation.

La prévention des maladies de l'oreille, du nez et de la gorge

Par les docteurs J. Feltgen et Ph. Gonay

I. L'oreille

La prévention des maladies de l'oreille présente un caractère différent suivant l'âge du patient. En conséquence, nous choisirons de suivre l'ordre chronologique.

1. À la naissance

A) Dépistage des surdités néo-natales

Il consiste en une exploration systématique des réactions des nouveau-nés aux excitations sonores. Il se pratique essentiellement avec un audiomètre simplifié. L'audiomètre est un appareil émettant des sons et des bruits comportant certaines fréquences avec une certaine intensité. Les intensités utilisées varient de 70 à 90 décibels.

Chez le nourrisson normal, ces bruits assez intenses provoquent des réactions musculaires et des mouvements des paupières. Cet examen est applicable 24 heures après la naissance, alors que ces nouveau-nés sont facilement à la disposition du personnel médical puisqu'ils sont à la maternité. Cet examen précoce permet une répétition de l'examen avant le départ de l'enfant de la maternité dans le cas où il créerait des doutes. Il est évidemment intéressant de pouvoir déceler précocement un trouble de l'audition chez les enfants car l'existence d'un pareil trouble implique une prise en charge rapide par des institutions spécialisées pour prévenir des troubles du langage consécutifs à la surdité et au manque d'informations sensorielles qu'elle entraîne.

B) Prophylaxie de la surdité

• S'il est intéressant de dépister précocement les surdités, il est préférable de prévenir leur apparition. Dans cette optique, la première méthode à appliquer sera de conseiller les fiancés et les jeunes couples. En effet, dans des familles où des surdités expliquées ou inexpliquées sont fréquentes, une étude de l'arbre généalogique s'impose pour dépister les surdités héréditaires présentant un caractère récessif, c'est-à-dire n'apparaissant que chez certains individus et non chez tous les membres d'une famille. Dans ces surdités, les chromosomes (supports des gènes) sont souvent normaux et il sera plus intéressant de recourir à un interrogatoire généalogique.

• Une autre prévention des surdités néo-natales réside dans la vaccination contre la rubéole, des jeunes femmes en âge de reproduction si le taux d'anticorps présents dans leur sang est insuffisant.

• Il faudra également éviter les manoeuvres thérapeutiques risquant de provoquer des lésions chez le foetus, comme les examens aux rayons X chez la femme enceinte et l'usage par celle-ci de médicaments toxiques pour l'oreille tels certains antibiotiques ou encore la quinine.

Dans les cas où la mère et le foetus présentent des groupes sanguins incompatibles, de telle sorte qu'on prévoit des accidents de destruction sanguine avec atteinte nerveuse et surdité chez l'enfant lorsque les sangs maternel et foetal arrivent en contact (cas de l'incompatibilité liée au facteur Rhésus), il existe actuellement un vaccin préventif qu'on donne à la mère avant la grossesse et qui permet d'éviter de tels accidents.

2. Le dépistage post-natal

À un âge plus avancé, c'est essentiellement par les troubles ou le retard de la parole et du langage et par l'observation quotidienne que les déficiences auditives sont décelées.

À ce moment, une étude plus précise de l'audition peut être faite par:

- le BOEL (*Blicken Orienterar Efter Ljud* ou orientation du regard vers le bruit). Cet examen se pratique vers l'âge de 8 mois et permet d'étudier la capacité d'attention de l'enfant à un signal visuel ou auditif. Il se pratique avec de petites clochettes attachées aux doigts du testeur.

- Quelques mois plus tard, la recherche par la méthode de Suzuki du réflexe d'orientation conditionné permettra une étude encore plus précise de l'audition. Cet examen se pratique en montrant successivement à gauche et à droite des images qui intéressent l'enfant et en les faisant précéder par un son d'intensité variable. Une fois que s'est établi le réflexe conditionné, c'est-à-dire que l'enfant a compris que le son précède l'apparition d'une image qui l'intéresse, il tourne la tête vers le côté d'où provient le son avant qu'apparaisse l'image.

- Dès cet âge, on peut également rechercher les surdités catarrhales par examen de la mobilité du tympan au moyen d'un appareil appelé tympanomètre. L'otite exsudative est une affection extrêmement fréquente chez l'enfant et la persistance d'un exsudat dans l'oreille moyenne provoque la formation progressive de brides adhérentielles qui gênent la mobilité du tympan et des osselets. Cet examen peut être réalisé facilement à partir de l'âge de 2 ans et parfois plus tôt. Il permettra d'éviter l'apparition d'otite adhésive et de surdité de transmission qu'il est ultérieurement très difficile de traiter.

3. À l'âge scolaire

À l'âge scolaire, le dépistage sera fait essentiellement par examens de médecine scolaire qui permettent par l'audiométrie classique de constater l'existence de surdité de transmission ou de surdité de perception d'origine génétique à caractère évolutif.

À cette époque, des mesures de pression du tympan seraient également utiles pour dépister de façon précoce certaines otites avec épanchement de liquide derrière le tympan. L'examen oto-rhino-laryngologique couramment pratiqué en médecine scolaire conduit également au dépistage précoce des otites chroniques ou subaiguës et permet d'envisager l'application rapide de méthodes préventives de cette pathologie qui est essentiellement conditionnée par la trompe d'Eustache (ce "tuyau d'aération" qui relie l'arrière-nez à la cavité d'oreille moyenne et qui, à chaque déglutition, équilibre la pression entre l'oreille moyenne et l'air atmosphérique). L'obstruction de la trompe d'Eustache est fréquente à cet âge par hypertrophie des végétations adénoïdes. L'ablation des végétations permettra assez souvent une amélioration de la fonction de la trompe d'Eustache et des drains placés à travers les tympans veilleront à l'évacuation des exsudats de l'oreille moyenne avant que ne se constituent des adhérences derrière le tympan; ils permettront l'aération de l'oreille moyenne jusqu'à ce que le fonctionnement normal de la trompe d'Eustache soit rétabli.

L'examen oto-rhino-laryngologique scolaire permettra également le dépistage précoce des tympans perforés et des otites chroniques à écoulement minime; grâce à lui, on pourra appliquer un traitement adéquat avant que des lésions irréversibles du tympan ou des osselets ne se soient constituées.

4. À l'âge adulte

A) Dans le cadre de la médecine du travail, des examens systématiques de l'audition permettront de repérer précocement les surdités par traumatisme acoustique auxquelles certains sujets sont particulièrement sensibles.

Une surdité isolée apparue depuis peu de façon inexplicable chez un sujet jeune devra provoquer une recherche systématique d'autres symptômes de tumeur du nerf acoustique (neurinome). En effet, ces tumeurs bénignes finissent par provoquer, du fait de leur volume, des symptômes de tumeur cérébrale. D'ordinaire, lorsque le neurinome de l'acoustique acquiert un volume tel qu'il provoque des symptômes d'hypertension intracrânienne, on se rend compte qu'une surdité est apparue chez le patient une vingtaine d'années auparavant. Une surdité brusque chez un sujet jeune ne doit donc jamais être prise à la légère et attribuée systématiquement à des troubles vasculaires, comme on a tendance à le faire chez des sujets plus âgés.

B) La prévention des surdités traumatiques en milieu bruyant se fera en respectant scrupuleusement la législation de chaque pays dans le cadre de la médecine du travail. Certains métiers y sont particulièrement exposés et il faudra veiller lors des examens d'embauche et lors des examens systématiques de l'audition à écarter rapidement les sujets qui présentent une sensibilité particulière aux bruits d'intensité élevée. Le port obligatoire de protecteurs d'ouïe devra être surveillé. Il est malheureusement évident que le port de protecteurs d'ouïe est parfois pratiquement impossible car la gêne qu'ils occasionnent rend le travail difficile.

Le développement des travaux sous-marins et la pratique sportive de la plongée sous-marine constituent un risque nouveau de lésions de l'oreille. Les traumatismes d'oreilles dus à la pression chez les plongeurs professionnels ou amateurs pourront être prévenus par l'éviction de certains sujets présentant une obstruction manifeste de la trompe d'Eustache ou des lésions tympaniques incompatibles avec la pénétration dans l'élément liquide.

II. Fosses nasales et sinus

La médecine préventive exercera son effet dans ce domaine essentiellement en dépistant précocement les infections chroniques et l'obstruction des fosses nasales.

A) Un dépistage systématique des infections chroniques à bruit léger et des obstructions modérées sera indispensable chez les plongeurs professionnels ou amateurs et le complément nécessaire aux examens d'oreille pratiqués chez ces mêmes sujets. Les aviateurs et parachutistes professionnels ou amateurs bénéficieront également d'un tel dépistage.

Chez les boxeurs, les déformations nasales, conséquence inévitable de la pratique de ce sport, seront particulièrement à surveiller avant qu'elles n'engendrent des complications infectieuses. Une inscription systématique des membres de clubs de boxe au dépistage oto-rhino-laryngologique serait une bonne mesure.

Chez les patients allergiques en général, une surveillance particulière de la perméabilité nasale et des lésions des cavités paranasales sera la meilleure prévention des complications infectieuses des sinus et facilitera le traitement des maladies bronchiques.

L'interdiction de fréquenter les bassins de natation aux eaux en général fortement chlorées préviendra, chez les allergiques et chez les sujets aux muqueuses nasales sensibles, l'apparition d'une pathologie infectieuse chronique des fosses nasales.

B) Les traitements préventifs des infections chroniques consisteront essentiellement en une amélioration de la perméabilité nasale, ceci par l'ablation des végétations adénoïdes chez l'enfant et la rectification des déviations de la cloison chez l'adulte.

III. Le pharynx

Le dépistage en milieu scolaire

L'hypertrophie des amygdales est en général consignée dans les rapports d'examens médicaux scolaires. Un prélèvement au niveau de la gorge est parfois pratiqué dans certains établissements pour déceler le microbe (une variété de streptocoque) responsable notamment du rhumatisme articulaire aigu.

Au cours des précédentes décennies, les amygdales étaient systématiquement enlevées même pour de banales hypertrophies amygdaliennes ne causant aucun trouble. Actuellement, il semble que l'on soit tombé dans l'excès inverse et que de nombreuses angines récidivantes soient traitées uniquement par des médicaments alors que la chirurgie serait un meilleur choix.

L'ablation des amygdales n'est certes pas une panacée qu'il faut appliquer à tous les enfants pour les motifs les plus futiles, comme un appétit insuffisant ou de mauvais résultats scolaires. Cependant, il faut reconnaître que les angines répétées qui peuvent faire craindre des complications rhumatismales ou qui nécessitent l'emploi trop fréquent d'antibiotiques affaiblissant les défenses naturelles sont éliminées définitivement par l'ablation des amygdales.

IV. Les affections du larynx

I. Les troubles de la voix

1. Dépistage

A) Chez l'enfant, le médecin scolaire ne devra pas négliger la raucité de la voix qui nécessite un examen spécialisé précoce et un traitement logopédique suivi. Les malpositions de la voix déterminent en effet, outre une raucité, l'apparition rapide de lésions nodulaires des cordes vocales qui, une fois constituées, nécessiteront un traitement chirurgical dont la réussite fonctionnelle est toujours aléatoire.

B) Chez les professionnels de la voix, l'examen otorhino-laryngologique devra être systématique, principalement chez les jeunes qui se destinent à une carrière d'enseignement. Des lésions des cordes vocales pourraient en effet empêcher, une fois les études terminées, la pratique de la profession choisie.

Chez les chanteurs et les comédiens, une surveillance régulière est de toute évidence indispensable et sera spontanément demandée.

Chez les joueurs d'instruments à vent, des examens systématiques pourront dépister un début de relâchement et de dilatation de la muqueuse laryngée ainsi qu'un éventuel emphysème pulmonaire.

2. Prévention

Un traitement logopédique basé sur la rééducation de la respiration diaphragmatique constituera la meilleure prévention de lésions laryngées.

II. Le cancer du larynx

1. Dépistage

Dans le cadre d'un dépistage du cancer, un examen de dépistage est incomplet s'il ne comporte pas une laryngoscopie (le laryngoscope est un instrument qui permet de voir directement les cordes vocales). D'autre part, il faudra être attentif à toute modification définitive de la voix. L'expérience montre en effet que lorsqu'un cancer du larynx est diagnostiqué parce qu'il provoque des troubles respiratoires ou une gêne de la déglutition, une raucité s'était établie des mois, si ce n'est des années auparavant, et a toujours été négligée. Si cette raucité avait été prise en considération, un diagnostic précoce de la tumeur laryngée aurait pu être fait et le patient aurait quelques chances de survie sans mutilation majeure comme une ablation complète du larynx.

2. Prévention

La prévention du cancer laryngé est la même que celle des autres tumeurs des voies aériennes et digestives supérieures, c'est-à-dire l'abstention d'alcool et de tabac et une hygiène dentaire parfaite.

V. Les allergies

Certaines personnes souffrent d'éternuements fréquents, de grattements de gorge, de sécheresse et d'irritation du larynx et de la trachée qui ont parfois une origine allergique.

Cette allergie peut déjà être fortement suspectée par des indices tels que l'influence de la poussière, des pollens de graminées à la bonne saison, de la présence des poils ou des plumes d'un animal familier. Elle est confirmée par des tests cutanés positifs ou par dosage de certains anticorps dans le sang.

Il est certain que dans ces cas, l'éloignement de la cause du phénomène allergique constitue une mesure préventive importante. Par exemple, il paraît plus raisonnable de se priver de la présence d'un chat que de subir une vaccination longue et nécessitant de fréquents rappels. Signalons cependant que certaines personnes sentimentales ont tout de même opté pour cette dernière solution.

La prévention des maladies des yeux

Par le docteur O. Kallay

Introduction

Chacun connaît l'importance d'une bonne vue et de sa conservation.

Les yeux étant beaucoup moins protégés que les autres organes des sens, bon nombre d'accidents les guettent. Dans de nombreux cas, nous pouvons prévenir ces accidents.

L'état général de l'organisme a une influence sur les yeux. Un examen approfondi de l'appareil visuel nous renseigne sur l'état cardio-vasculaire du sujet et permet de détecter ou de surveiller l'évolution de certaines maladies générales (hypertension artérielle, diabète, certaines tumeurs du cerveau, etc.)

De nombreux sujets peuvent perdre la vue, sans le remarquer, à cause du *glaucome*.

L'oeil n'étant pas un simple appareil de photo, la baisse de l'acuité visuelle ne signifie pas automatiquement le port de lunettes.

Une visite chez l'ophtalmologiste, plus ou moins fréquente selon l'âge s'impose, même si l'on voit ou que l'on croit voir normalement.

Il existe des affections où la vue, au début, est améliorée par le port de lunettes (dans certains décollements de la rétine par exemple) mais dont le diagnostic est retardé car le patient s'est présenté trop tard chez son ophtalmologiste.

La détection, à temps, du strabisme et son traitement précoce rendent un service incalculable à l'enfant, car un traitement tardif conduit à la perte de la vue d'un oeil et à la perte de la vision dans l'espace (trois dimensions).

Certaines maladies de la mère, pendant la grossesse, atteignent les yeux du bébé et souvent d'une façon irréversible (toxoplasmose, rubéole, maladies à virus).

Certaines maladies des animaux domestiques (chiens, chats) peuvent causer des troubles oculaires chez leurs maîtres.

Près de la moitié des affections des yeux est héréditaire. L'ophtalmologie est probablement la discipline où la prédisposition héréditaire joue le rôle le plus fondamental.

Prévenir les affections héréditaires signifie aviser les couples porteurs de facteurs du risque qu'ils encourent. L'examen prénuptial est à conseiller pour tout le monde et surtout pour les sujets ayant des antécédents dans leurs origines.

Vision — État des yeux

Un bilan de la vue s'impose à différents moments de la vie:

- à l'âge de 4 ou 5 ans (si l'enfant ne présente pas de strabisme);
- à l'âge scolaire: annuellement;
- à partir de 40 ans, bon nombre de sujets sont porteurs de correction optique (lunettes). Une visite chez l'ophtalmologiste s'impose tous les ans et demi à deux ans.

À l'occasion de ces examens préventifs, non seulement l'acuité visuelle mais le fond de l'oeil seront examinés et, à partir de 40 ans, la tension oculaire. De nombreuses maladies générales peuvent être dépistées par l'examen du fond de l'oeil étant donné que les vaisseaux sanguins et le nerf optique sont visibles par l'ophtalmoscope (diabète, hypertension artérielle, certaines maladies du sang, taux de cholestérol élevé, hypertension intracrânienne, certaines tumeurs, etc.).

Baisse visuelle améliorable par la correction optique

La myopie

Elle consiste en une diminution plus ou moins marquée de la vue de loin avec bonne vision de près. Dans beaucoup de cas, elle est héréditaire, apparaissant le plus souvent à partir de 6 ans et augmentant au moment de la poussée de croissance, ne s'améliorant pas avec l'âge. Dans les myopies élevées, les atteintes de la rétine ne sont pas rares. La myopie prédispose au strabisme divergent.

L'hypermétropie

La baisse de vue est variable, inconstante, atteignant la vision de près ou de loin ou seulement de près. La tendance au strabisme convergent est fréquente. Chez les hypermétropes, on trouve plus de glaucomes (à angle fermé).

L'astigmatisme

Il est congénital, constitutionnel. Normalement un point lumineux est convergé par le système optique de l'oeil en un point de la rétine. Dans l'astigmatisme cornéen, la cornée est plus plate (moins courbe) dans un sens que dans l'autre, d'où la convergence du point lumineux qui se fait dans un point différent de la rétine selon un méridien ou l'autre (courbure verticale ou horizontale de la cornée).

Beaucoup de maux de tête, de photophobies (gêne de la lumière) sont dus à l'astigmatisme non corrigé. Certains torticolis peuvent être consécutifs à un astigmatisme passé inaperçu.

La presbytie

La mise au point de l'image dans l'oeil ne se fait pas par déplacement antéro-postérieur de la lentille (cristallin) mais par le changement de courbure du cristallin (accommodation); celui-ci est combiné avec la convergence des yeux et la diminution du diamètre pupillaire afin de former une image nette sur la rétine, indépendamment de la distance qui sépare les yeux de l'objet fixé.

Vers l'âge de 40-45 ans, le pouvoir d'accommodation diminue par rigidité du cristallin, entraînant une vue de plus en plus mauvaise de près. Le sujet éloigne sa lecture de plus en plus et évite les travaux de précision (couture par exemple). Ce phénomène est naturel et inévitable. Il n'y a que les myopes de degré moyen qui voient bien de près sans leurs lunettes.

Le traitement de tous ces défauts optiques de l'oeil réside dans le port de lunettes ou de lentilles de contact.

Ne jamais employer les lunettes d'autrui, car la distance entre le centre des yeux diffère d'un individu à l'autre.

Le dépistage est très important et d'autant plus si on a des cas de mauvaise vue dans son ascendance.

Lentilles de contact

Au cours de ces dernières années, le port de lentilles de contact (et non verres de contact) s'est répandu grâce à l'amélioration de la qualité des matériaux.

Les lentilles dures, semi-dures (flexibles) et souples ont leurs indications spécifiques et seul l'ophtalmologiste peut conseiller les unes ou les autres valablement.

Des lentilles souples à port continu (port permanent) se placent de plus en plus, dans des cas bien précis:
— *lentilles thérapeutiques* servant de réservoir de médicament ou de pansement (blessure de la cornée, etc.);
— *lentilles optiques* (chez des enfants ne sachant pas manipuler les lentilles ou chez les opérés de cataracte).

Des lentilles souples à port discontinu permettent un port de plus ou moins 8-10 jours requérant moins de manipulations.

La vision est nettement meilleure avec des lentilles de contact (la distance verre-oeil est diminuée et le champ visuel est beaucoup plus étendu, sans parler du fait que les lentilles sont désembuées par la température de l'oeil). La pratique des sports en est facilitée (sauf pour la plongée). Certains cas de myopie sont stabilisés par un port précoce de lentilles (dures chez de jeunes myopes).

Certains sujets ne supportent pas les lentilles de contact (allergie aux matériaux, aux produits d'entretien). Une propreté et une habileté manuelle sont nécessaires pour pouvoir manipuler les lentilles (d'où l'indication de port continu dans des cas bien spécifiques, selon l'avis de l'ophtalmologiste et sous sa surveillance).

L'oeil devenu presbyte (mise au point défectueuse de près) a besoin, en plus des lentilles corrigeant la vision de loin, de verres correcteurs surajoutés pour permettre une vision parfaite de près.

D'une façon générale, nous pouvons dire que les avantages du port de lentilles de contact sont nombreux, plus nombreux que les inconvénients.

Un examen approfondi de l'état des yeux par l'ophtalmologiste est indispensable avant le port de lentilles de contact. Une surveillance stricte s'impose pendant la période d'adaptation ainsi que 2 ou 3 visites annuelles pendant la durée du port de lentilles pour prévenir les complications éventuelles.

Vision des couleurs

Il est bien connu que certains sujets ne voient pas ou confondent certaines couleurs.
— L'absence de vision complète des couleurs (vision en noir et blanc) est très rare et souvent héréditaire, passant des grands-parents aux petits-enfants. Certaines formes peuvent être d'origine toxique.
— La confusion des couleurs (erronément appelée daltonisme): dans l'ensemble leur répartition est très variable selon les peuples (du Nord ou du Sud). Six à huit pour 100 des hommes confondent les couleurs dans les pays dits nordiques et 0,4 à 1 pour 100 des femmes (statistiques plus

fiables pour les hommes en raison du dépistage chez les miliciens). Dans les pays du Sud, ces pourcentages semblent moindres. L'affection est héréditaire et transmissible chez le même sexe (du grand-père au petit-fils).
— L'incapacité de reconnaître la couleur rouge: plus ou moins 1 à 2 pour 100 de la population.
— L'incapacité de reconnaître la couleur verte: plus ou moins 6 pour 100 de la population.
— L'incapacité de reconnaître la couleur bleue: très rare.

Toutes les formes plus ou moins incomplètes existent et peuvent être acquises par les intoxications citées plus haut. Une bonne vision des couleurs est encore plus importante actuellement que jadis, vu le nombre de tons que l'on emploie dans de nombreuses professions.

Le traitement est inexistant actuellement pour les formes héréditaires, mais les formes toxiques peuvent être évitées.

Une bonne orientation professionnelle s'impose chez des enfants ne distinguant pas bien les couleurs. Certaines professions sont à exclure (conducteurs de locomotives, marins, aviateurs, chauffeurs professionnels, électriciens, électroniciens, etc.).

Le dépistage de la vision des couleurs se fait de plus en plus au niveau préscolaire et scolaire.

Comment regarder la télévision

D'un point de vue strictement oculaire (sans discuter l'utilité ou l'inutilité de séances prolongées chez les enfants), nous devons connaître certaines directives:
1. Se placer à une distance de plus ou moins 7 fois la diagonale de l'écran: par exemple 65 cm x 7 = 4 m 55 cm.
2. Ne jamais regarder la télé dans l'obscurité.
3. Ne pas placer l'appareil de télévision trop haut ou trop bas par rapport au niveau des yeux (maux de têtes fréquents dans le cas de téléviseurs mal placés).

La télévision abîme-t-elle la vue? Elle est néfaste si on la regarde de très près; par contre, elle attire l'attention sur une mauvaise vue éventuelle (test utile pour découvrir une myopie par exemple).

Strabisme (loucherie)

À la naissance, le nouveau-né a une vue approximative et floue de son environnement et n'a pas encore une vision binoculaire (vision en trois dimensions provenant de la perception simultanée d'une image par les deux yeux sous le même angle). Il louche, par moments, alternativement d'un oeil ou de l'autre. Pour cette raison, beaucoup de jeunes parents consultent l'ophtalmologiste avec leur enfant de 3 ou 4 mois; c'est surtout l'aspect esthétique du nourrisson qui les inquiète. Le plus souvent, tout s'arrange et leur bébé développe petit à petit une bonne vision binoculaire vers l'âge de 9 ou 10 mois. Passé cet âge, il est très important que l'on découvre la cause du strabisme.

Chaque maman peut détecter si son bébé louche ou non par le test suivant: en faisant fixer un doigt ou un objet familier par le bébé, on lui cache un oeil avec la main (test de l'écran, *cover-test*); en découvrant l'oeil caché, on s'aperçoit si l'oeil reste immobile, et alors il n'a pas de strabisme, ou s'il bouge, et alors il a du strabisme. Normalement pour former une image unique les deux yeux doivent fixer sous le même angle pour faire coïncider les deux images perçues par chaque oeil. On répète ce test de l'écran à droite et à gauche. En cas de doute, il est conseillé de s'adresser rapidement à un ophtalmologiste car, à la base d'un strabisme, il y a toujours une cause optique (mauvaise acuité visuelle) ou un obstacle à la pénétration de la lumière dans l'oeil loucheur (cataracte congénitale par exemple, décollement de la rétine), voire même une paralysie de certains muscles oculaires. L'hérédité joue un rôle. Certains défauts optiques de l'oeil peuvent être héréditaires, prédisposant ainsi au strabisme (l'hypermétropie par exemple).

Le dépistage précoce du strabisme est très important car un traitement tardif peut compromettre non seulement le développement de la vision stéréoscopique (vision dans l'espace), mais peut conduire à la perte pure et simple de la vision de l'oeil loucheur (amblyopie), tout se passant comme si l'enfant supprimait la vision de l'oeil dévié pour ne pas voir double (ou trouble).

Parents, omnipraticiens, pédiatres doivent bien comprendre que laisser faire la nature, dans le cas du strabisme, conduit à la perte de la vision d'un oeil.

L'intervention chirurgicale seule, sans traitement de la cause du strabisme (verres correcteurs) et sans exercices orthoptiques, n'est qu'esthétique. Avant tout, nous devons développer une bonne vision de l'oeil strabique (occlusion du bon oeil pour faire travailler l'oeil non fixateur par exemple).

Le traitement orthoptique du strabisme est long et son succès dépend plus de la persévérance des parents que des enfants. L'enjeu (vision parfaite, binoculaire) en vaut cependant la peine.

Tout travail de précision est impossible sans vision binoculaire. Il faut songer que l'on peut toujours perdre la vision du bon oeil par accident à l'âge adulte et le mauvais (oeil amblyope) ne permet pas une vie normale. Il est de la plus haute importance de dépister à temps un strabisme même de petit angle car la récupération de la vue de l'oeil loucheur dépend de la précocité du traitement.

Faux strabisme

Chez certains nourrissons, la base du nez étant trop large avec un petit pli de la peau (côté nasal) venant du sourcil vers la paupière inférieure, on a l'impression que le nourrisson louche. En réalité, c'est le nez qui est plus près des yeux et non le contraire.

Le test de l'écran permet de vérifier s'il s'agit de strabisme ou non.

Accidents oculaires

Comme en toute chose, ici également il vaut mieux prévenir que guérir. Les accidents oculaires sont fréquents dès que l'enfant marche: fourchettes, paires de ciseaux, plantes, animaux domestiques peuvent blesser les yeux plus ou moins gravement. Un accident courant est celui où l'enfant tire sur une nappe et où les couverts en tombant lui blessent les yeux.

À partir de 3 ou 4 ans, des jouets dangereux peuvent causer des dégâts oculaires: pétards, arcs à flèches, fléchettes, catapultes, etc.

Comment prévenir ces accidents? L'enfant n'ayant pas la notion du risque d'accident, ce sont les parents qui doivent les en avertir et éviter d'offrir des jouets pouvant être dangereux.

À l'âge scolaire, les accidents oculaires sont fréquents à cause de la turbulence des enfants qui se manifeste par des jeux sauvages et la pratique de certains sports.

À l'âge adulte, la prévention des accidents oculaires est organisée au niveau du travail comportant des dangers (port de verres trempés, par exemple).

Un cas d'accident rare est celui où regarder une éclipse solaire brûle le centre de la rétine.

Bricoleurs et jardiniers de fin de semaine, attention! portez des lunettes de protection pendant vos travaux (même pour clouer ou tailler vos rosiers).

Que d'accidents oculaires faciles à prévenir!

Les personnes du troisième âge risquent des accidents oculaires plutôt par malhabileté que par insouciance.

Mesdames ou messieurs, attention aux brûlures des yeux par vos lampes U.V. Le port de lunettes spéciales fournies avec les lampes U.V. s'avère indispensable.

Le glaucome ou comment devenir aveugle sans s'en rendre compte

Le glaucome est une maladie sournoise très fréquente au-dessus de 40 ans (2 à 3 pour 100 de la population).

L'origine de la maladie, qui habituellement atteint les deux yeux en même temps, est le plus souvent mystérieuse. Elle peut sévir pendant 10 ou 15 ans sans qu'on le sache, sans douleur ni gêne sauf dans certains cas "heureux" où des maux de tête surviennent la nuit ou au lever. À la fin de cette maladie, le cristallin (lentille) peut prendre une coloration verdâtre, glauque, ce qui donne son appellation "glaucome". À la longue, si un traitement efficace n'est pas appliqué (collyres, éventuellement intervention chirurgicale), la vue s'altère de manière irréversible. D'abord le champ visuel latéral diminue, puis progressivement la vision centrale (l'acuité visuelle). Normalement le liquide se trouvant dans la partie antérieure de l'oeil (l'humeur acqueuse) s'écoule par diverses voies (petits canaux et veines). Mais, en cas de glaucome, l'écoulement est mauvais et le liquide s'accumule, d'où augmentation de la tension interne de l'oeil; on parle alors d'hypertension intra-oculaire. Cette tension ne dépasse pas normalement 20-21 mm de mercure (rien à voir avec l'hypertension artérielle).

En règle générale, la maladie est souvent familiale; parfois révélée par un traitement médicamenteux (cortisone, certains calmants). Chez des sujets prédisposés (nerveux), l'affection peut se révéler par une crise aiguë de glaucome avec douleurs dans le globe oculaire et derrière le globe, maux de tête, vomissements, baisse importante de la vue accompagnée de halo coloré autour des lumières, dilatation de la pupille (prunelle) et une augmentation très importante de la tension oculaire (40-80 mm de mercure).

Mais il existe aussi des glaucomes congénitaux, le plus souvent bilatéraux, héréditaires. Chez le nouveau-né, l'oeil se dilate sous l'effet de la pression interne et devient très grand et globuleux (oeil de boeuf).

Il est très important qu'à partir de 40 ans, même sans douleurs oculaires, on fasse un bilan de l'état des yeux, plus ou moins annuellement; à cette occasion, l'ophtalmologiste mesure la tension intra-oculaire.

Vu la gravité de l'atteinte visuelle en cas de diagnostic et traitement tardif, certains pays du Marché commun (par exemple l'Allemagne fédérale) ont mis sur pied un service ophtalmologique par bus afin de dépister cette maladie dans les régions démunies d'ophtalmologistes. Ce dépistage est d'autant plus nécessaire qu'actuellement 15 à 20 pour 100 des aveugles doivent leur cécité à un glaucome. Bon nombre de maux de tête trouvent leur origine dans les maladies des yeux et plus particulièrement dans le glaucome non traité.

Le diabète

Cette maladie est à la base de nombreux cas de cécité par atteinte du cristallin (cataracte) ou par atteinte des vaisseaux sanguins de l'oeil (mauvaise circulation de la rétine, hémorragie à l'intérieur des yeux).

Certains glaucomes sont plus fréquents chez les diabétiques. La fréquence des complications oculaires est plus élevée actuellement car les diabétiques ont une espérance de vie prolongée, grâce à un meilleur contrôle de leur maladie.

L'examen des yeux, chez les diabétiques, est indispensable au moins deux fois par an. L'examen du fond de l'oeil nous renseigne sur les différents stades de l'évolution de la maladie.

L'examen du *fond de l'oeil* est d'ailleurs intéressant à plus d'un titre, car la rétine est le seul endroit du corps où les vaisseaux sanguins sont directement visibles grâce à un instrument fort simple: l'ophtalmoscope. De nombreuses affections peuvent ainsi être découvertes ou surveillées. L'hypertension artérielle, le diabète, certaines tumeurs, certaines maladies du système nerveux central, certaines intoxications sont visibles à l'examen du fond de l'oeil. Il s'agit en fait d'un examen de routine dans la mise au point générale de l'état de santé d'un individu.

Qu'est-ce qu'une cataracte?

Normalement, la lentille de l'oeil est translucide comme le cristal, d'où la dénomination de "cristallin". Par suite de troubles de nutrition, de traumatismes du cristallin, des opacités connues sous le nom de "cataracte" le rendent plus ou moins opaque.

La cataracte peut être congénitale, héréditaire et associée à d'autres malformations. Certaines maladies subies par la mère pendant la grossesse peuvent également causer une opacification du cristallin du foetus; par exemple la rubéole, les oreillons, la toxoplasmose.

Bon nombre de cataractes atteignent les personnes du troisième âge suite au vieillissement de l'organisme. La contusion du globe oculaire, l'emploi prolongé de certains médicaments (corticoïdes par exemple), le glaucome, le diabète sont les causes les plus connues de la cataracte.

Malgré des recherches soutenues, nous ne connaissons pas actuellement le mécanisme de formation de la cataracte. Tout traitement préventif est donc aléatoire, sauf dans le cas bien précis d'une maladie peu fréquente: la galactosémie. Celle-ci atteint des enfants qui ne digèrent pas l'un des composants du lait et qui développent alors une cataracte. Actuellement, cette maladie est recherchée dès la naissance et une alimentation adéquate évite la formation de la cataracte.

Le traitement actuel de la cataracte est chirurgical et consiste dans l'extraction du cristallin opaque. L'oeil ainsi dépourvu de sa lentille doit être corrigé soit par des verres correcteurs, soit par des lentilles de contact ou par l'insertion d'une lentille intra-oculaire dans certains cas bien précis et choisis.

Quel est le moment le mieux indiqué pour se faire opérer de la cataracte?

L'indication opératoire est impérieuse et précoce dans le cas de cataracte congénitale (avant 6 mois). En effet, jusqu'à l'âge de la parole, l'enfant reçoit ses impressions de l'environnement surtout par la vue.

Chez l'adulte ou la personne du troisième âge, le moment de l'opération dépend de l'activité, de la profession. D'une façon générale, une acuité visuelle inférieure à 3/10 entrave une vie active.

L'intervention sera pratiquée sous anesthésie locale, ou sous anesthésie générale si l'état du patient le permet. L'hospitalisation est de brève durée, de quatre ou cinq jours. Grâce aux techniques modernes et à l'emploi du microscope opératoire, les résultats visuels sont excellents, si l'état de la rétine et du nerf optique est satisfaisant.

Atteintes oculaires transmises par les animaux domestiques

La toxoplasmose

Cette maladie est due à un petit parasite unicellulaire, le toxoplasme. La transmission se fait soit par les animaux domestiques (chiens, chats), soit par l'ingestion de viandes mal cuites, contenant des kystes parasitaires. Cette maladie peut être congénitale ou acquise. La forme congénitale est rare mais dangereuse; la forme acquise est fréquente mais plus bénigne. Les manifestations oculaires sont variables, bilatérales, et leur fréquence dépend de la date de contamination. Les globes oculaires, l'iris, le cristallin, mais surtout la rétine sont atteints. Le centre de la rétine de chaque oeil est détruit peu à peu par cicatrisation des lésions causant une perte totale de la vision centrale (vue de précision). Le diagnostic de cette maladie se fait souvent lorsque surviennent des troubles de la vue. Le traitement est le plus souvent peu efficace. C'est dire que la prévention s'impose.

La toxocarose

Cette parasitose fréquente chez le chien et le chat peut être transmise aux enfants. Les oeufs du parasite infestent l'individu au cours des premières années de la vie, mais les manifestations oculaires ne se révèlent que beaucoup plus tard. La baisse de vue chez l'enfant ou l'adolescent est unilatérale et causée par une atteinte du centre de la rétine ou parfois même par une inflammation aiguë de l'intérieur de l'oeil qui va jusqu'à causer un décollement de la rétine.

L'Organisation mondiale de la santé a attiré l'attention sur les dangers que présentent les parasitoses des animaux domestiques transmissibles aux enfants. La cohabitation avec les chiens et les chats étant de plus en plus fréquente, les parents doivent prendre certaines précautions et ne pas hésiter à consulter un vétérinaire, en cas de doute.

Maladies à virus

Des maladies à virus (zona, varicelle, rougeole, herpès) peuvent causer des lésions oculaires. L'atteinte de la cornée est fréquente dans ces affections.

L'herpès

Le virus de l'herpès est présent dans chaque individu et se manifeste à l'occasion de l'affaiblissement de l'état général (boutons de fièvre par exemple). La cornée peut être attaquée par les virus. À l'heure actuelle, l'herpès oculaire ne se guérit pas facilement et peut laisser des séquelles (cicatrices cornéennes). L'oeil est rouge, larmoyant, gêné par la lumière (photophobie). Une blessure de la cornée, même superficielle, doit faire penser à un herpès éventuel. L'emploi abusif des pommades de cortisone favorise le développement de l'herpès oculaire en diminuant l'immunité naturelle et aussi en retardant la visite chez l'ophtalmologiste. En effet, les signes inflammatoires s'atténuent grâce à la pommade contenant des corticoïdes qui n'a cependant aucune action sur la cause (virus).

En règle générale, la rougeur d'un oeil n'est pas une maladie mais le signe (symptôme) faisant partie de l'ensemble de l'affection. Il est formellement déconseillé de mettre des collyres ou pommades cortisoniques dans les yeux sans l'avis de l'ophtalmologiste.

L'hérédité en ophtalmologie

Les affections des yeux sont généralement héréditaires (plus ou moins 50 pour 100).

Prévenir les affections héréditaires, en ophtalmologie, veut dire: aviser les futurs couples porteurs de maladies héréditaires. L'examen prénuptial est à conseiller; il serait même préférable de le rendre obligatoire. Certains trouvent que l'examen prénuptial est une atteinte à la liberté individuelle, mais n'oublions pas que les mal voyants et les aveugles sont pris en charge par la société et non pas uniquement par les parents. Les individus porteurs de facteurs héréditaires causant des atteintes oculaires graves devraient être avertis des risques que leur éventuelle descendance encourt, et prendre leurs responsabilités. Il vaut mieux prévenir que guérir, surtout quand il est impossible, comme c'est le cas actuellement, de guérir les maladies héréditaires en ophtalmologie.

La prévention des maladies nerveuses et psychosomatiques

Par le docteur C. Nyström

Le psychiatre, au cours de son histoire, a été confiné au rôle de geôlier du fou. Cette situation a laissé, dans le grand public, les traces d'une angoisse archaïque à son égard.

Le fou, l'aliéné, inquiète, et de tout temps l'individu normal s'en est protégé en l'isolant, en l'enfermant.

Le psychiatre, médecin du fou, mais aussi de l'esprit ou des esprits, est perçu comme un sorcier possédant d'étranges pouvoirs dont on se méfie.

Les immenses progrès de la pharmacologie ont bouleversé cette image devenu surannée. Au psychiatre-geôlier se substitue le psychiatre-médecin consulté pour le mal-vivre, le mal à l'âme, les troubles de la personnalité, du caractère, de l'humeur mais aussi de leur impact corporel qui a donné naissance à la médecine psychosomatique.

Le fou devient rare, les asiles ferment leurs portes et le nombre de lits psychiatriques a été réduit.

Une meilleure connaissance des causes de certaines folies a permis de les prévenir. L'apport d'iode dans l'alimentation a fait disparaître les "simplets" des villages des montagnes suisses. Chez tous les nouveau-nés, le dépistage aisé de troubles enzymatiques prévient une forme de folie qui était provoquée par l'intoxication précoce et irréversible du cerveau. Le mongolisme peut être diagnostiqué dans les premières semaines de la grossesse qui peut dès lors être interrompue.

Toutes les folies ne sont pas dues à des intoxications chimiques ou à des troubles génétiques. Si le milieu, ou les messages de ce milieu sont psychiquement intoxicants, l'enfant va se protéger en s'isolant dans la folie. Corriger cet environnement ou lui en substituer un autre plus favorable diminue encore l'incidence de l'anormalité.

La psychologie moderne s'est chaussée de bottes de sept lieues. La connaissance du fonctionnement de l'esprit progresse avec la recherche de nouvelles méthodes thérapeutiques et se cristallise dans le puissant courant de la *psychologie humaniste* et de ses visions originales, parfois audacieuses.

Ce chapitre exposera l'évolution de ces idées et tentera de faire le point. Il veut surtout faire réfléchir et faire prendre conscience de certaines réalités mal connues. Enfin, il débouchera sur la prévention, car dans un domaine où la route vers la guérison est souvent longue, difficile et onéreuse, la prévention, chaque fois qu'elle est possible, s'impose d'emblée.

Le secret de la vie est le subtil équilibre dans le déséquilibre. La pathologie psychiatrique tourne autour d'un mot clé: le *conflit*.

L'homme possède de multiples moyens d'adaptation et ne lésine pas sur le prix à payer.

La source du conflit peut aussi bien être extérieure qu'intérieure, ou avoir été intériorisée à un moment de l'évolution; par exemple être agressé ou s'agresser en se culpabilisant.

L'adaptation spontanée peut se réaliser de différentes manières: affronter, éviter, fuir, se rendre inconscient de la situation, c'est-à-dire refouler. Nous pouvons exagérer, dramatiser, nous vivons tous des combats de Don Quichotte.

L'ennemi peut s'être retranché loin dans notre inconscient, comme ces conflits de l'enfance endormis depuis longtemps, face auxquels nous réagissons à l'instar de ces soldats japonais abandonnés sur des îles du Pacifique, derniers combattants d'une guerre depuis longtemps terminée.

Les mécanismes de défense psychologique (les réactions névrotiques en font partie) visent à rétablir l'équilibre, mais souvent à un prix exorbitant. Au Moyen Âge, il était justifié de construire des châteaux forts aux multiples murs de défense où le châtelain se sentait protégé contre les conflits extérieurs, même s'il était contraint de vivre dans des salles froides, humides et sombres; pas de boulets, mais l'absence de soleil! C'était le prix à payer. Et c'est le prix que nous payons pour notre cuirasse névrotique. Nos échanges avec l'extérieur sont restreints et difficiles, comme au travers de meurtrières, mais nous sommes blindés contre les attaques, les humiliations. Cela nous contraint à beaucoup plus imaginer le monde extérieur qu'à le vivre.

Installez-vous dans un endroit public et regardez les passants d'un autre oeil. Vous commencerez peut-être à voir les nuques bloquées, les épaules, les thorax, les bassins cadenassés engonçant les démarches. Imaginez ces personnes faisant l'amour avec leurs fardeaux invisibles mais combien pesants sur les épaules.

Un journal français titrait: "50 pour 100 des Français ont des problèmes sexuels." Hélas oui, les autres aussi d'ailleurs. Regardez la tension, la tristesse, la rage, le dégoût retenus mais visibles sur les visages, quand ils ne sont pas empreints d'indifférence.

Comment en sommes-nous arrivés là?

Nous le comprenons à l'heure actuelle beaucoup mieux, depuis que Freud a élucidé les mécanismes de l'inconscient.

Examinons un premier exemple.

Le patient reprend de façon répétitive, dans sa vie adulte, des comportements acquis au cours de la petite enfance et devenus inadéquats.

La cause de ce comportement est oubliée, refoulée et va par exemple se situer dans le complexe d'Oedipe. On entend par là que l'enfant éprouve une attirance incestueuse pour le parent de sexe opposé et un sentiment de concurrence meurtrière pour le parent du même sexe; l'enfant se charge donc d'une double culpabilité. En milieu équilibré, il arrive à résoudre son dilemme en le dédramatisant; lui aussi pourra plus tard former un couple.

On peut se rendre compte que la prévention de nombreuses réactions névrotiques chez l'adulte débute par une attitude adaptée vis-à-vis de l'enfant à tous les moments de sa vie sociale.

L'enfant laissé à sa culpabilité se juge, se condamne et se punit dans le but de préserver l'amour des parents. Mais il va se punir répétitivement et en oubliera même la raison. Adulte, au mieux il restreindra l'utilisation de son potentiel, au pire il se placera en situation d'échec permanent, allant même jusqu'à utiliser la maladie, l'accident, même la mort comme punition, tout ceci inconsciemment. Il s'agit du complexe de castration, ou contrainte intérieure par laquelle nous nous empêchons de réussir, de vivre.

Un deuxième exemple important concerne l'énergie du plaisir, énergie de l'instinct sexuel ou libido. Cette énergie se trouve comprimée par des forces antagonistes: culture, religion, morale, tabous, lois, etc. Lorsque le niveau de compression dépasse le seuil de tolérance, une explosion intérieure ou implosion survient. Il en va de même pour l'énergie de la colère ou de la rage inexprimée et qui va sourdre sous forme d'angoisse. Si ce processus se répète, il donne naissance à la névrose d'angoisse et à l'énorme consommation de drogues calmantes, antidépressives et somnifères.

Les psychothérapies modernes visent notamment à rétablir une meilleure reconnaissance et une expression libérée des émotions, afin de prévenir toute la pathologie causée par leur retenue.

Si l'énergie sexuelle ne trouve pas une canalisation appropriée, elle peut se déplacer et se fixer sur d'autres "objets", par exemple, le fétichisme, etc.

Tous ces processus, on le voit, sont donc adaptatifs et protègent un certain équilibre émotionnel et physique.

Le conflit résulte de la compétition de sentiments opposés et inconciliables à des niveaux plus ou moins inconscients.

La prévention, de toute évidence, passe par la prise de conscience de ces tendances, de façon à établir le libre choix vers l'un ou l'autre pôle ou vers un compromis, ce qui fait cesser le conflit.

Dans l'esprit de la psychologie humaniste, les techniques des grands groupes (de 50 à plusieurs centaines de participants) parviennent justement à corriger ces attitudes en quelques jours seulement, d'où leur efficacité.

La psychanalyse a montré que la personnalité se forme dans l'enfance au cours de diverses étapes. L'individu peut se bloquer à ces étapes, en garder des comportements ou y régresser lors de conflits insupportables, à la manière d'une armée menacée qui se replie sur des positions plus sûres.

Un des apports de Jung fut de prôner l'intervention active du thérapeute, pour influencer et guérir le névrosé. Il a ainsi ouvert la voie à la recherche de l'efficacité thérapeutique propre à la psychologie moderne.

En introduisant la notion d'infériorité, attitude acquise dans l'enfance face à la toute-puissance adulte, Adler montrait qu'en plus de l'inhibition psychique, pouvaient survenir des symptômes physiques.

Dans cette optique, le symptôme représente une lutte pour vaincre les sentiments d'infériorité. La fuite dans la maladie ne constitue pas nécessairement un renoncement à la puissance, mais peut être au contraire une forme subtile de prise de pouvoir sur l'entourage par la maladie. La force de la victime est de contraindre son adversaire au rôle peu enviable de bourreau. Les bénéfices secondaires font que cette situation aberrante peut se maintenir.

Perls, le père de la *Gestalt-thérapie* ou psychothérapie de "l'ici et maintenant", a créé le terme de vision "holistique de l'être" ou vision de l'être global.

Il faut, dès lors, envisager non seulement la maladie, mais aussi le malade et ne pas négliger l'importance du psychisme dans la genèse de toutes les maladies. La maladie fonctionnelle commence à être reconnue comme une entité, une réalité pathologique au même titre que la maladie organique. Mais son approche rebute car elle exige une connaissance approfondie des mécanismes psychiques qui entraînent la maladie.

En course automobile, l'état "fonctionnel ou émotionnel" du pilote prime, car la voiture ne peut pallier la défaillance du pilote alors que, dans une certaine mesure, l'inverse est possible.

En situation d'urgence, l'animal peut mettre en marche tous les mécanismes neurophysiologiques dont il dispose soit pour la fuite, soit pour le combat, mais s'il ne peut se décider ou s'il tente les deux à la fois, il se fige, tiraillé par des forces opposées.

Ceci illustre l'interaction entre l'affect et le corps dans toutes ses manifestations neuro-végétatives.

Par exemple, si les tensions psychiques et musculaires (de même que le métabolisme) du sportif augmentent au cours d'une épreuve, elles augmentent également chez le spectateur.

Par ailleurs, les compagnies d'assurances connaissent l'accroissement de la mortalité et de la morbidité (taux de maladies) après la mise à la retraite. Car, si l'énergie ainsi bloquée dépasse un certain seuil, la maladie, de fonctionnelle, devient organique. La douleur d'estomac vire à la brûlure, puis se concrétise en gastrite, voire en ulcère.

Au cours de ses recherches, Reich, père de la *bioénergie* (psychothérapie par le rééquilibrage des énergies psychocorporelles) avait abouti à la notion de terrain caractériel sur lequel poussent les symptômes. Il fut un des précurseurs de la prévention en proposant de créer un environnement social axé sur l'épanouissement de l'être. Si Freud avait scandalisé la Vienne pudibonde en révélant la sexualité de l'enfant, Reich alla plus loin encore en luttant activement pour donner aux jeunes le droit de vivre leur sexualité. Il constata dans sa pratique médicale que la sexualité était souvent vécue comme une compensation à un sentiment d'infériorité ou d'impuissance.

La nécessité de prouver sa virilité transformait la sexualité de l'homme de relation en compétition, conquête, viol. L'homme se sentait obligé d'atteindre la performance sexuelle et augmentait les tensions intérieures par la recherche du contrôle et de la maîtrise au lieu de s'abandonner à la détente. Dès lors, l'impuissance orgastique n'était pas l'effet, mais bien la cause de la névrose. La lecture du corps montre les blessures psychophysiques accumulées au cours du passage des différentes étapes de l'évolution de l'enfant vers la vie adulte (oralité, analité, etc.).

Si l'archéologie réactualise le passé du monde, la bioénergie est l'instrument de lecture du passé émotionnel de l'individu sédimenté dans le corps. De plus, il s'agit d'une approche thérapeutique permettant de libérer l'être de sa cuirasse musculaire et dès lors de laisser venir les mouvements spontanés du corps et du coeur en se donnant le droit de vivre ses émotions.

Pour Reich, la psychothérapie vise à éliminer l'anxiété orgastique, l'anxiété du plaisir, l'anxiété de la vie.

La libido adulte est contaminée par ses attaches infantiles. Ainsi, les frustrations de la phase sadique de l'enfance (2 à 3 ans) provoquent les pulsions sadiques de domination, de viol et d'agressivité chez l'adulte.

Les désirs sexuels incestueux infantiles, inconscients, sont réactivés par l'inhibition sexuelle propre à la névrose de l'âge adulte. Une angoisse sexuelle en résulte, qui renforce l'inhibition et qui réalimente à son tour la névrose. Il s'ensuit un cercle vicieux qui se régénère lui-même au cours de l'existence.

La misère sexuelle est en partie due à une mauvaise information sur le plan technique, mais trouve ici ses racines profondes.

L'énergie d'entretien de la névrose trouve sa source dans la stase ou blocage sexuel situé dans la rigidité psychocorporelle, protection justifiée à un moment de notre existence, mais devenue anachronique depuis lors. Cette cuirasse n'est pas extérieure, comme chez la tortue, mais bien intérieure. Il faut la faire sauter pour libérer l'être de son carcan.

Plus tard, d'autres psychothérapeutes décidèrent de mobiliser cette source d'énergie par la résolution des conflits anciens afin de vivre pleinement le "ici et maintenant".

Les derniers développements de la bioénergie cherchent à libérer la spiritualité de l'être, par la fusion de cette cuirasse pour atteindre le Moi profond.

Il existe un puissant courant amené à changer le mode de vie, à lui redonner un sens, à retrouver le respect de soi, de l'autre, de la nature (la pensée holistique). Ce mouvement part de l'idée que nous disposons d'un énorme potentiel et d'une responsabilité de vie allant jusqu'à la maîtrise inexploitée de notre destin, de notre vie, des maladies et même de la mort.

Une idée intéressante de l'évolution de l'être a été développée; celle-ci passerait par trois grandes périodes.

La première période. L'inclusion remonte à la naissance, aux premiers contacts, à l'entrée dans la vie, à la première inspiration, la première vision, la première audition, la première tétée, époque archaïque où le bébé se voit contraint de survivre en s'individualisant, en acceptant d'être seul. Comme le bateau quitte le port, il s'éloigne de la mère et doit établir ses propres frontières avec le monde extérieur avec plus ou moins de succès. Il subsiste des failles que l'on peut schématiser par la difficulté à dire "non".

Cette période se poursuit jusqu'au renoncement à la vie elle-même, et traverse plusieurs caps, comme celui du contact de frontières intimes entre elles (le premier baiser, la première relation sexuelle, etc.). Ces frontières constituent nos limites avec le monde extérieur, mais aussi nos zones de contact, de pénétration (peau, systèmes respiratoire et digestif, muqueuses sexuelles, organes des sens).

Chacune de ces périodes d'évolution, comme on le voit, concerne plus particulièrement une des parties spécifiques du corps. Les problèmes liés à ces périodes d'évolution auront des répercussions pathologiques sur ces zones physiques.

L'inclusion, ou période de contact, entraîne des symptômes dans nos murailles, comme les troubles cutanés (eczéma, acné, zona, psoriasis), les troubles respiratoires (asthme, bronchite, tuberculose), etc.

Les troubles digestifs donnent une idée de l'endroit où nous plaçons nos frontières. Par exemple, l'haleine fétide maintient à distance, l'aphte limite l'ingestion en la rendant douloureuse, la gastrite traduit une défense largement intériorisée en une colère qui n'ose s'extérioriser et va imploser en ulcère. La colite hémorragique représente une frontière encore plus refoulée dont le contenu psychique est difficile à ramener en surface même par les techniques psychanalytiques.

On remarque que la pathologie de cette période concerne, entre autres, les dermatologues, pneumologues, gastro-entérologues, ophtalmologistes, oto-rhino-laryngologistes (O.R.L.), sexologues, etc.

La deuxième période est celle de l'acquisition par l'enfant de son pouvoir. L'enfant dresse la tête, puis le tronc et enfin tout le corps pour se mettre à avancer, à conquérir l'espace, à prendre le pouvoir.

La pathologie de cette période vise essentiellement les organes de soutien, de locomotion (le système ostéo-musculaire), contrôlés par le système nerveux.

La symptomatologie peut être illustrée par les troubles rhumatismaux, les dégénérescences neuro-musculaires, les affections neurologiques, mais aussi, en termes de "choix" et de "responsabilité", par toute la pathologie traumatologique (notamment les jeux de la puissance, sport de combat, moto et auto).

Il n'est pas aisé de faire prendre conscience à ces patients que "s'aider n'est pas céder", eux qui vivent dans la devise "il faut tenir et payer". Le thérapeute, ici, n'est guère nécessaire. La pathologie de cette période intéresse plutôt les neurologues, rhumatologues, chirurgiens, etc.

La troisième période aboutit à la conclusion des deux autres. L'être a acquis ses frontières, il dispose d'une puissance certaine; dès lors, il peut s'abandonner, se reprendre, s'ouvrir ou se fermer, donner ou recevoir. L'épanouissement affectif se réalise.

Au cours de l'acquisition de la marche, l'enfant va à la rencontre de son entourage mais peut aussi se retirer.

Au lieu de *subir*, il commence à *agir*.

À ce stade, l'enfant peut maîtriser le cycle complet de ses besoins, c'est-à-dire prendre conscience de ceux-ci, puis se diriger vers l'objet de satisfaction, le consommer, se retirer et être prêt pour un nouveau cycle.

L'indépendance de cet âge reste toute relative, et les parents réagissent par une opposition nécessaire qui vise à établir des limites sociales. Celles-ci permettent le respect du territoire géographique mais aussi psychique dans la société. Cette période délicate de l'évolution représente une des sources principales de conflits ultérieurs, soit parce que l'évolution en a été freinée par la famille qui pouvait se sentir menacée, soit parce que l'accent a surtout été porté sur le respect de l'entourage plutôt que sur le sien. Le sentiment de culpabilité commence à ravager le potentiel de la force du

Moi. Au cours de cette période, une éducation équilibrée peut épargner de graves souffrances et des années de psycho-thérapie à l'adulte.

L'éveil des émotions au cours de la période relationnelle débute sous des auspices lourds de menaces. L'émergence de la *peur* est le deuxième danger qui vient harceler cette pré-coce indépendance, peur objective, mais surtout subjective, peur de l'autre, peur de certaines situations; des accidents inévitables justifient et viennent renforcer cette peur.

Ce n'est plus l'événement (ou contenu) qui importe mais ce que l'on a fait, ce que l'on en pense (contexte). Pour se pro-téger, l'enfant tombe dans le piège, en fonctionnant plus en termes de cliché, de croyance, de système, et de ce fait évite le contact direct avec l'expérience: "Je n'aime pas ce potage, *je le sais.*" L'individu passe inconsciemment de l'enrichis-sement à l'appauvrissement par la rigidité, la fermeture, l'intransigeance.

Il est navrant de constater que l'éducation, tant familiale que scolaire, professionnelle, militaire, politique ou religieuse, encourage ce virage, car l'autorité s'exerce plus aisément sur un troupeau de moutons dociles et stupides que sur des êtres dont la pensée est libre.

On peut faire le lien entre l'attitude castratrice des parents vulnérables et l'attitude répressive des pouvoirs totali-taires, et les conséquences en chaîne qui s'ensuivent et abou-tissent à menacer l'existence même de l'humanité.

Sur le plan médical, les atteintes symptomatologiques de cette période touchent principalement les systèmes cardio-vasculaires et endocriniens et toute leur pathologie. Les spécialistes concernés sont, entre autres, les cardiologues, endocrinologues, gynécologues, sexologues et psychothé-rapeutes.

La prévention durant cette période relationnelle serait fructueuse si l'effort visait à stimuler l'enfant plus qu'à le frustrer. Ceci ne serait possible que si toutes les personnes évoluant autour de cet enfant étaient elles-mêmes épanouies de manière à être encourageantes, nourrissantes. Il faut avoir soi-même reçu pour pouvoir donner!

Le mouvement humaniste trouve ici un de ses concepts de base: "La seule victoire durable est de rendre l'autre victorieux. C'est le prix de la Paix." Si nous souhaitons laisser le monde dans un état meilleur que celui dans lequel nous l'avons trouvé, nous devrons élargir le piédestal des élus afin qu'il soit accessible à tous les êtres vivants.

Si le psychisme ne peut déclencher ni le cancer, ni les maladies infectieuses, il peut néanmoins favoriser leur éclosion ou leur progression en diminuant les résistances.

Cette vision de la genèse des maladies permet d'envisager leur signification dans le contexte de la totalité de l'être, et donne une orientation plus complète à l'acte thérapeutique, qui, de traitement de symptôme, devient traitement du terrain récepteur psychophysique.

Car la maladie, l'accident, loin d'être le fruit du hasard, pourraient bien être sollicités, créés de façon plus ou moins consciente. Il pourrait s'agir d'un véritable choix et la pratique de la psychothérapie montre que ce choix peut être infléchi.

Voici quelques exemples qui illustrent le caractère de "maladie refuge":

— Pour fuir le stress scolaire, l'enfant cherche et trouve dans la maladie le retour au refuge, à la chaleur maternelle. Il peut provoquer cette maladie volontairement (s'exposer au froid) ou réduire inconsciemment ses défenses et, par là, rendre le terrain propice à l'infection.

— Des personnes astreintes à un travail monotone, inintéressant ou au contraire stressant, fuiront par l'accident ou la maladie (traumatisme professionnel, silicose, etc.).

Les personnes inoccupées, ou plus exactement mal occupées, vont combler leur vide existentiel par la maladie "compagne" ou maladie occupationnelle (hantise des Caisses de maladies). Celle-ci a comme caractéristique d'être récidivante, d'évoluer peu rapidement et de résister aux médicaments; donc le pronostic de guérison est limité.

Ces troubles comprennent les dystonies neurovégétatives ainsi que de nombreuses céphalées, migraines, troubles digestifs, respiratoires, douleurs rhumatismales, etc. Les médecins qui guérissent ces patients les placent dans un vide existentiel insoutenable qui crée la dépression. Cette dernière est une source de symptômes qui réalimentent le cercle vicieux. En définitive, ici, la maladie permet au patient de survivre et lui évite la tentation suicidaire.

Notre rythme de vie, notre type de société et sa philosophie sous-jacente créent un stress permanent qui provoque des réactions de défense. L'alcoolisme et la drogue se répandent comme une traînée de poudre. Ces fléaux ont d'abord touché des groupes marginaux, mais frappent actuellement de plein fouet toutes les couches de la société, et le plus durement, hélas, la jeunesse.

Le système distille une dépression que les médias de communication entretiennent ou même amplifient, et qui suscite des pulsions suicidaires masquées, inconscientes, débouchant sur une violence introvertie qu'est la toxicomanie.

Il est tout aussi aisé de comprendre que l'autre choix débouche sur la violence extravertie, gratuite, individuelle ou collective. Les enfants assassins sont le produit d'une société de compétition et de consommation. Nous sommes bien forcés de constater que la violence éclate d'abord dans les ghettos et les stades pour se répandre dans les villes et devenir plus toxique encore.

La folie meurtrière d'un parti politique a presque anéanti le Cambodge; le fanatisme religieux, en Iran, frappe durement l'opposition. Au Chili et en Argentine, le sadisme par la torture d'État touche à l'insoutenable en s'en prenant aux enfants. La violence, et même l'expectative de la guerre, devient une norme de notre société que nous finissons par accepter sans réagir.

Il faut se rendre à l'évidence que si la notion de prévention socio-psychologique ne se répand pas rapidement, la survie de l'humanité est gravement menacée.

Il y va du choix de la vie ou de la mort.

Cette notion de choix ressort de l'observation de guérisons "miraculeuses" de personnes condamnées médicalement. Leur choix de vivre semble leur permettre d'y réussir. À l'inverse, en dépit des traitements, d'autres réussissent à se laisser mourir.

La toxicomanie, elle aussi, est un jeu continu avec la mort. L'apparition de l'*Angel Dust*, sur le marché de la drogue, permet un déchaînement hors mesure. Cet anesthésiant a la propriété de supprimer la douleur, tout en laissant la conscience intacte. L'intoxiqué arrive à se mutiler, à se dévorer lui-même, à s'acharner jusqu'à la mort sur lui-même ou sur son entourage, en fauve devenu fou furieux.

En résumé, l'analyse de notre processus de vie, de maladie, de mort nous fait réaliser que nous disposons aussi d'un pouvoir sur celles-ci et donc qu'une forme de prévention pourrait être créée.

L'effort mis à perfectionner la torture apparaît choquant. Les tortures psychologiques sophistiquées visent à délabrer la personnalité d'opposants, la psychiatrisation anéantit l'esprit des dissidents et, depuis peu, des condamnés sont exécutés par injection médicamenteuse.

La médecine traditionnelle s'efforce de faire reculer les limites de l'impossible et se bat en définitive contre la mort. Mais nous ne connaîtrons jamais l'effet de ce combat sur les agonies célèbres de dirigeants connus (Tito, Franco). Ce refus de la mort frise le grotesque car il mène à une impasse, c'est-à-dire à l'impossibilité de généraliser les moyens mis en oeuvre.

L'alternative de la médecine préventive vise à promouvoir une qualité de vie différente.

Par exemple, en Belgique, il y a cinquante ans, la sectorisation de la psychiatrie a réduit de façon significative le nombre des internements. Il s'agissait de diminuer l'importance de l'asile, en replaçant l'aliéné dans la société. Cette évolution était rendue possible par l'ouverture de Centres spécialisés, répartis dans la ville, ouvrant l'ère de la psychiatrie ambulatoire.

Dans le même temps, la médecine continuait sa lutte contre la mort, cependant que l'homme normal continuait, lui, d'oublier de vivre et se contentait de survivre.

Le piège réside dans la subtile culpabilisation du plaisir de vivre qui nous amène à dramatiser notre existence et à la transformer en un rituel expiatoire pour racheter la faute originelle.

Il est indispensable de passer du système de "vivre pour payer", c'est-à-dire rechercher la souffrance, l'échec, éviter le plaisir, vers un système existentiel de "vivre pour vivre".

Vivre pour résoudre des conflits présente cependant plusieurs avantages, celui d'être opérationnel, efficace et actif en permanence. Le fait de passer son temps à résoudre des conflits permet d'éviter le vide existentiel. L'attitude du perdant est maintenue, car moins culpabilisante que celle du gagnant. Gagner signifie devoir payer.

"Par la maladie et les accidents, mon corps me sert de carnet de chèques", disait une patiente.

Anaïs Nin écrivait: "Si on faisait des statistiques, on trouverait davantage de morts par avortements de rêves que par cataclysmes naturels, davantage de morts par avortements de rêves que par avortements d'enfants, davantage de morts par fièvre du désespoir que par maladies physiques."

Il est notoire que dès la première année du primaire, parfois même dès la maternelle, le système prépare l'enfant à l'acceptation de vivre mort, éteint, d'être gratifié à survivre, à étouffer sa flamme créatrice et à refouler son monde intérieur, plutôt qu'à le laisser éclater. Cependant, cela n'empêche pas notre société d'éclater. Le grand public prend conscience qu'un changement s'impose. Par manque de préparation et d'expérience, il erre et tâtonne à la recherche de solutions.

Ne repartons pas comme les Chevaliers de la Table ronde à la recherche du Graal sur les routes du monde. Ce mythe ancien dont les variantes ont hanté l'imagination sous d'autres formes — Toison d'Or, Eldorado, Jardin des Hespérides — reste le mythe actuel de la recherche de nous-même.

La psychothérapie profonde, comme la psychanalyse, reste une approche de luxe, un privilège. Les techniques de groupes, par l'analyse transactionnelle, la Gestalt, la bioénergie, etc., visent moins à changer l'individu qu'à le révéler à lui-même. Les techniques les plus récentes utilisent l'énergie émotionnelle de grands groupes (jusqu'à plusieurs centaines de participants). Le potentiel humain se révèle en se dégageant des freins que nous ne cessons de lui opposer.

Transformer la personnalité requiert des années de travail alors que changer l'attitude est réalisable en un ou deux week-ends de travail intensif.

En dix ans de pratique, E.S.T. (Ehrard Seminar Training) totalise à lui seul, principalement aux États-Unis, près de 400 000 participants et crée une révolution idéologique. En plus de la volonté d'améliorer le niveau de vie personnel, cette association s'est donné le projet d'éliminer la faim dans le monde. Des groupes de même type entreprennent leur action en Europe.

Les personnes débordées par leurs conflits éprouvent un sentiment de "mal-vivre", l'impression que cela pourrait aller mieux alors que, quoi que l'on fasse, on est écrasé par un implacable destin. À un autre stade, les maladies physiques semblent en relation avec des difficultés affectives; ainsi, on peut se sentir anesthésié, hors du coup, hors de contact: la vie n'a plus de sens. À un stade plus grave encore, s'installe l'impression terrible de ne plus s'appartenir, d'être différent des autres, d'être morcelé, l'impression que rien ni personne ne pourra faire quoi que ce soit pour nous. On finit par ne plus croire qu'en la mort (physique) ou, pour se protéger de ce sentiment, on entre dans la folie ou mort psychologique.

La psychiatrie possède des outils thérapeutiques curatifs, donc qui guérissent la maladie (médicaments, soutien par hospitalisation, encadrement de jour ou de nuit ou des deux, occupation, reclassement, sociabilisation, etc.).

La psychologie utilise de multiples méthodes de psychothérapie, soit pour guérir si l'équilibre a été rompu, soit pour prévenir afin de protéger un équilibre fragile, soit pour permettre à l'individu parfaitement sain et équilibré d'utiliser pleinement son potentiel. "L'argent ne fait pas le bonheur" signifie qu'avoir de l'argent ne permet pas d'accéder à son heureuse utilisation, mais cela peut s'apprendre.

Pour simplifier le choix et se retrouver dans ce dédale des méthodes offertes par la psychologie moderne, on peut dire qu'il y a d'abord des approches peu "psy", c'est-à-dire ne remettant pas en question ou ne touchant pas les émotions ni le monde secret de l'inconscient. Il s'agit de la danse, de l'expression corporelle, des arts martiaux, du yoga, des relaxations, etc.

Certaines techniques permettent de comprendre, de se changer, d'être outillé pour se modifier et modifier positivement la relation aux autres, telles la méthode Gordon, l'analyse transactionnelle. D'autres techniques s'attaquent plus franchement au monde des émotions et de l'inconscient, mais évitent d'impliquer le corps; ce sont les différentes formes de psychanalyse (Freud, Jung, Adler, Lacan).

La thérapie de la Gestalt a pour but de vivre le *"ici et maintenant"* et utilise pour cela le recentrage physique et émotionnel. Elle tente d'affiner le niveau de conscience et de faire vivre plus intensément. L'intégration physique des émotions et la lecture émotionnelle du corps prédominent dans les différentes formes de *bioénergie*. La technique respiratoire du *Rebirth* est basée sur un principe simple: la crise émotionnelle bloque la respiration et respirer débloque les émotions refoulées. Le *cri primal* entraîne l'exploration des zones les plus archaïques, les plus fragiles, de l'âme. Ces trois dernières techniques font appel à la mémoire physique et peuvent se passer d'une traduction verbale. Le langage du corps permet de dépasser la frontière des mots.

La *restructuration corporelle* (le *rolfing*, aux États-Unis) vise à changer l'individu en ne corrigeant que le corps et la démarche. L'*hypnose*, l'*analyse systémique*, la *sophrologie* (technique moderne dérivée de l'hypnose et de la relaxation) travaillent directement sur et avec l'inconscient. Le processus est à ce point inconscient que la plupart des thérapeutes en font usage sans le savoir. Une autre variété de thérapie touche le comportement et le corrige: c'est la *Behavior Therapy*.

La maladie d'un individu peut être le symptôme d'un corps plus vaste que lui, la famille ou le système, dont le traitement a donné naissance aux *thérapies familiales* ou systémiques.

Toujours dans cette voie, s'inscrivent les techniques des grands groupes. Grâce aux récents progrès de la bioénergie, de la Gestalt, de la psychanalyse, du comportementalisme, de l'hypnose, etc., on va permettre au conscient de redécider des choix de l'existence pour cesser de survivre et commencer à *vivre pour vivre*. La personne passe d'une existence réactive (dépendant des autres) à une existence créative (indépendante et nourrissante pour les autres).

La psychologie moderne redécouvre la dimension spirituelle et réhabilite le plaisir.

La prévention des maladies transmises par les animaux de compagnie

Par le docteur Luc Callewaert

La compagnie d'un chien ou d'un chat apporte énormément de satisfactions, mais aussi, malheureusement, quelques petits désagréments causés par les risques de transmissions de maladies. Je ne parlerai que des maladies les plus courantes; cette liste est loin d'être exhaustive, mais elle permettra aux heureux propriétaires de ces petits compagnons d'éviter quelques ennuis de santé.

Nous pouvons diviser ces maladies en trois groupes: maladies infectieuses, parasitaires, allergiques.

I. Maladies infectieuses

1. La rage, maladie combattue depuis Pasteur, semble, pour monsieur Tout-le-Monde, être une maladie du siècle dernier. En réalité, elle est encore présente partout en Occident, le virus étant entretenu en différents foyers par des mammifères sauvages dont le renard est le représentant le plus courant. La maladie est transmise au chien ou au chat par morsure ou contact avec des objets souillés par la salive de renards, blaireaux, etc.

Le seul moyen efficace d'éviter la rage à nos animaux de compagnie est le vaccin antirabique qui est actif généralement un mois après l'injection, et ce pendant un ou deux ans pour le chien, suivant le vaccin employé, et six mois pour le chat.

Si par hasard l'homme est mordu par un chien non vacciné qui pourrait être porteur du virus de la rage, il est prudent qu'il se fasse vacciner contre la rage et le tétanos; le chien, quant à lui, doit être mis sous surveillance vétérinaire pendant quinze jours, l'incubation étant de cette durée en général.

Contrairement à la croyance de beaucoup de gens, un chien enragé ne présente pas nécessairement des signes de furie, la "rage muette" existant aussi. Seul le praticien est habilité à détecter les symptômes.

2. La tuberculose, encore présente dans la plupart des pays, devient heureusement plus rare, et la contagion du chat par le lait de vache est exceptionnelle depuis la tuberculination systématique des bovins.

Il reste que le bacille de Koch (BK), responsable de la maladie, est surtout transmis par les souillures, et, par là, l'homme pourrait être plus dangereux pour l'animal que l'animal pour l'homme.

Il existe deux types de BK: le BK humain et le BK des oiseaux; ce dernier est peu contagieux pour l'homme mais le contraire n'est pas vrai.

3. La maladie de la griffe du chat. Dans certains cas, assez rares, suite à un coup de griffe d'un chat, il peut se manifester une lymphogranulomatose bénigne après plus ou moins 15 jours à 1 mois; elle peut être suivie d'une lymphangite et d'une lymphadénite qui se traduit par un gonflement des ganglions pouvant aller jusqu'à la taille d'un petit oeuf de poule. Il faut donc désinfecter le mieux possible la blessure provoquée par un coup de griffe, même léger.

4. Enfin, il n'est pas rare de voir un chien atteint d'angine la transmettre à son propriétaire et vice-versa. Il est donc prudent de prendre vis-à-vis du chien qui tousse les mêmes précautions que vis-à-vis d'un humain présentant les mêmes symptômes.

II. Maladies parasitaires

Il existe deux types de maladies parasitaires transmises par l'animal à l'homme: les parasites externes attaquant la peau, d'une part; les parasites internes attaquant le tube digestif ou le sang, d'autre part.

1. Maladies parasitaires externes

Il existe trois types principaux de parasites de la peau:
— la gale sarcoptique du chien et du chat, qui est incontestablement transmissible à l'homme, mais qui est très facilement guérissable et régresserait même spontanément dans certains cas. Il faut vraiment des contacts intimes avec son animal pour attraper la gale sarcoptique;
— plus contagieuse est la teigne, due à un champignon microscopique provoquant des plaques de dépilations circulaires avec ou sans desquamations, mais non prurigineuses, atteignant plus fréquemment le chat que le chien. Elle se transmet à l'homme par contact avec des blessures, même microscopiques, et se manifeste sous la forme de "roues de sainte Catherine". Une chose à remarquer est que le champignon n'attaque le cuir chevelu des enfants qu'avant la puberté. C'est à nouveau l'hygiène qui permet d'éviter la maladie;
— enfin, quel est le chien ou le chat qui n'a jamais eu de puces? Celles-ci peuvent piquer l'homme comme le ferait un moustique. La seule manière efficace d'éviter ces désagréments est de saupoudrer ou laver l'animal avec un produit antipuces et de désinfecter la maison avec des bombes ou des plaquettes insecticides.

2. Maladies parasitaires internes

Les jeunes chiens et jeunes chats sont fréquemment parasités par des vers et il est important de les déparasiter au plus tôt. Je ne parlerai ici que des vers principaux qui peuvent présenter un léger danger d'infestation pour l'homme.
— les ascaris atteignent le chien et le chat, mais beaucoup plus fréquemment le chien, qui peut être infesté déjà dans la matrice de la mère par des larves qui pénètrent en lui à travers le placenta. Les vers adultes, vivant dans l'intestin du chien, pondent des oeufs, qui sont éliminés par les selles de l'animal, et dont la coque très solide et très rugueuse a fortement tendance à adhérer aux objets, vêtements, etc. L'oeuf d'ascaris ingéré par manque d'hygiène par un

enfant se transforme en larve qui traverse la paroi intestinale et passe dans la circulation sanguine, puis peut se fixer dans différents tissus, y arrêtant son développement. Les symptômes dépendent du type de tissu où la larve se maintient. L'oeil et le cerveau sont les deux endroits où les symptômes peuvent être les plus graves; les cas diagnostiqués sont cependant extrêmement rares.

On peut dire que ce sont surtout les jeunes chiens qui sont les plus contagieux, vu que les chiens adultes ont finalement, pour la plupart, acquis une certaine immunité. Il faut donc veiller à vermifuger les chiots dès la 6e semaine, et ce régulièrement tous les mois pendant un an. Un endroit où les oeufs d'ascaris sont particulièrement nombreux sont les parcs publics et leurs bacs à sable où les enfants adorent se vautrer... les petits chiens aussi d'ailleurs;

— parmi les autres vers, le ténia échinocoque peut provoquer d'énormes kystes dans les tissus humains, mais l'homme ne peut pratiquement s'infester par l'intermédiaire de son chien que si ce dernier est nourri de déchets d'abattoir, surtout de poumon cru;

— enfin, les trichines peuvent se fixer dans les muscles de l'homme, si celui-ci mange du chat, ce qui ne semble pas particulièrement rejoindre nos habitudes gastronomiques.

Comme le baudet de La Fontaine sur qui tous criaient "Haro", le chat essuie pas mal de critiques dans notre civilisation: "l'ailourophobie" (peur panique et physique en présence d'un chat) n'est pas rare!

Le principal grief dont on l'accuse est de transmettre la toxoplasmose. Cette maladie attaquant les mammifères, l'homme compris, est due à un petit parasite unicellulaire: le toxoplasme. En 1969, on a découvert que le toxoplasme peut se fixer dans le tube digestif du chat et s'éliminer par les selles de ce dernier sous forme d'ookyste (étape du cycle de maturation). La durée de cette phase d'élimination par l'intestin du chat est très courte, le chat s'immunisant rapidement. C'est donc le chaton qui est surtout contagieux, ainsi que les chats errants non encore immunisés qui font leurs déjections dans les potagers et les prés, ce qui explique qu'il est finalement plus facile de contracter la toxoplasmose en ingérant des légumes mal lavés et de la viande peu cuite que par le contact d'un chat adulte. Cinquante à 80 pour 100 des humains sont contaminés avant l'âge de 15 ans, et sont donc prémunis.

Cette maladie pouvant provoquer un avortement chez la femme enceinte, il est fortement conseillé à celle-ci de manger de la viande et des légumes bien cuits, et de ne pas se faire offrir un chaton juste à ce moment. Par prudence, si un chat vit dans la famille pendant cette heureuse période, le mari se fera un plaisir de nettoyer le bac du chat. À défaut, la future mère prendra la précaution de mettre des gants pour le faire. Enfin, actuellement, tout gynécologue consciencieux demande, avant la première grossesse, une analyse de sang complète, y compris le test concernant la toxoplasmose.

III. Maladies allergiques

On ne peut omettre de cette liste les allergies, de plus en plus courantes actuellement, vis-à-vis de toutes sortes de protéines, et donc vis-à-vis des poils de chien et de chat. Le diagnostic relève du dermatologue qui a une panoplie de tests appropriés à sa disposition.

Heureusement, une désensibilisation du patient est souvent possible, et il est rare de devoir se séparer de son animal.

Enfin, pour ne pas considérer uniquement les chiens et les chats, relevons que les perroquets et certains autres oiseaux peuvent transmettre la psittacose, maladie rarissime que l'on évite par une quarantaine lors de l'importation de ces animaux.

Le singe, lui, serait fréquemment porteur du spirochète transmettant la syphilis; la prudence s'impose!

Pour conclure, le tableau n'est finalement pas si sombre que certains veulent bien le dire. Avec un minimum d'hygiène, on peut éviter tous ces désagréments.

En fait, si l'on y réfléchit bien, l'animal le plus contagieux pour l'homme, c'est l'homme lui-même.

Les maladies transmises sexuellement

Par le docteur M. Delune

Les maladies transmises sexuellement ou maladies "vénériennes", ont connu une accalmie dans l'après-guerre grâce à la découverte de la pénicilline. Toutefois, après ce calme apparent, on connaît depuis une vingtaine d'années une nette recrudescence de ces maladies vénériennes. Différents facteurs peuvent expliquer cette nouvelle flambée, dont principalement la plus grande liberté dans les moeurs, le "libertinage sexuel". D'autre part, les gens se déplacent beaucoup plus qu'avant. Nous sommes à l'ère des transports supersoniques et de nombreuses personnes voyagent d'un bout à l'autre de la terre, tous les jours et dans toutes les directions, que ce soient les hommes d'affaires ou les touristes. D'autres facteurs fréquents sont les vacances dans certains camps de vacances où règne la promiscuité qui s'ajoutent au manque d'information sexuelle des jeunes, car leurs parents en font un sujet "tabou" et ils finissent par tout devoir découvrir par eux-mêmes.

D'autres facteurs favorisants existent depuis toujours tels que la prostitution et l'homosexualité.

Enfin, l'usage de la pilule augmente la fréquence des rapports sexuels et par là même le pourcentage de chances d'être contaminé ou de contaminer.

Le but de ce chapitre est de vous rappeler l'existence des maladies vénériennes et de vous informer sur leurs principaux symptômes afin que vous puissiez consulter un médecin au moindre doute. Vous serez ainsi d'autant plus vite guéri et vous contaminerez d'autant moins d'autres personnes.

Nous nous limiterons dans cet exposé à la syphilis, la blennorragie, l'herpès génital et les condylomes vénériens. Ces quatre maladies ont en commun leur grande contagiosité mais elles peuvent être très différentes les unes des autres dans leurs symptômes et leur évolution. Elles sont habituellement transmises lors d'un rapport sexuel avec un partenaire qui en est déjà atteint, quoique exceptionnellement, les germes infectieux puissent être transmis lors d'un contact indirect. Citons pour exemple: le baiser de la mère à un de ses enfants, les instruments des souffleurs de verre, la contamination professionnelle chez les médecins et les sages-femmes.

La syphilis

La syphilis connue dans le grand public sous le nom de "vérole" est de loin la plus redoutable des maladies vénériennes car, non traitée, elle est susceptible de complications extrêmement graves, parfois mortelles. Elle est connue depuis la fin du XVe siècle et était considérée comme le "mal qui répand la terreur".

Elle est due à un germe bien particulier qui s'appelle le tréponème. Celui-ci va pénétrer dans l'organisme par les muqueuses ou par la moindre blessure cutanée.

On a l'habitude de distinguer plusieurs stades, ou phases, dans l'évolution de la syphilis.

Phase primaire, ou période du
chancre syphilitique

Environ trois semaines après le contact ou le rapport contaminant, va apparaître un chancre syphilitique qui est une sorte de plaie pleine de pus (ulcération), légèrement ou non douloureux qui se situera chez l'homme à cheval sur le gland et le sillon situé au-dessus de celui-ci. Il s'accompagne d'un ganglion du pli de l'aine communément appelé "préfet de l'aine".

Chez la femme, par contre, il sera situé au niveau du col de l'utérus et passera souvent inaperçu.

En d'autres termes, l'homme consulte car il peut voir lui-même son chancre tandis que la femme ne s'en aperçoit même pas, la lésion étant indolore, et ne voit aucun motif de consulter un médecin.

De plus, ce qui est plus grave, même s'il n'est pas vu ou qu'il n'est pas traité après plus de trois à quatre semaines, ce chancre va disparaître spontanément avec une impression de guérison qui ne sera qu'apparente. Mais la syphilis continuera à évoluer et après plus ou moins six semaines va apparaître sous différentes formes:

Phase secondaire, le stade de la roséole syphilitique

Il s'agit de l'apparition sur le tronc de la personne contaminée de petites tâches rosées, arrondies, dans lesquelles on peut mettre en évidence au microscope le tréponème.

Une prise de sang va confirmer l'existence de la maladie chez ce malade. Il faudra y penser car, chez la femme, il peut s'agir des premiers symptômes apparents de la maladie et on passerait facilement à côté du diagnostic avec toutes les conséquences que cela représente puisque le patient reste très contagieux durant tout ce temps. La patiente transmet donc sa maladie sans le vouloir et sans le savoir.

Ces lésions de la peau peuvent apparaître ensuite sur n'importe quel endroit du corps et nous entraîneront dans toute une série de diagnostics erronés si on ne pense pas à la syphilis.

Le danger subsiste car, même sans traitement, ces lésions vont disparaître spontanément et laisser la place à la

Troisième phase

C'est une période plus ou moins longue de la maladie où il ne se passe rien et qui peut durer des années, mais durant laquelle l'examen de sang est positif et sera le seul symptôme de la maladie.

Après 5-10, même 15 ans, la maladie peut être réactivée et amener alors des troubles très graves:
— des indurations (nodules) au niveau de la peau et des muqueuses;
— l'atteinte du tissu nerveux périphérique ou cérébral avec des troubles de la marche, vertiges, paralysie, démence;
— l'atteinte du coeur et des gros vaisseaux. Si une gomme

(induration) syphilitique atteint l'aorte, celle-ci peut se rompre et entraîner une issue fatale.

Enfin, si une femme enceinte contracte la maladie, elle peut la transmettre à son foetus vers le 4e mois de la grossesse. Il peut s'ensuivre un avortement spontané ou de lésions de la peau ou des muqueuses du foetus.

Je tiens à attirer votre attention sur le fait qu'il s'agit d'une maladie qui répond très bien au traitement. Le tout est de s'en apercevoir à temps.

La blennorragie

Elle est connue du grand public sous le nom de "chaude-pisse". Au départ, il s'agit d'une inflammation des muqueuses des organes génitaux par le gonocoque mais il peut être transporté vers d'autres organes tels que l'oeil ou certaines articulations.

Cette maladie est très rapidement apparente chez l'homme et malheureusement invisible chez la femme. Voyons-en l'évolution:

1. Chez l'homme

Quelques jours après le rapport contaminant (de 3 à 5 jours), l'homme va voir apparaître, en allant uriner, une goutte de pus à l'extrémité de la verge. En quelques heures, cette secrétion de pus va s'accentuer de plus en plus et s'accompagner de sensations de brûlure intense chaque fois que le patient va uriner. Inquiet, il va consulter le médecin et l'analyse de pus au microscope permettra de mettre en évidence le gonocoque.

Des doses bien précises de certains antibiotiques permettent de guérir très rapidement le patient. Si toutefois le malade ne se soigne pas, le gonocoque va envahir tous les organes génitaux et peut entraîner une stérilité définitive chez l'homme.

2. Chez la femme

Les symptômes du début de la maladie sont absents sauf, très rarement, des sensations de brûlure en urinant ou de vagues pertes. Ce n'est que lorsque le gonocoque aura atteint les organes génitaux profonds de la femme (ovaires, trompes, utérus) qu'elle ressentira des douleurs abdominales et consultera. Malheureusement, à ce stade, de graves complications seront déjà amorcées telles que la stérilité par atteinte des trompes de l'utérus.

Le nouveau-né peut être atteint, lors de la naissance, au niveau de l'oeil et présenter ce que l'on appelle la conjonctivite purulente du nouveau-né. C'est dans ce but que persiste la tradition d'instiller une goutte de nitrate d'argent dans chaque oeil du nouveau-né à titre préventif.

L'herpès génital

Il s'agit de la maladie transmise sexuellement qui connaît la plus grande recrudescence depuis quelques années.

Elle est due à un virus. Le réservoir de ce virus est l'homme et la contagion se fait par contact direct, mais l'infection qui en résulte sera dans un grand nombre de cas inapparente.

La poussée d'herpès évolue en trois stades:

1° Le stade congestif initial: il apparaît d'abord une simple rougeur d'une zone plus ou moins étendue de la muqueuse génitale avec une sensation de brûlure et de cuisson.

2° Après 24-48 heures: apparaissent, sur cette rougeur, des petites vésicules de la grosseur d'une tête d'épingle groupées en bouquet. Celles-ci vont alors se rompre et les lésions vont suinter et s'accompagner de douleurs vives.

3° Le stade de cicatrisation: les lésions vont sécher et guérir sans séquelle en 8 à 15 jours.

Les lésions sont identiques chez l'homme et chez la femme. Le grand problème qui se pose est celui de la périodicité de la maladie. Il s'agit souvent d'une maladie à allure cyclique qui réapparaît chroniquement. Le problème n'est pas tant de maîtriser une poussée avec des traitement locaux adéquats mais de soigner l'état de fond. Il faut avouer que nous sommes bien démunis à l'heure actuelle pour nous prémunir contre les récidives d'herpès génital.

Deux problèmes particuliers se posent encore au sujet de l'herpès:
— celui de l'herpès de la femme enceinte entraînant différentes situations:
   a) contamination du foetus, responsable d'avortement éventuel ou même de malformations foetales;
   b) contamination à l'accouchement
— celui de l'herpès et du cancer du col de l'utérus. Il existe une relation épidémiologique entre cancer du col et herpès génital. Si un herpès génital apparaît, il faudra donc encore plus systématiquement faire un frottis de dépistage chez la femme.

Les végétations vénériennes (ou condylomes vénériens)

Il s'agit d'un virus qui est transmis par rapport sexuel et provoque dans les zones ano-génitales des sortes d'excroissances de chair aplaties. Elles ont un aspect de "crête de coq" chez l'homme et sont parfois monstrueuses. Elles sont facilement traitées par l'application locales de certains produits corrosifs.

Cette liste de maladies vénériennes n'est nullement limitative mais représente la pathologie la plus fréquemment rencontrée.

En conclusion:

Quelle attitude prendre devant cette effervescence de maladies transmises sexuellement?

Il serait trop simple dans un traité de médecine préventive de dire que la meilleure façon de se prémunir contre les maladies vénériennes est de s'abstenir de tout rapport. Il est toutefois bien difficile de prévenir ces maladies.

D'un point de vue général: la base de toute prévention vénérienne se fonde sur une bonne *information du public.*

En effet, il s'agit d'un sujet resté trop longtemps "tabou" aux yeux de tous.

Il faut que, lorsqu'un patient soupçonne une maladie vénérienne, il n'ait aucune honte ou timidité à aller consulter un médecin. Il pourra se soigner d'autant plus vite et éviter de contaminer d'autres personnes.

De nombreuses associations sont nées dans de nombreux pays pour lutter contre les maladies vénériennes.

En Belgique, il existe notamment la Ligue nationale belge anti-vénérienne dont le but est de diffuser l'information dans les écoles, les prisons, etc., par différentes conférences et brochures éditées à cet effet. Il faut également, pour celui qui se rend compte qu'il est atteint, prévenir l'agent contaminateur et les autres contaminés éventuels.

D'un point de vue pratique: quelques mesures prophylactiques peuvent être utiles.
— le risque diminue si on change le moins possible de partenaire;
— ne pas poser une crème antibiotique sur n'importe quelle lésion génitale sans l'avis du médecin car on pourrait ainsi masquer une maladie vénérienne débutante;
— le préservatif masculin réduit nettement le risque de contamination;
— on conseille enfin de vider la vessie après chaque rapport sexuel et de faire une toilette savonneuse pour la femme après chaque rapport.

N'oublions donc pas que la maladie chez l'homme est VISIBLE alors que chez la femme, elle est souvent INVISIBLE et INSOUPÇONNÉE.

Adresses utiles

Information et éducation pour la santé: organismes publics et privés

BELGIQUE

Croix Rouge de Belgique: Ch. de Vleurgat, 98, Bruxelles
Oeuvre Nationale de l'Enfance: Av. de la Toison d'Or, 67, Bruxelles
Institut Européen d'Écologie et de Cancérologie: 24 bis rue des Fripiers, Bruxelles

FRANCE

Institut national de la santé et de la recherche médicale (I.N.R.S.): 101, rue de Tolbiac, 75654 Paris, Cedex 13
Ministère de la Santé, Direction générale de la sous-direction de la Prévention générale et de l'Environnement: 1, place de Fontenoy, 75700 Paris
Le Comité français d'éducation pour la santé (il existe des comités régionaux et départementaux): 9, rue Newton, 75116 Paris
Le Comité médico-social pour la santé des migrants: 23, rue du Louvre, 75001 Paris
Association éducative et culturelle d'action sociale: 26, rue des Peupliers, 75013 Paris
Centre d'études et de documentation, d'information et d'actions sociales (C.E.D.I.A.S.): 5, rue Las Casas, 75007 Paris

CANADA

Bureau des Affaires publiques, Santé et Bien-être social Canada
— Direction de la protection de la santé (médicaments, aliments, appareils médicaux): 1001, rue Saint-Laurent ouest, Longueuil, Montréal (283-6063)
— Direction de la promotion de la santé (nutrition, tabagisme, alcool); Complexe Guy-Favreau, 200, boulevard Dorchester ouest, Montréal (283-4587)

SUISSE

Société suisse de médecine générale: Seestrasse 90, C.H. 8002, Zurich
Fédération des médecins suisses: Helfenstrasse 18, C.H. 3000, Berne 16
Association suisse des médecins assistants: Neuengasse 5, C.H. 3001 Berne
Société suisse de médecine sociale et préventive: quai Charles Page 27, C.H. 1211 Genève 4

Endroits où l'on peut se faire vacciner (notamment maladies tropicales)

BELGIQUE

Cité Administrative de l'État, Quartier Vésale, 20, Montagne de l'Oratoire, Bruxelles
Centre Médical du Ministère des Affaires étrangères, 9, rue Brederode, Bruxelles
Service Médical de la Sabena, à Zaventem
Clinique Léopold II, Kronenburgstraat, 43/3, à Anvers
Instituts Provinciaux d'Hygiène

FRANCE

Institut Pasteur: 25, rue du docteur Roux, 75015 Paris
Air France: 1, square Hymans, 75741 Paris. Cedex 15

CANADA

Bureau des Affaires publiques, Santé et Bien-être social Canada, Direction des services médicaux (vaccins et maladies transmissibles): Complexe Guy-Favreau, 200 boulevard Dorchester ouest, Montréal (283-4817)

SUISSE

Société suisse de médecine tropicale et de parasitologie: Kapellenstrasse 28, C.H. 30011 Berne

Index

320

321

322

Table des matières

Lithographié au Canada
sur les presses de
Métropole Litho Inc.

Ouvrages parus aux ÉDITIONS DE L'HOMME

sans * pour l'Amérique du Nord seulement
 * pour l'Europe et l'Amérique du Nord
** pour l'Europe seulement

ALIMENTATION — SANTÉ

Allergies, Les, Dr Pierre Delorme
 * **Cellulite, La,** Dr Jean-Paul Ostiguy
Conseils de mon médecin de famille, Les, Dr Maurice Lauzon
Contrôler votre poids, Dr Jean-Paul Ostiguy
Diététique dans la vie quotidienne, La, Louise Lambert-Lagacé
Face-lifting par l'exercice, Le, Senta Maria Rungé
 * **Guérir ses maux de dos,** Dr Hamilton Hall

 * **Maigrir en santé,** Denyse Hunter
 * **Maigrir, un nouveau régime de vie,** Edwin Bayrd
Massage, Le, Byron Scott
Médecine esthétique, La, Dr Guylaine Lanctôt
 * **Régime pour maigrir,** Marie-Josée Beaudoin
 * **Sport-santé et nutrition,** Dr Jean-Paul Ostiguy
 * **Vivre jeune,** Myra Waldo

ART CULINAIRE

Agneau, L', Jehane Benoit
Art d'apprêter les restes, L', Suzanne Lapointe
 * **Art de la cuisine chinoise, L',** Stella Chan
Art de la table, L', Marguerite du Coffre
Boîte à lunch, La, Louise Lambert-Lagacé
Bonne table, La, Juliette Huot
Brasserie la Mère Clavet vous présente ses recettes, La, Léo Godon
Canapés et amuse-gueule
101 omelettes, Claude Marycette
Cocktails de Jacques Normand, Les, Jacques Normand
Confitures, Les, Misette Godard
 * **Congélation des aliments, La,** Suzanne Lapointe
 * **Conserves, Les,** Soeur Berthe
 * **Cuisine au wok, La,** Charmaine Solomon
Cuisine chinoise, La, Lizette Gervais
Cuisine de Maman Lapointe, La, Suzanne Lapointe
Cuisine de Pol Martin, La, Pol Martin
Cuisine des 4 saisons, La, Hélène Durand-LaRoche

 * **Cuisine du monde entier, La,** Jehane Benoit
Cuisine en fête, La, Juliette Lassonde
Cuisine facile aux micro-ondes, Pauline Saint-Amour
 * **Cuisine micro-ondes, La,** Jehane Benoit
Desserts diététiques, Claude Poliquin
Du potager à la table, Paul Pouliot, Pol Martin
En cuisinant de 5 à 6, Juliette Huot
 * **Faire son pain soi-même,** Janice Murray Gill
 * **Fèves, haricots et autres légumineuses,** Tess Mallos
Fondue et barbecue
 * **Fondues et flambées de Maman Lapointe,** S. et L. Lapointe
Fruits, Les, John Goode
Gastronomie au Québec, La, Abel Benquet
Grande cuisine au Pernod, La, Suzanne Lapointe
Grillades, Les
 * **Guide complet du barman, Le,** Jacques Normand
Hors-d'oeuvre, salades et buffets froids, Louis Dubois

1

DOCUMENTS — BIOGRAPHIES

Provencher, le dernier des coureurs de bois, Paul Provencher
Réal Caouette, Marcel Huguet
Révolte contre le monde moderne, Julius Evola
Struma, Le, Michel Solomon
Temps des fêtes au Québec, Le, Raymond Montpetit
Terrorisme québécois, Le, Dr Gustave Morf

* Treizième chandelle, La, T. Lobsang Rampa
Troisième voie, La, Me Emile Colas
Trois vies de Pearson, Les, J.-M. Poliquin, J.R. Beal
Trudeau, le paradoxe, Anthony Westell
Vizzini, Sal Vizzini
Vrai visage de Duplessis, Le, Pierre Laporte

ENCYCLOPÉDIES

Encyclopédie de la chasse au Québec, Bernard Leiffet
Encyclopédie de la maison québécoise, M. Lessard, H. Marquis
* Encyclopédie de la santé de l'enfant, L', Richard I. Feinbloom
Encyclopédie des antiquités du Québec, M. Lessard, H. Marquis

Encyclopédie des oiseaux du Québec, W. Earl Godfrey
Encyclopédie du jardinier horticulteur, W.H. Perron
Encyclopédie du Québec, vol. I, Louis Landry
Encyclopédie du Québec, vol. II, Louis Landry

ENFANCE ET MATERNITÉ

* Aider son enfant en maternelle et en 1ère année, Louise Pedneault-Pontbriand
* Aider votre enfant à lire et à écrire, Louise Doyon-Richard
Avoir un enfant après 35 ans, Isabelle Robert
* Comment avoir des enfants heureux, Jacob Azerrad
Comment amuser nos enfants, Louis Stanké
* Comment nourrir son enfant, Louise Lambert-Lagacé
* Découvrez votre enfant par ses jeux, Didier Calvet
Des enfants découvrent l'agriculture, Didier Calvet
* Développement psychomoteur du bébé, Le, Didier Calvet
* Douze premiers mois de mon enfant, Les, Frank Caplan
Droits des futurs parents, Les, Valmai Howe Elkins
* En attendant notre enfant, Yvette Pratte-Marchessault
Enfant unique, L', Ellen Peck
* Éveillez votre enfant par des contes, Didier Calvet

* Exercices et jeux pour enfants, Trude Sekely
Femme enceinte, La, Dr Robert A. Bradley
Futur père, Yvette Pratte-Marchessault
* Jouons avec les lettres, Louise Doyon-Richard
* Langage de votre enfant, Le, Claude Langevin
Maman et son nouveau-né, La, Trude Sekely
Merveilleuse histoire de la naissance, Dr Lionel Gendron
Pour bébé, le sein ou le biberon, Yvette Pratte-Marchessault
Pour vous future maman, Trude Sekely
* Préparez votre enfant à l'école, Louise Doyon-Richard
* Psychologie de l'enfant, La, Françoise Cholette-Pérusse
* Tout se joue avant la maternelle, Isuba Mansuka
* Trois premières années de mon enfant, Les, Dr Burton L. White
* Une naissance apprivoisée, Edith Fournier, Michel Moreau

LANGUE

Améliorez votre français, Jacques Laurin

* Anglais par la méthode choc, L', Jean-Louis Morgan

3

Corrigeons nos anglicismes, Jacques
Laurin
* J'apprends l'anglais, G. Silicani et J.
Grisé-Allard
Notre français et ses pièges, Jacques
Laurin

Petit dictionnaire du joual au français,
Augustin Turennes
Verbes, Les, Jacques Laurin

LITTÉRATURE

Adieu Québec, André Bruneau
Allocutaire, L', Gilbert Langlois
Arrivants, Les, collaboration
Berger, Les, Marcel Cabay-Marin
Bigaouette, Raymond Lévesque
Carnivores, Les, François Moreau
Carré St-Louis, Jean-Jules Richard
Centre-ville, Jean-Jules Richard
Chez les termites, Madeleine Ouel-
lette-Michalska
Commettants de Caridad, Les, Yves
Thériault
Danka, Marcel Godin
Débarque, La, Raymond Plante
Domaine Cassaubon, Le, Gilbert Lan-
glois
Doux mal, Le, Andrée Maillet
D'un mur à l'autre, Paul-André Bi-
beau
Emprise, L', Gaétan Brulotte
Engrenage, L', Claudine Numainville
En hommage aux araignées, Esther
Rochon
Faites de beaux rêves, Jacques Poulin
Fuite immobile, La, Gilles Archambault

J'parle tout seul quand Jean Narrache,
Émile Coderre
Jeu des saisons, Le, Madeleine Ouel-
lette-Michalska
Marche des grands cocus, La, Roger
Fournier
Monde aime mieux..., Le, Clémence
Desrochers
Mourir en automne, Claude DeCotret
N'Tsuk, Yves Thériault
Neuf jours de haine, Jean-Jules Ri-
chard
New medea, Monique Bosco
Outaragasipi, L', Claude Jasmin
Petite fleur du Vietnam, La, Clément
Gaumont
Pièges, Jean-Jules Richard
Porte silence, Paul-André Bibeau
Requiem pour un père, François
Moreau
Si tu savais..., Georges Dor
Tête blanche, Marie-Claire Blais
Trou, Le, Sylvain Chapdeleine
Visages de l'enfance, Les, Dominique
Blondeau

LIVRES PRATIQUES — LOISIRS

Améliorons notre bridge, Charles A.
Durand
* Art du dressage de défense et d'atta-
que, L', Gilles Chartier
* Art du pliage du papier, L', Robert Har-
bin
* Baladi, Le, Micheline d'Astous
* Ballet-jazz, Le, Allen Dow et Mike
Michaelson
* Belles danses, Les, Allen Dow et Mike
Michaelson
Bien nourrir son chat, Christian
d'Orangeville
Bien nourrir son chien, Christian
d'Orangeville
Bonnes idées de maman Lapointe,
Les, Lucette Lapointe
* Bridge, Le, Vivianne Beaulieu
Budget, Le, en collaboration
Choix de carrières, T. I, Guy Milot
Choix de carrières, T. II, Guy Milot

Choix de carrières, T. III, Guy Milot
Collectionner les timbres, Yves Tas-
chereau
Comment acheter et vendre sa mai-
son, Lucile Brisebois
Comment rédiger son curriculum
vitae, Julie Brazeau
Comment tirer le maximum d'une
mini-calculatrice, Henry Mullish
Conseils aux inventeurs, Raymond-A.
Robic
Construire sa maison en bois rustique,
D. Mann et R. Skinulis
Crochet jacquard, Le, Brigitte Thérien
Cuir, Le, L. St-Hilaire, W. Vogt
, * Découvrir son ordinateur personnel,
François Faguy
Dentelle, La, Andrée-Anne de Sève
Dentelle II, La, Andrée-Anne de Sève
Dictionnaire des affaires, Le, Wilfrid
Lebel

4

PHOTOGRAPHIE

* Guide des accessoires et appareils photos, Le, Antoine Desilets, Paul Taillefer
* Je prends des photos, Antoine Desilets
* Photo à la portée de tous, La, Antoine Desilets
* Photo de A à Z, La, Desilets, Coiteux, Gariépy
* **Photo Reportage,** Alain Renaud
* **Technique de la photo, La,** Antoine Desilets

PLANTES ET JARDINAGE

Arbres, haies et arbustes, Paul Pouliot
Automne, le jardinage aux quatre saisons, Paul Pouliot
* **Décoration intérieure par les plantes, La,** M. du Coffre, T. Debeur
Été, le jardinage aux quatre saisons, Paul Pouliot
Guide complet du jardinage, Le, Charles L. Wilson
Hiver, le jardinage aux quatre saisons, Paul Pouliot
Jardins d'intérieur et serres domestiques, Micheline Lachance

Jardin potager, la p'tite ferme, Le, Jean-Claude Trait
Je décore avec des fleurs, Mimi Bassili
Plantes d'intérieur, Les, Paul Pouliot
Printemps, le jardinage aux quatre saisons, Paul Pouliot
Techniques du jardinage, Les, Paul Pouliot
* **Terrariums, Les,** Ken Kayatta et Steven Schmidt
Votre pelouse, Paul Pouliot

PSYCHOLOGIE

Âge démasqué, L', Hubert de Ravinel
* **Aider mon patron à m'aider,** Eugène Houde
* **Amour, de l'exigence à la préférence, L',** Lucien Auger
Caractères et tempéraments, Claude-Gérard Sarrazin
* **Coeur à l'ouvrage, Le,** Gérald Lefebvre
* **Comment animer un groupe,** collaboration
* **Comment déborder d'énergie,** Jean-Paul Simard
* **Comment vaincre la gêne et la timidité,** René-Salvator Catta
* **Communication dans le couple, La,** Luc Granger
* **Communication et épanouissement personnel,** Lucien Auger
Complexes et psychanalyse, Pierre Valinieff
* **Contact,** Léonard et Nathalie Zunin
* **Courage de vivre, Le,** Dr Ari Kiev
Dynamique des groupes, J.M. Aubry, Y. Saint-Arnaud
* **Émotivité et efficacité au travail,** Eugène Houde
* **Être soi-même,** Dorothy Corkille Briggs
* **Facteur chance, Le,** Max Gunther
* **Fantasmes créateurs, Les,** J.L. Singer, E. Switzer

Frères — Soeurs, la rivalité fraternelle, Dr J.F. McDermott, Jr
* **Hypnose, bluff ou réalité?,** Alain Marillac
* **Interprétez vos rêves,** Louis Stanké
* **J'aime,** Yves Saint-Arnaud
* **Mise en forme psychologique, La,** Richard Corriere et Joseph Hart
* **Parle moi... j'ai des choses à te dire,** Jacques Salomé
Penser heureux, Lucien Auger
* **Personne humaine, La,** Yves Saint-Arnaud
* **Première impression, La,** Chris. L. Kleinke
* **Psychologie de l'amour romantique, La,** Dr Nathaniel Branden
* **S'affirmer et communiquer,** J.-M. Boisvert, M. Beaudry
* **S'aider soi-même,** Lucien Auger
* **S'aider soi-même davantage,** Lucien Auger
* **S'aimer pour la vie,** Dr Zev Wanderer et Erika Fabian
* **Savoir organiser, savoir décider,** Gérald Lefebvre
* **Savoir relaxer pour combattre le stress,** Dr Edmund Jacobson
* **Se changer,** Michael J. Mahoney
* **Se comprendre soi-même,** collaboration
* **Se concentrer pour être heureux,** Jean-Paul Simard

* **Se connaître soi-même,** Gérard Artaud
* **Se contrôler par le biofeedback,** Paultre Ligondé
* **Se créer par la gestalt,** Joseph Zinker
  Se guérir de la sottise, Lucien Auger
  S'entraider, Jacques Limoges
  Séparation du couple, La, Dr Robert S. Weiss
* **Trouver la paix en soi et avec les autres,** Dr Theodor Rubin

* **Vaincre ses peurs,** Lucien Auger
* **Vivre avec sa tête ou avec son coeur,** Lucien Auger
  Volonté, l'attention, la mémoire, La, Robert Tocquet
  Votre personnalité, caractère..., Yves Benoit Morin
* **Vouloir c'est pouvoir,** Raymond Hull
  Yoga, corps et pensée, Bruno Leclercq
  Yoga des sphères, Le, Bruno Leclercq

SEXOLOGIE

---

* **Avortement et contraception,** Dr Henry Morgentaler
* **Bien vivre sa ménopause,** Dr Lionel Gendron
* **Comment séduire les femmes,** E. Weber, M. Cochran
* **Comment séduire les hommes,** Nicole Ariana
  Fais voir! W. McBride et Dr H.F.-Hardt
* **Femme enceinte et la sexualité, La,** Elizabeth Bing, Libby Colman
  Femme et le sexe, La, Dr Lionel Gendron
* **Guide gynécologique de la femme moderne, Le,** Dr Sheldon H. Sherry
  Helga, Eric F. Bender

Homme et l'art érotique, L', Dr Lionel Gendron
Maladies transmises sexuellement, Les, Dr Lionel Gendron
Qu'est-ce qu'un homme? Dr Lionel Gendron
Quel est votre quotient psycho-sexuel? Dr Lionel Gendron
* **Sexe au féminin, Le,** Carmen Kerr
  Sexualité, La, Dr Lionel Gendron
* **Sexualité du jeune adolescent, La,** Dr Lionel Gendron
  Sexualité dynamique, La, Dr Paul Lefort
* **Ta première expérience sexuelle,** Dr Lionel Gendron et A.-M. Ratelle
* **Yoga sexe,** S. Piuze et Dr L. Gendron

SPORTS

ABC du hockey, L', Howie Meeker
* **Aïkido — au-delà de l'agressivité,** M. N.D. Villadorata et P. Grisard
  Apprenez à patiner, Gaston Marcotte
* **Armes de chasse, Les,** Charles Petit-Martinon
* **Badminton, Le,** Jean Corbeil
  Ballon sur glace, Le, Jean Corbeil
  Bicyclette, La, Jean Corbeil
* **Canoé-kayak, Le,** Wolf Ruck
* **Carte et boussole,** Björn Kjellström
  100 trucs de billard, Pierre Morin
  Chasse et gibier du Québec, Greg Guardo, Raymond Bergeron
  Chasseurs sachez chasser, Lucien B. Lapierre
* **Comment se sortir du trou au golf,** L. Brien et J. Barrette
* **Comment vivre dans la nature,** Bill Riviere
* **Conditionnement physique, Le,** Chevalier-Laferrière-Bergeron
* **Corrigez vos défauts au golf,** Yves Bergeron

Corrigez vos défauts au jogging, Yves Bergeron
Danse aérobique, La, Barbie Allen
* **En forme après 50 ans,** Trude Sekely
* **En superforme par la méthode de la NASA,** Dr Pierre Gravel
  Entraînement par les poids et haltères, Frank Ryan
  Équitation en plein air, L', Jean-Louis Chaumel
  Exercices pour rester jeune, Trude Sekely
* **Exercices pour toi et moi,** Joanne Dussault-Corbeil
  Femme et le karaté samouraï, La, Roger Lesourd
  Guide du judo (technique debout), Le, Louis Arpin
* **Guide du self-defense, Le,** Louis Arpin
* **Guide de survie de l'armée américaine, Le**
  Guide du trappeur, Paul Provencher
  Initiation à la plongée sous-marine, René Goblot

Imprimé au Canada/Printed in Canada

2

❧ *Verklarende woordenlijst* ❧

chef   stamhoofd

chefferie   1. gezagsgebied van het stamhoofd, de chef
2. het kantoor van de chef
3. het bestuur over het gezagsgebied van de chef

gris-gris   amuletten

gugubre   zaaddoos van een plant waarvan aan de pitten een genezende en mystieke kracht wordt toegeschreven

ignam   klimplant, wordt verbouwd om zijn grote, eetbare wortelstok

kauri   schelp van de porseleinslak, in Afrika als ruilmiddel gebruikt

makabo   plant die knollen levert die op allerlei manieren worden klaargemaakt

maquisards   verzetslieden

marâtre   pleegmoeder die een ongehuwd meisje voorbereidt op haar rol als echtgenote moyo'h het plein voor het kantoor van de chef, waar ook de traditionele dansen worden uitgevoerd

ndole struik waarvan de blaadjes als groente worden gegeten

nkui traditionele saus bij couscous van het sap van een struik – heel gewoon eten, maar wordt traditioneel ook klaargemaakt voor vrouwen die net bevallen zijn

taro wortelgewas, met gele saus wordt taro als feestmaal beschouwd

tsoo de belangrijkste traditionele dans van de Bamileké. Hij wordt haast nooit uitgevoerd omdat de voorbereiding veel geld kosten en veel tijd vragen. De tsoo wordt aan het eind van de rouw over een chef of een belangrijke notabele uitgevoerd of om een grote gebeurtenis te vieren (een militaire overwinning, aan het eind van een moeilijke periode of als er een belangrijk iemand op bezoek komt)